纺织服装高等教育"十二五"部委级规划教材

普通高等教育服装营销专业系列教材

服装流行预测教程

FUZHUANG LIUXING YUCE JIAOCHENG

主编 沈 雷

东华大学出版社

内 容 提 要

　　《服装流行预测教程》，从目前高速发展的服装时尚产业出发，针对流行形成与发展的特点，阐述掌握服装流行的基本理论和基本方法，注重实践应用，对服装流行进行预测的方法与流程及具体的实施手段进行较为深入的介绍和探讨。本书从流行的形成与发展、流行信息来源与收集、流行预测的内容、流行趋势预测的方法与流程等方面，全面介绍流行趋势预测的相关知识和方法。由于目前我国服装院校"服装流行趋势预测"的教学体系和教学方法不尽相同，为兼顾各院校的教学特点及侧重需要，本书立足于全面性与系统性的论述。在内容的精深度上，各院校可根据不同的教学要求予以充实和加强。

　　本书可作为艺术设计、服装设计与工程专业学生的专业教材或教学参考书。由于流行特征的相通性，也可作为工业设计类其他专业的参考书。

图书在版编目（CIP）数据

服装流行预测教程/沈雷主编. 一上海：东华大学出版社，2013.5
ISBN 978-7-5669-0265-8

Ⅰ.①服… Ⅱ.①沈… Ⅲ.①服装—市场预测—教材 Ⅳ.①F768.3

中国版本图书馆 CIP 数据核字（2013）第 097678 号

上海沙驰服饰有限公司赞助

TO BE A BETTER MAN
Satchi 止 于 至 善

责任编辑　张　静
封面设计　陈　澜　杨雍华

出　　　　版：东华大学出版社（上海市延安西路 1882 号，200051）
本 社 网 址：http://www.dhupress.net
天猫旗舰店：http://dhdx.tmall.com
营 销 中 心：021-62193056　62373056　62379558
印　　　　刷：苏州望电印刷有限公司
开　　　　本：787 mm×1 092 mm　1/16　印张 15.5
字　　　　数：388 千字
版　　　　次：2013 年 5 月第 1 版
印　　　　次：2013 年 5 月第 1 次印刷
书　　　　号：ISBN 978-7-5669-0265-8/TS·397
定　　　　价：46.00 元

普遍高等教育服装营销专业系列教材编委会
（按姓氏笔划为序）

前言｜PREFACE

放眼世界，纵览巴黎、米兰、纽约各种各样的品牌发布会、服装博览会，北京、上海、广州大大小小的百货商场、批发市场，服装的变化丰富多彩，流行的潮流令人眼花缭乱。如何读懂流行，如何分析流行，如何预测流行，是时尚产业、品牌设计师们的必修课。

《服装流行预测教程》从目前高速发展的服装时尚产业出发，针对流行形成与发展的特点，阐述掌握服装流行的基本理论和基本方法，注重实践应用，对服装流行趋势预测的方法与流程及具体的实施手段进行了较为深入的介绍和探讨。由于目前我国服装院校"服装流行趋势预测"的教学体系和教学方法不尽相同，为兼顾各院校的教学特点以及侧重需要，本书立足于全面性与系统性的论述，在内容的精深度上，可根据不同的教学要求予以充实、加强。

本书由江南大学、青岛大学、清华大学、德州学院、上海工程技术大学等高校合编而成。参加编写的老师有沈雷、徐静、唐颖、初晓玲、王楠、穆慧玲等。全书由沈雷主编并负责统稿，徐静和唐颖任副主编。

在本教材的编写过程中，承蒙北京、上海、江苏、山东、西安等地的品牌服装企业、相关院校提供资料，并组织力量参加审稿，提出修改意见，对此表示衷心感谢。

由于服装业的发展变化快，在国内外，系统介绍服装流行趋势预测的著作还不多见，同时，由于我们的水平所限，书中疏漏和不尽如人意之处在所难免，希望专家、同行和读者批评指正。

编　者

2013 年 2 月

目录 | CONTENTS

002

第1章 关于流行

本章知识要点

1. 流行的概念及特征
2. 服装流行的特点
3. 服装流行的传播方式
4. 影响服装流行的因素
5. 常见的服装流行风格

1.1 流行的概念及特征

1.1.1 流行的概念

20 世纪以来，随着经济、科技的迅速发展，全球的社会结构、价值形态以及人们的生活方式发生了巨大的变化，流行逐渐成为普遍存在的一种社会现象，影响着人们的思想观念以及行为方式，进而促使社会形态发生更加迅速的变革。尤其是 20 世纪后半叶以来，流行现象更加广泛地渗透于世界的各个角落、各个领域，并借助于各种媒体，以各种物化或符号的形式影响着人们的衣食住行。在饮食领域，以麦当劳和可口可乐为代表的流行快餐文化代表了西方生活方式对于全球化的影响；出行方面，汽车的普及和流行在许多国家和地区愈演愈烈，尽管汽车对于大气和环境带来的污染很严重，但人们仍然无法阻挡汽车流行的速度，对汽车的依赖性日益增强；通讯领域，手机的日新月异和更新换代则远远超出其原有的通信功能的范围，而是成为人们移动办公、休闲娱乐的得力助手，成为影响社会生活最大的一种流行文化产品；音乐领域，流行音乐则占据了重要的地位，不仅以其动听悦耳、娱乐大众、人人可以参与其中的特色流行于广大群众中，而且构成了整个流行文化传播和扩散的重要媒介和推动力量；居住领域，居室装饰和家具、家电的流行代表了人们生活方式的改变及其对生活品质的追求；娱乐方面，电影、电视是近代以来人们主要的娱乐方式，现代则更把电子游戏、卡拉OK带入了人们的日常生活；服装领域，流行服装的发展构成了社会和文化生活的最重要的部分，在各个国家和民族的发展历史中，流行服装往往代表了一个民族和时代的发展状况，成为人的社会生活中显示其道德和文明发展程度的基本标志。法国著名作家、文学评论家阿纳托尔·法朗士（Anatole France，1844—1924）曾经说过："假如我死后百年，还能在书林中挑选，你猜我将选什么？……在未来的书林中，我既不选小说，也不选类似小说的史籍。朋友，我将毫不迟疑地只取一本时装杂志，看看我身后一世纪的妇女服饰，它能显示给我们的未来的人类文明，比一切哲学家、小说家、预言家和学者们能告诉我的都多。"

综上所述，"流行"是一个内容丰富、成分复杂的概念，涉及社会生活的各个领域，既可以发生在一些日常生活的最普通领域，以特定的物质形式为载体而形成流行，例如衣着、服饰、饮食等方面；也可以发生在社会的日常接触和生活中，以各种各样的符号或象征等构成传播，如语言、娱乐等方面；还可以发生在人们的意识形态活动中，是创造流行产品的精神思想因素，如文艺、宗教、政治等方面。因此，流行是一种普遍的社会现象，是指在一定的历史期间，一定的区域或全球范围内，由一定数量范围的人，受某种意识的驱使，以模仿为媒介，迅速地接受符合自己的价值观念、思想意识、认知方式的事物，从而使其在短时间内大量同化、广泛扩散的社会现象。它是有节奏地在限定的时间内此起彼伏，而传播于相当大范围的一种社会现象。在一定时间内出现的流行，在经历一段时间的传播后，就会作为"旧"的东西而逐渐消失，于是"新"的流行便取而代之。但"新"的流行也不会永远是新的，它的存在时间也会很快结束，又被新一波的流行所取代。如此一波一波的流行传播，成为流行存在的基本形式。

从流行的概念看，流行包含了三个方面的含义：

（1）流行是人们通过对某种生活方式及社会思潮的随从和追求，从而满足身心等方面的需求。它涉及的范围十分广泛，既包括物质性因素，也包括精神性因素。

（2）流行的形成是有相当数量的人去模仿和追求，并达成一定的规模，从而普及开来的某种现象。现代意义上的流行不仅仅停留在量的方面，不仅仅意味着同大量的人的结合，而且渗透到人们的日常生活中，成为人们日常生活中不可分割的一部分，构成了大众精神生活的重要部分。

（3）流行是发生在一定时期内的社会现象，过了一定的时间，便不再流行。若时间持续，就会转化为人们的习惯，成为社会传统。任何一种流行现象都经历了产生、发展、兴盛和衰亡的过程。

1.1.2 流行的特征

（1）时间性特征

流行的首要的明显特征表现在时间的变动性、运动性、周期性及节奏性上。时间特征包括几层含义：第一，流行本身具有动态的、暂时的、流变的属性，它只属于发生在当前时期的一种现象，过往的和未发生的都不能称之为流行。没有一种流行现象是永恒不变的，在某个时间段所发生的流行现象，总是在一定时间内被人们追求、赞赏、推广和促进，然后在某一天变成一种过时的事物，然后被另外一种新兴的事物所替代，从而形成新一波的流行。第二，流行的产生和消逝具有一个时间的过程，期间经历了萌芽期、发展期、流行期、衰退期，直至消逝。一种流行现象消逝后，与取而代之的另外一种流行现象之间总是保持一定的距离，具有一定的时间间隔，同时在其本身的流行期间进一步分割成不同节奏性的不同阶段，表现出它所存在的不同发展时期的特点。第三，流行具有周而复始的周期性特点。流行从形成到消失的时间较短，但在消失之后的若干时期，又会周而复始地出现。这种循环性并不是原来的流行形式的重复，而是不断地加入新时代的新元素，并以顺应当时社会的政治经济环境、文化思潮、审美标准及价值观的新的物质形式或符号出现，满足当代人们的审美趣味和生活方式的需求。由于某些流行周而复始地出现，并且在不同时期加入新的流行元素，从而生命力得以延续，久而久之，流行的事物经历时间的淘沥沉淀，会发展成为一种经典，比如牛仔裤在 20 世纪 70 年代开始流行，发展到现在已经成为人们喜欢的一种经典服饰，被不同年龄、不同阶层、不同文化的人所使用。

（2）空间性特征

流行总是在一个地方发生，然后向周围进行辐射和发展，从而形成一定的规模和范围。不同的国家、不同民族、不同地区、不同城市，还有东方与西方之间、发达地区与不发达地区之间、城市与乡村之间，由于经济发展水平不同，习俗、文化、价值观都存在差异性，因此在流行状态上也不尽相同，存在着地域上的差异。越是经济发达地区，人们接受新事物的能力越强，流行变迁就越是快速频繁、周期短；而经济落后地区，保留了较多传统的民风民俗，人们的思想观念较为保守，流行的样式和风格的变化相对缓慢而保守。一种新的流行通常是由发源地向周边地区蔓延，经济发达地区向经济落后地区传递，城市向乡村流传。就我国而言，改革开放后，随着中国经济的发展及现代化的推进，西方的流行文化势不可挡，不仅仅是沿海发达城市，即使在乡村和山区，人们的生活方式和价值观都受到了西方流行文化不同程度的影响，西方的流行物品和流行符号随处可见。

图 1-1
17 世纪欧洲流行的巴洛克风格服装样式

（3）群体性特征

群体性即社会性。流行不是个人的行为，而是一群人进行追随和模仿的一种集体模式，反映了某一群体成员所共同具有的社会心理、思想观念和生活方式等。现代流行现象的一个明显的特征就是其在社会生活中的普及化和大众化。西方当代社会学家甚至将流行文化等同于大众文化，英文中的流行一词"Popular"既有广为流传的、流行的意思，也有通俗的、大众化的意思，足以说明流行现象对大众生活的影响力及普及性。流行不仅影响到人们的日常生活，而且对社会群层的划分起到了标示性的作用。流行现象在社会不同阶层的人群中表现的特征和接受程度有所差别。自流行兴盛以来，社会结构也发生了根本的变化，以往那种以身份地位、权利和财富划分阶级的模式，逐步让位于按流行的态度和品位进行划分的模式。现代社会阶级的划分，很大程度上取决于人们对于流行的态度，取决于他们享用流行文化和产品时所表现出来的生活方式和格调。

受流行影响的生活方式和风格成为新的社会阶层结构的主要评定标志。 美国哲学家、社会学家马尔库塞·赫伯特（Herbert Marcuse，1898—1979）曾经在《单面人》（One Dimensional Man，1964）中写道："在这种情况下，人们都是在他们的商品性中认识他们自己的身份的，他们是在他们的汽车、音响设备、套房和厨房设备中发现自己的灵魂的。 连接着个人和社会的机制已经发生了变化，而社会机制立足于社会所生产出来的虚假需求上。"

美国著名的文化批评家保罗·福塞尔（Paul Fussell）在他的《格调》（Class）一书中提出，人的等级和层次并不完全是以经济地位的高低来决定的，有钱并不必然使你的社会地位提高，但有生活格调和品味却必然会受到别人的尊重和欣赏，而这些品味格调只能从人的日常生活中表现出来，比如穿着、家里的摆设、房子的样式和格局、休闲和运动方式、表达方式等等，而这正是流行渗透到人们日常生活中的表现模式。 保罗根据人们的生活方式取向，从最顶层一直到最底层，将美国社会分成九个等级，并归纳了这九个等级在生活品味方面的差异。

社会学家根据消费者对流行接受的不同态度将消费者划分为流行革新者、流行指导者、流行追随者、流行迟滞者四种类型。 流行革新者是最早接受和采纳流行的人群，占全部潜在购买者的 2.5% 左右。 这类人具有强烈的求新、求异的欲望，性格开朗、活泼、善交际，有与世俗抗衡的勇气，具有很强的自主能力与好胜心，追求个性，喜欢标新立异。 一般，他们属于经济上比较富裕的年轻人。流行指导者是流行产品的早期购买者，占总体购买群体的 13.5%。 这类人注重自身的完美形象，常常是人们穿着的模仿对象，性格开朗，自信、自爱、自尊心和自我宣传癖很强，对他人有较强的指导欲，喜欢参加社交活动。 流行追随者约占68%，分为早期追随者（约占 34%）和后期追随者（约占 34%）。 早期追随者采用流行样式慎重，安全主义倾向明显，性格稳重，有较好的自制力和观察力，较成熟，在他人启发下追随他人行为的特征明显；后期追随者采用流行时带有顾虑，顺应潮流的倾向明显，性情易变，无主见，自我选择能力差，易受他人的影响和指导。流行迟滞者约占 16%，他们往往在流行的衰退阶段采用，属于保守和具有传统倾向的人。

（4）商业性特征

流行的产生、传播和发展，需要借助于一种媒介或者载体。 这种媒介或者载体就是将流行产品化,借助一些有形的物质和商业网络,使得流行更易传播开来。 其中比较重要的推广手段就是商业化的运作机制,包括商标、包装、商业推销及广告宣传等商业手段。 自20世纪60年代以来,流行就紧紧地与商业性联系在一起。 在现代商品发达的社会中,时尚总是依附于人们生活所需的各种商业产品之上,比如时装、珠宝、化妆品、汽车、通讯工具等。 尤其是现代流行工业的高度科学技术化,特别是商业的科学管理和商业信息网络,无孔不入地向社会和生活的各个领域进行渗透。 在全球的各个角落,普遍存在并渗透于社会各个领域的是已经彻底商品化和全球化的流行产品。 流行产品不仅成为整个资本市场的主要商品,而且也成为现代市场的主要运作机制,甚至成为市场生命力的主要来源。 可以说,时尚流行是近现代社会经济运作的产物,也是经济商业发展的基本策略。 许多流行现象本身,往往就是商业集团策划和投资的结果和产物。 可以说,流行在全球的发展和泛滥是经济全球化的一个结果。 现在,商店橱窗已经成为时尚流行的展台,也是流行发展趋势最直观和最敏感的晴雨表。各大城市的街道,特别是世界性大都会的闹市区或者商业中心,已经成为最新时尚流行现象的表演场所。 在巴黎、伦敦、米兰、纽约、东京和上海等大都市的商业橱窗中和街道上,人们可以看到最时髦的流行时装,并亲身感受到这些时髦所散发出来的精神气质、变化气息和未来走向。 而这些恰恰也是商家和设计师们捕捉设计灵感、抓住流行命脉的重要来源之一。

(5) 自发性和选择性

流行是以某种社会心理为基础,被社会成员自然而然地认同、选择和追随的结果,而不是人为强加于其意愿之上的,不具有强制力。 流行表象的背后反映了社会群体的某种精神及心理需求。 例如,法国社会学家保罗·约纳(Paul Younet,1948—)指出,越来越多的人的晨跑活动,实际上是对处于危机中的身体的一种回应;摇滚音乐无非是全球范围内心神不定而无方向的寻求出路的年轻一代的发明;风靡一时的饲养宠物活动,正表现了后现代人走进人间生活边缘时对于原始自然生活的留恋;充斥社会各角落的汽车,是动荡中的社会试图在流动中实现不流动的幻想;瞬时即变的时装表演,是在后现代紧凑生活节奏中疲劳的人们幻想进入一种新的生活逻辑的表现……所有的流行现象其实是生活方式、社会结构和人的心态整体发生变化的表现和结果。 在流行产生、传播和发展的过程中,人为地推动,尤其是商业化手段,对流行起到了一定的传播作用,但不是决定性的作用,而是必须以某种流行性现象得以产生的条件——社会心理需求——已经具备为前提,必须使之与某种社会思潮或社会心理相应合。 如果离开了特定的社会心理基础,即使再费力去推行也不可能达到所期望的效果。例如人们对于名牌和奢侈品的狂热追求和膜拜,并不仅仅是因为名牌和奢侈品的精致和高品质,而是蕴藏在名牌光环之下对个人财富、地位和品位的夸耀。人们往往把奢侈品与"豪华""高贵""精致""华丽""罕见""稀有""臻宝"等词汇联系在一起,从而产生联想,获得享用奢侈品时的心理满足感和感官刺激。

（6）非理性特征

流行的非理性是说流行的参与者一般来说并不意识到自己是某种流行的参与者和推动者。 流行的参与者中,较少有人会自觉地对其置身其中的流行进行具有超脱性的价值判断,他们往往认为投入到某种流行中是一种自然而然的事情,所以往往是全身心地投入某种流行的怀抱之中。 流行的非理性成分首先包括人的主观情感、欲望和冲动。 人的好动、好奇、好思、好名、好利、好美、好夸及人的自我超越和自我装饰倾向,都是促成流行生生不息地产生和更新的精神动力,其中包含了很多非理性成分。 其次,流行是群体性行为,人的趋同心理促使其身不由己地卷入流行的漩涡中,沉迷其中,不能自拔。

图 1-2
左图为 16 世纪末法国铁制的紧身胸衣,右图为中国民国时期的三寸金莲

以流行服装为例:在人类穿衣的历史上,为了追求潮流,出现过很多夸张、荒诞、滑稽的服装造型,甚至不惜以残害身体为代价。 在中世纪的欧洲,女子以面色苍白为美,为使面色看上去苍白,妇女们甚至将水蛭放到皮肤上吸血。 16 世纪的女装以强调女性的宽肩、细腰和圆臀为美,为此,桎梏女性身体的紧身胸衣与宽大的裙箍开始流行,人们用鲸鱼骨、硬木甚至金属制成紧身胸衣,用柳树枝、藤条或鲸鱼骨编织成宽大的裙箍。 这种服饰极大地损害了女性的健康，如使女性皮肤刮裂、肝脏受损、肋骨挪位等，但由于能凸显女性凹凸有致的体型，所以一直到 20 世纪初才被抛弃。 中国宋代开始流行直至民国时期桎梏妇女几百年的缠足与三寸金莲，从古代原始部落直至现代社会中人们对身体进行刺青、穿孔等含有自虐成分的身体装饰，都反映了人们在追随流行过程中的非理性。这样的例子在服装史上数不胜数。

法国社会学家罗兰·巴特（Roland Barthes，1915—1980）说过："流行的主导原则，不是冷静状态中的人的精神形态，它是陷入疯狂中的人所固有的情感、心态和反意识的表演。 要真正体会到这种精神状态，最好的办法就是设想一下陷入战争、游戏和疯狂中的人的精神状态。"

就现代的流行预测而言，严格地讲，很难用自然科学的理性方法去预测这个时期的人们喜欢什么样的款式和色彩，什么风格的服装会在未来受到欢迎。 对未来服装流行风格的预测中，包含了很多商家、预测家及设计师的主观臆想。很多设计师会在当季推出下一年度的流行服装，很大成分也是根据自己的主观观察及直觉。 人们往往在厌倦了常规和一般标准后，就会对突然出现的"异常"感兴趣，这时就会爆发冷门，出现出人意料的事件，一种不同寻常甚至颠覆传统的新的审美标准便建立起来。 例如破烂装、内衣外穿、以丑扮美等流行现象的出现，都包含了人们的非理性心理成分。

1.2　服装流行的产生

流行服装又称之为"时装"，英文为"Fashion"，在法文中称为"La Mode"。 时装是流行中最早出现的部分，也是其基础与核心的部分，最能反映流行的基本特征和运行规律。 在很多情况下，时装与流行几乎就是同义词，新的流行动向从时装上便可一见端倪。

服装之所以成为流行现象最典型的代表，并非偶然。 因为服装在很早时期就成为人类社会活动的最重要的组成部分。"衣食住行"是支撑人类生存的基本元素，中国文化中将"衣"放在首位，是有深刻道理的。 服装是人类在社会发展早期摆脱蒙昧野蛮，从根本上区别于其他动物的文明产物。 服装从诞生之日起，就承担了多重的功能。 首先，服装被称之为人的"第二肌肤"，解决了人们的保暖御寒问题，对裸露的身体起到了保护的作用。 其次，人类从穿上服装的那一刻起，就产生了羞耻、伦理、礼仪等道德观念，在人类社会文明的发展过程中，不同的历史时期，道德观、社会风俗的不同，造就了不同样式、色彩的服装和穿着规范。 第三，服装是人们寄托情感、追求审美的物品，能够表达穿着者的性格、品位、情趣等。 另外，在社会发展的过程中，服装还起到了划分社会阶层的功能，在阶级社会中，服装是穿着者身份、地位的外在标志；在现代社会中，不同职业的人穿着不同的职业服装，为社会的有序发展起到了重要的作用。 服装作为人类文明的产物，就像一面时代的镜子，折射出社会的发展程度，与同时期的政治、经济、科技、风俗、信仰、道德观、生活方式等，都有着密不可分的关系，构成了社会生活的一部分。 服装永远伴随着社会的发展进步，成为各个社会历史阶段社会形态的最敏感、最直接的反映。

009

服装流行现象早在古代就已经产生，但其在社会生活中的普遍化和渗透性则是 20 世纪后半叶以来的事情。 服装流行的历史可分为三个阶段：第一阶段是产业革命前的流行，其特征是流行规模小、周期长；第二阶段是近代社会的流行，以 20 世纪 50 年代为起点，是以夸耀社会地位和财富为特征的流行；第三阶段是现代社会的流行，从 20 世纪 60 年代开始，是真正意义上的大众文化的普及和渗透，范围广、大规模、高速度、周期短是现代流行的特点。

在奴隶社会和封建社会时期，森严的身份等级制度，封闭专制的社会政体，使社会各阶层之间形成了明显的区别。 在这段历史时期，服饰成为身份的象征和治国的工具，发挥着"别贵贱，辨等威"、维护社会秩序的作用。 这时，服饰流行的规模小、周期长，人为规制的痕迹十分明显。 统治者和被统治者在衣生活的内容上被制度化和固定化了，不允许自由选择，因此流行被局限在同等级的社会阶层之间或在某种范围内获准允许的社会阶层间进行。 例如，在我国古代就有"见其服而知贵贱，望其章而知其势""冠弁衣裳，黼黻文章，雕琢刻镂，皆有等差"的说法，从周朝始就形成了严谨、繁复、庞杂的服饰等级制度，以服装的材质、色彩、纹样和配饰来严格划分不同的社会阶层，历经几千年，直至推翻封建帝制，中华民国成立。 在欧洲古罗马帝国中，只有皇室成员才能穿着象征皇室的紫色服饰，生产紫色的技术由皇家的技术工人当做机密小心看管，丝绸、锦缎、天鹅绒等华丽昂贵的面料更是皇家尊贵地位的象征。 尽管如此,服饰文化流行在政治与强权的重压下不断变化。

中世纪时期,欧洲开始分化出各个国家,随着经济的发展,欧洲逐渐朝着现代文明前进,而法国逐渐开始声名远播,开始走向世界时尚之都的道路。 当时,法国的纺织品展览会,如香吧尼、特尔瓦纺织品展览会吸引了来自苏格兰、俄罗斯、埃及和君士坦丁堡的织品面料商,并且把法国的流行趋势传播到了整个欧洲,甚至更远的地方。 法国的奢华风格影响了整个欧洲。

西方文艺复兴时期以来,人们的自我意识越来越强,流行服饰的重要性日益突出。 当时的服饰外在形式受时代文化的影响极大,并且不断受到建筑艺术及室内装饰艺术的影响。 例如 17 世纪巴洛克建筑的华丽风格影响到同时期的服装,出现夸张、浪漫、色彩绚丽、装饰丰富的特点;而 18 世纪洛可可时期的女装与同时期的室内装饰如出一辙地呈现出精致与优雅的艺术风格。

早期的服装通常是在自家或者裁缝店铺手工制作而成,服装的流行受到当时社会发展条件的限制,传播比较缓慢,流行周期长,流行的发源地多数是宫廷,然后贵族紧随其后,被贵族及富商所淘汰的服饰成为二手服装流传民间,由平民来延续上流社会的流行趋势。

图 1-3
时装娃娃是早期流行传播的主要媒介,二次大战期间,由于物资短缺,时装展示重新启用这样的方式,使用缩小版的金属架人台

早期的流行,作为一种交流形式,通过缩比人偶服装这种载体在欧洲各宫廷中得以传递。 1397 年,法国王后查理六世(Charles VI Le Insense)之妻伊莎贝拉(Isabella)送给英国女皇一个真人大小的洋娃娃,并给它穿了一身法国的最新时装;1404 年,又送了一个按英国女皇体形尺寸设计的时装娃娃。 之后,欧洲各国互相交换时装娃娃,以此表示对皇后的敬意以及作为各国之间的一种礼尚往来。

通过这种方式,各国女子的时装在欧洲上流社会得以传播。 到了 17 世纪,法国巴黎的圣·奥诺赫大街上遍布行家所作的洋娃娃,这些洋娃娃有半人高,身穿路易十四时期的宫廷服装,法国的服装趋势由此传播到欧洲各国并受到各国君主的青睐。 18 世纪,路易十六(Louis X VI)为了将法国的时尚之风推广到整个欧洲,也曾利用过这种便捷的“小模特”来施行他的宣传计划。 他让裁缝按娃娃的体型制作时下最时髦的迷你法式时装。穿着各种各样美丽服装的娃娃被送往欧洲的各个国家，传递着来自巴黎一线的时尚情报。这种有趣的时装交流方式一直持续到真人模特出现之前，大大推动了世界各国的时装传递。

另外，15 世纪文艺复兴时期印刷术的革新使服装书籍和杂志成为服装传播的重要媒介。16 世纪中叶的法国，定期出版物开始出现。那时的刊物是贵族和上流社会的特权，他们雇佣大批艺术家创作反映宫廷生活时尚的绘画，在各皇家贵族中传播。这些绘画中，不乏有非常详尽和生动的宫廷服饰。另外还有大量的版画和书籍插页，描绘的是当时欧洲富有的中心城市所流行的男女服饰和传统民族服饰。1672 年，在法国路易十四（Louis XIV）的鼎立支持下，一张当时唯一的服装报纸《Le Mecure Galant》诞生了，更为广泛的传播使时装版画有了充分发展的余地，把法国宫廷的新闻和时装信息向其他地方传播。1693 年，出现了第一本妇女杂志《女士守护神》，由一位伦敦书商约翰·邓坦（John·Deng Tan）出版发行，专门刊登时装画，以及爱情、婚姻和习俗方面的文章。自此，服装书不只局限于服装方面，也开始反映人们的生活方式。法国的《服装陈列窗》不仅介绍新的时装，而且包括家具、室内装潢、车子、珠宝，甚至更多。18 世纪后，时装年刊——年历和日志开始发行，刊印的日历和信息专门针对妇女读者群。1731 年，一位英国印刷商爱德华·卡维（Edward Carvey）发行《男士杂志》，首次使用了"杂志"两个字。各种新的时装杂志陆续问世，一些时髦的服装样式通过报刊、杂志广为流传。

进入 18 世纪后半叶，由于西方工业化文明的崛起，经济飞速发展，近代的流行在范围和速度上逐渐向现代化靠拢。尤其到了 20 世纪初，服装设计师从宫廷御用裁缝的角色中脱离出来，开始成立自己的高级定制服装店，服装设计师这个职业开始诞生，并且开始执行服装流行的领导权。他们将新式的服装穿在人台模型上，摆到定制服装店的橱窗中，甚至开始雇佣真人模特，到各地巡回演出，对新服装的推广和新的流行起到了推动的作用。例如高级时装之父查尔斯·沃斯（Charles Frederick Worth）开创了服装表演和时装模特的先河，服装流行的商业性推广模式开始出现。服装设计师保罗·布瓦列特（Paul Poiret）可被称为服装的改革家，他看到了紧身胸衣对女性的桎梏以及新时代女性对身体自由的渴望，大胆地抛弃了紧身胸衣的使用，设计了舒适的新时装，使女性对于服装有了全新的认识，开启了现代时装的新时代。经历了第一次世界大战，服装的流行特征开始呈现出来，服装的款式以及加工方式发生了很大的变化，服装开始趋于简洁和实用，女装的设计吸取了很多男装和军装的设计元素，呈现出更多现代女装的特征。服装设计师仍然掌握着服装流行的话语权，推动了服装设计的发展。例如服装设计师可可·香奈儿（Coco Chanel）所设计的香奈儿套装，不仅创造了新的时装类型，引领着当时的服装潮流，而且指出了女性服装发展的方向，直到今天仍然是服装中的经典，影响着新时代的设计师以及女性。第二次世界大战后，服饰界真正的流行出现了。这时的服饰受战争影响，相当多的设计师的作品不同程度地表达了人们在战后所迸发出的对美、对和平盛世的强烈期待，设计倾向从最初几何形的硬直的女强人式向柔和的外形变化，表现出现代女性生活的基本理念，立即博得了人们的青睐，引起了时代的共鸣。例如，克里斯汀·迪奥（Christian Dior）在作品发表会上推出"花冠型"：带圆味的流畅的肩线，束细的腰身，用衬裙撑起来的离地20厘米的宽摆长裙，这种极富传统女性味的优雅作品的问世，宣告"像战争中的女军服一样耸肩的男性外形结束"；雅克·法斯（Jacques Fath）推出近似银色的紫、偏灰色系的玫瑰红以及祖母绿、宝石蓝等宝石色的"S形"曲线风格设计，充满了浪漫主义气息。这些设计都是"女性复活"时代风格的典范，更突显了当时人们的审美欲求。

20世纪60年代是现代意义的时装流行真正形成的年代，时装产业的成熟、现代时装业的运作结构、媒体炒作的方式、时装的现代商业运作模式的形成，都是在这个时期。成衣的批量化生产模式成为时装生产的主流，时装成本的降低使时装流行不再成为富有阶层的特权，年轻人和普通大众成为成衣消费的主体，他们的诉求影响着时装设计的发展。许多高级时装品牌也放下身段，纷纷开启自己的成衣品牌，并且逐渐替代高级定制。时装设计的风格开始多元化，通俗艺术和街头文化成为设计师们灵感的重要来源，服装流行呈现出多风格、跨阶层、大规模和快速发展的特点。

20世纪90年代之后，网络的发展进一步改变了服装流行的概念。现代服装是以生产的集约化、组织形式的军事化和生活方式的标准化为特色的，在这个大背景下，流行与以往不同的鲜明特色是其浓厚的商业化氛围。随着大众传媒手段的发达和工业生产的高度发展，流行作为一种现代生活模式，成为工业化社会大量生产到大量消费之间的重要桥梁，流行已不再是局限于某一国度、某一民族、某一社会阶层之间的小规模模仿现象，而是朝着跨越地域界限，无视阶级局限的大规模、广范围、高速度、短周期的方向加速发展。 同时,流行也不再是过去那种单一的流行模式,而是显现多元化的发展态势。 这时,流行的主导权也不再只由高级时装设计师掌握,而是由消费者自行选择来决定。

1.2.1 服装流行的发生模式

(1) 自然发生模式

人们对新的事物总有一定程度的新鲜感,总希望在生活中不断有新鲜的感受和刺激,这是人的本能需求。 表现在时尚上,就是不断追求新的潮流,对旧有的样式产生厌倦;表现在服装上,就是服装样式的不断翻新,如裙子的长短、衣服的宽窄、式样的繁简、服饰的装束等,都会随流行而不断变化。 时装大师克里斯汀·迪奥曾经说过:"服装流行是按一种欲望展开的,当人们对它厌倦时就会去改变它,厌倦会使人们很快抛弃先前十分喜爱的东西。"

(2) 必然发生模式

由于经济、科学技术的发展,新的产品、材料得以不断改进和发明。 如化学纤维品种和产量日益增加,不仅填补了天然纤维的不足,而且其物理化学性能大为改善,为服装的不断更新提供了丰富的面料。 同时,服装生产技术和机械设备不断改良,服装的生产方式和生产效率得到了很大的改变。 互联网技术的普及也使服装流行的传播速度更加快捷。 新技术产生新时尚成为必然。 另外,人们生活方式的改变也必然引发服装潮流的变化。 例如随着现代都市生活节奏的加快,人们的生存压力越来越大,越来越渴望轻松、悠闲、健康的生活方式,于是休闲运动服大为盛行。

(3) 偶然发生模式

某一政治、科技、文化事件会引发社会反响,从而引导服装的某种流行趋势。 如 1961 年苏联宇航员尤里·加加林(Yury Alekseyevich Gagarin)成功升入太空,1969 年美国宇航员阿姆斯特朗(Armstrong)等人成功登月,漫步月球,引发了人们探索太空的热潮,在建筑、绘画、服装、电影等领域,未来宇宙风格成为新的流行。 1964 年,法国设计师安德烈·库雷热(Andre Courreges)首先推出太空服装,表演的模特装扮得像个外星人,穿着白色塑胶的长靴、几何形并且装饰有塑料片和金属片的短裙,在伸展台上快速地走动,这在当时引起了相当大的轰动,模仿者甚多,成为被广泛抄袭和模仿最多的设计。 之后,皮尔·卡丹(Pierre Cardin)受到未来主义思潮的影响,设计了一些机器人风格的服装,裁剪上突出几何形,服装结构棱角分明,采用黑白色彩设计,散发出强烈的未来主义的风格。又如电影《花样年华》中演员张曼玉身穿旗袍典雅曼妙的身影,散发着怀旧的情调,令旗袍在国际时装界上引起东方风潮。

(4) 暗示发生模式

现在的时尚流行,在很大程度上受到暗示的影响,暗示符合接受者的心理需求。 暗示的效应,就像榜样的示范作用一样,人们往往通过流行形象,树立自己的形象和信心。 在服装流行中经常遇到的暗示有三种:名人暗示、名牌暗示与从众暗示。

名人暗示是指名人的服饰风格常常被一些消费者模仿,他们的穿着打扮、生活方式就会在一定程度上成为推动流行的传播媒介。 政界名流、影视明星、体育明星、名模、艺术家、文化名人及富豪往往成为人们的模仿对象。 由名人穿着的服装品牌或者服装款式更易被消费者模仿,从而传播开来。 利用名人作为品牌的形象代言,更是众多服装品牌惯用的商业推广手段。

名牌往往代表着更高质量、更高名望和地位、更现代和更时髦。 时尚品牌的诞生首先是针对特定的消费群体而设计的,这些消费者能在众多商品中找出与符合自身身份及满足自我需求相吻合的产品,于是使得购买行为简单化。 当消费者认定一个品牌适合自己,便对其视同己出般的情有独钟,于是对这种认准了的名牌有了感情上的依托。 因此,名牌的真正存在意义是一种情感的存在,至少是一种能激发人们情感的形式而存在。 而且,名牌产品设计精湛、质量超群,是设计师的呕心之作,是生产厂商的质量承诺,是针对其特定消费群体深入了解后结合时尚潮流的得意作品,凝聚的是一种人类对美的诠释和理解,即在内涵上区别于单纯的商品。 另外,名牌产品除了外观和内在的质量以外,还常拥有一些无形的文化意味,如纪梵希(Givenchy)、迪奥所散发出的优雅浪漫的巴黎情调,三宅一生(Issey Miyake)、高田贤三(Kenzo)的东方韵味,瓦伦蒂诺(Valentino)、范思哲(Versace)所具有的意大利的精工细作等,这些包含着诸多文化色彩成分,都吸引着人们对名牌的向往和追求,而这种意识追求是人们情感上的一种向往。

从众暗示是指自觉或不自觉地仿效别人着装打扮的行为。 人的社会性决定了人希望被自己所处的社会群体所接纳,因此在语言、行为等方面会不自觉地呈现出与所处群体共有的特征，在着装方面则会表现出互相学习、互相模仿的现象。 从众行为能使自己有一种人有我也有的随大流心理，或是使自己有一种不落伍、免于掉队的感觉，从而来表现与自己所认同的某个社会阶层的一致性，使之获得一种"群体成员感"，或者获得一种具有了进入某个"时髦社会圈"的门票的感觉，从而摆脱对"落伍""不合拍""乡巴佬"等"社会污名"的恐惧。

1.2.2 服装流行的特点

（1）新奇性

新奇性是服装流行中最为显著的特点。"新"表示与以往不同、与传统不同，"奇"表示与他人不向、与众不同，即所谓的"标新立异"。 服装的流行变化包括服装款式的变化、服装色彩的变化、服装材料的更新、服装工艺的变化、服装装饰的变化、服装穿着方式的创新、服装风格的变化等因素。 服装款式的流行是指服装的廓型、结构、细节等方面的外观特征的变化；服装色彩的流行不是指某种单一色彩的流行，而是由系列色彩构成某种色彩基调，从而形成某种色彩风格的流行；服装材料的更新往往是科技发展的成果，从面料的外观（如染色、纹样、肌理）到面料的成分、织造结构、后处理技术、服用性能的提高等方面体现出流行的趋势，高科技的发展为服装材料的日新月异提供了无限的可能性；服装装饰的流行往往表现在服装局部的装饰变化上，新的辅料、配件的使用，以及装饰手段的创新与传统工艺相互融合，使服装呈现出万花筒般的变化莫测；服装工艺的创新是指服装的结构、加工手法、后处理技术的流行变化，是实现服装外形变化的最重要的技术要素；服装穿着方式的创新是指服装搭配的变化，相同款式的服装施以不同的搭配方法，就会呈现出不同的风格特点，例如一件西装搭配衬衫、西裤和皮鞋，呈现出稳重端庄的正装风格，而如果与Ｔ恤、牛仔相搭配，则呈现出活泼洒脱的休闲风格；服装风格的变化是指服装整体所呈现出来的风貌特征和气质，民族风格、复古风格、未来风格等都是服装流行趋势中永不衰竭的主题。

服装流行的新奇性往往表现在色彩、花纹、材料、样式等设计的变化上，从而满足了人们求新求异的心理。 这里的"新""奇"并不是指全新的、前所未有的，而是将原有的服装进行永无止境的"翻新"设计。 构成服装流行的任何一种因素的变化，都会导致服装的新颖感，服装自身的各种组成部分之间存在着如同无数元素无限排列组合那样不计其数的可能性。 著名服装设计师约翰·加利亚诺(John Galliano)曾经说过:"在设计时装的世界中,一切都是可能的,而这种可能性主要受惠于旧装翻新的无限重复。"

（2）短暂性

服装流行的第二特征是时间的短暂性。 这是由流行的新奇性决定的,一种新的样式出现后,当被人们广泛接受、流行而形成一定规模时,便失去了新奇性。 对服装的审美也会随流行时段的不同而有所改变,当一件服装具备流行特征时被认为是时尚的、美的,而进入流行衰退期时,这些流行特征反而可能成为落后、过时,甚至丑陋的标志。 英国艺术家和时尚专家詹姆斯·雷沃(Jams Lawer)在他的"时尚演变的时间理论"中指出:"超前 10 年的时尚被认为是猥亵;超前 5 年的时尚被认为是无耻;超前 1 年的时尚被认为是大胆;1 年过后的时尚被认为是邋遢;10 年过后的时尚被认为是丑陋;20 年过后的时尚被认为是滑稽;30 年过后的时尚被认为是好笑;50 年过后的时尚被认为是古怪;70 年过后的时尚被认为是妩媚;100 年过后的时尚被认为是浪漫;150 年过后的时尚被认为是美丽。"

在流行之中的服装总是被人们追求、赞赏、推广和促进,然后在某一天变成一种过时的事物。 这时,一部分人会舍弃,转而追寻新的流行趋势。 有些服装流行是转瞬即逝,是昙花一现的短暂,不会再被使用;而有些服装会在流行的高峰过后,其中的某些特征被沉淀下来,加入新的流行元素,也可能被继续采用,从而演变为日常服装或者经典服装,如 20 世纪 20 年代流行的黑色小礼服、60 年代流行的超短裙,以及 70 年代流行的牛仔服等,至今都是服装流行中不败的经典。服装流行持续时间的长短,受多种因素的影响,如样式的可接受性、满足人们真实需要的程度,以及与社会风尚的一致程度等。

进入 21 世纪后,随着经济、科技的发展,人们的生活节奏加快,服装的流行变化越来越快,新的样式更是层出不穷,这对服装设计师、企业及商家提出了更高的要求。 流行界正进入一个快餐消费时代——快速时尚时代,具有代表性的快速时尚品牌有瑞典的 H&M,西班牙的 Zara,Mango 和 Bershka,法国的 Promod 和 Etam,德国的 C&A,以及英国的 Topshop,丹麦的 Vero Moda,等等。 货品更新快、款式淘汰快、潮流变化快,是快速时尚的特点。 快速时尚品牌从设计、试制、生产到店面销售,平均只花三周时间,最快的只用一周——新产品从上柜到撤柜，再被新品所替代，仅仅需要一周的时间，时装更换频率空前之快。 正是服装的"快速更新"吸引了消费者的眼球，由于货品的更新速度非常快，且新款上市的数量有限，消费者如果遇到自己喜欢的商品，必须当即买下，否则就会错失时机，只能等待新的货品上柜。

（3）普及性

普及性是现代服装流行的一个显著特征，也是服装流行的外部特征之一，表现为在特定的环境中某一社会阶层或群体成员的追随。 这种接受和追求是通过人们之间的相互模仿和感染形成的，接受和追求意味着社会阶层或群体的大多数成员的认可、赞同的态度。 在一种新的服装样式流行初期，通常只有少数人去模仿或追随，当被一定数量和规模的人所接纳并普及开来的时候，就形成了流行。 追随者的多少将影响到新样式的流行规模、时间长短和普及程度。

（4）周期性

服装的流行周期有两层含义：一是流行服装具有类似于一般产品的生命周期，即从投入市场开始，经历引入、成长、成熟到衰退的过程；二是服装流行具有循环交替反复出现的特征。 从历史上看，全新的服装样式很少，大多数新样式的服装只是对已有样式进行局部的改变，如裙子的长度、上装肩部的宽度、裤腿肥瘦等的循环变化。 另外，服装色彩、外观轮廓也具有循环变化的周期性特点。

图 1-4
服装的流行具有循环性的特点，20 世纪 80 年代的 Power 女装近年来又大肆流行。左图为 20 世纪 80 年代设计师乔治·阿玛尼（Giorgio Armani）设计的女装，中图为 2012 年街拍女装，右图为 2012 范思哲女装

图 1-5
某些流行的服装经过时间的沉淀往往成为经典,其款式元素常常被设计师们反复运用。 左图为 1947 年克里斯汀·迪奥设计的"New Look"服装。 右图为 2012 年迪奥春夏新品,再现了"New Look"服装的经典廓型

1.2.3 服装流行的类型

（1）稳定性流行

稳定性流行是指某些服装在流行高峰后在一定程度上作为生活习惯或被消费对象留下来的流行现象。 稳定性流行的演变过程为:发生→流行→稳定。 这些服装的功能性一般较强,比较符合社会文化背景或人们的生活方式,在较长的一段时间内受外界干扰的因素较小,经历长时间的发展和演变,某些形式特征趋向于稳定,往往成为人们喜欢穿着的经典服饰。 例如 20 世纪 20 年代,服装设计师可可·香奈儿设计了无曲线且全素面的黑色及膝连衣裙——小黑裙(The Little Black Dress)。 在那个强调丰胸、纤腰、翘臀线条及繁复装饰的年代,这一创举居然成为引领女性服饰的一大趋势,被法国主流媒体视为"现代女性新制服"而大力推崇。 小黑裙因其百变的风格特点不仅被女性视为"最安全"的服饰装扮,也成为服装设计师们争相演绎的经典作品,其中,服装设计师纪梵希为演员奥黛丽·赫本(Audrey Hepburn)在电影《蒂凡尼的早餐》中设计的造型最为深入人心。 类似的例子还有很多,例如牛仔裤,自从 20 世纪 70 年代流行开始,至今已是老幼咸宜、人人喜欢的一种日常服饰了。

（2）一过性流行

一过性流行是指短时间的时髦现象,流行过后几乎不残留痕迹。 这类服装从产生到消亡的周期很短,具有突发性,骤然而起、骤然而终。 同时,流行的范

图 1-6
中图及右图为可可·香奈儿设计的小黑裙，左图为纪梵希为奥黛丽·赫本在电影《蒂凡尼的早餐》中设计的小黑裙造型

围非常有限，受当时的社会文化背景的影响而产生，一旦失去那样的人文环境，就会消失。这类流行演变的过程为：发生→流行→消失。服装史上有很多这样只流行了一次的服装：1910 年法国服装设计师保罗·布瓦列特创造了裙口非常狭窄的"蹒跚裙"（Hobble Skirt），裙口非常狭窄，穿这种裙子的女性不得不小步走路，束缚了女性腿部的运动，因此流行是昙花一现；20 世纪 70 年代，由于迪斯科音乐和舞蹈的流行，带动了迪斯科服装的流行，迪斯科服装色彩艳俗，饰有亮片，风格喧闹，流行也是转瞬即逝。这样的例子还有很多，如嬉皮士服装、朋克服装、乞丐服等。

（3）反复性流行

反复性流行是指时断时续地重复出现的流行现象，它是基于一定的社会环境和审美意识的需要而产生的，其必要条件是流行间隔能给人一种新鲜感、新异感、新巧感和新奇感。例如，曾经流行于 20 世纪 70—80 年代的喇叭裤，在 21 世纪的今天，以它修饰美化腿型的独特功能性大肆回归，重新焕发其独有的魅力。

（4）交替性流行

交替性流行是具有明显的周期性变化的流行现象。这种流行在服装上的变化最为明显，如裙长由短变长，再由长变短；裤脚由宽变窄，又由窄变宽；装饰由繁变简，又由简变繁；色彩由艳到灰，又由灰变艳；等等。流行服装的某些特征会随着流行的发展逐渐夸大，当夸张到极端时，会转而放弃而走向另一个极端。两种服饰的流行，并非是各自独立、彼此隔绝的，而是相互联系的，呈现出交错的状态，从而反映出服饰流行现象的多样性和丰富性。

1.2.4　服装流行的传播方式

服装流行的传播方式分为空间层次上的传播模式与群体性的传播模式。

（1）空间层次的传播模式

在空间层次上，首先是从流行发源地向其他区域的传播，从经济发达的大城市向经济相对落后的小城市的传播。巴黎、米兰、伦敦、纽约、东京是全球的时尚中心，是时尚流行的发源地。新的流行趋势首先由这些地方向世界进行传播，尤其是法国的巴黎，被称为世界时尚之都，20世纪初在这里诞生的服装设计师和高级时装品牌，奠定了巴黎至尊无上的时尚地位，至今仍然引领着世界的服装潮流，每年1月和7月举办的两次高级时装发布会更是时装界的盛会。高级服装品牌和服装设计师通过时装发布会发表新的服装作品来预测下一年度或季度的流行趋势，然后通过媒体的报道在全球进行流行趋势的宣传预告，其后通过成衣制造商对流行趋势进行有选择性的演绎，并成批量地生产为成衣投放市场后，新的服装流行波就此上演了。

（2）群体传播模式

流行的群体传播过程是指在特定环境下，流行样式从一些群体向其他群体的传播过程。通常认为流行的群体传播有三种基本模式，即上传下模式、下传上模式和水平传播模式。

① 上传下模式

这是关于服装流行传播的早期学说，1904年由乔依·思米尔（Joey Simier）提出。他认为，社会的形式，包括服装、美的判断、语言和所有人类的表达形式，都是以流行的方式流传的，而这种方式仅仅影响上等社会，一旦流传到下层社会，并由其开始模仿、抄袭、复制，上下界限被打破，上层社会的统一被破坏，上层社会就会放弃，转而去追求一种新的表达形式（服装），而流行在下层却正在发展，这样就使服装不断更新。

在阶级社会中，服装是划分社会阶层的标志，是财富和权势的象征。身处什么样的阶层，就必须按照规定穿着相应的服装，在服装的款式、色彩、纹样、面料、配饰等方面，都有着非常严格的规定。社会上层阶级把对金钱和闲暇的占有作为显示自己地位和权势的东西，服饰的奢侈是对经济实力和社会地位的夸耀；而处于社会下层的人们总是渴望进入较高的社会阶层，于是就造成了社会下层对社会上层的仰视、羡慕，从而产生模仿行为。服饰流行的上传下模式，一方面反映了社会上层人物为了显示自己的地位优越，不断在衣着服饰等方面追求花样翻新，领潮流之先；另一方面，也反映了社会下层的人们不甘居于人后，至少希望优越于同一社会阶层其他人的心理。在中外服装史上，流行服饰都是从宫廷率先发起的，再被民间逐步效仿而形成一种流行现象。

中国封建社会受阴阳五行学说的影响，服饰色彩以"黑、白、黄、青、红"五种颜色为正色，为贵族所用，而其他颜色为间色，则为平民所用。但在春秋时期，齐国齐桓公非常喜欢穿着紫色的袍服，所以引起了王公贵族和百姓的争相效仿，引发了紫色的流行，使紫色的纺织品的价格猛涨了十倍。

中国东汉时期女子的发式流行一种叫做堕马髻的发型，这种发型的特点是发髻低垂，并且故意留出散发，稍显凌乱，好像从马背上摔落下来，故此得名。这种奇怪的发式据说是东汉时期专权跋扈的大将军梁冀的妻子孙寿所创并流传于民间的，据《后汉书·五志行》记载："桓帝元嘉中，京都妇女作愁眉、啼口、堕马髻、折要步、龋齿笑。所谓愁眉者，细而曲折。啼口者，薄拭目下，若啼处。堕马髻者，作一边。折要步者，足不在体下。龋齿笑者，若齿痛，乐不欣欣。始自大将军梁冀家所为，京都歙然，诸夏皆防效。"唐朝时唐中宗的女儿安乐公主获得地方进献的一件百鸟毛裙，据说此裙用百种山林珍禽的羽毛所制成，奇幻精美，据《旧唐书·五行志》记载："正看为一色，旁看为一色，日中为一色，影中为一色，百鸟之状并见。"而这条百鸟毛裙很快就引起了百官及百姓家的疯狂地追逐效仿，甚至造成了比较严重的环境恶果，据《朝野佥载》称："山林奇禽异兽，搜山荡谷，扫地无遗。"

021

在欧洲，这样的例子也不胜枚举。17世纪的欧洲，男子流行戴假发，穿着用丝带和硬花边装饰的鞋子，据说这是法国路易十四国王的发明和喜好。路易十四国王戴上假发后，带动了人们喜欢那种高耸的、尖尖的、粗卷的假发和华丽的鞋子，并持续到下一世纪。路易十四还喜欢把胡子剃光，这也成为当时欧洲男人所仿效的典范。

19世纪拿破仑的妻子约瑟芬·波拿巴（Josephine Bonaparte）成为法国时装的带头人，她喜欢穿着华丽高贵的服装，用奢侈的珠宝装扮自己。由于约瑟芬，法国大革命前的凡尔赛宫廷服饰又开始风靡法国。约瑟芬还使白色成为当时的流行色，成为舞会礼服的主要颜色。毛饰品也开始流行，俄国羔皮、貂皮、黑貂皮都是她喜欢的毛皮饰品，这也使得开司米羊毛和俄国吉尔吉斯羊毛制成的披肩流行一时。

流行的这一模式至今仍有一定的适用性。一些新的流行样式如果受到社会上层或者名流的推崇和使用，更易快速地在社会上推广并流行开来，甚至有些产品直接以名人的名字命名。例如，爱马仕(Hermes)曾经为摩洛哥王妃格里斯·凯莉(Grace Patricia kelly)设计定制了一款容量较大、功能齐全的妈咪包，并将之命名为"凯莉包"。至今，"凯莉包"仍是爱马仕众多系列设计中的经典款，受到消费者的热捧。而使用名人代言或与名流合作，往往成为许多时尚产品商业推广的重要模式之一，"皇家""贵族"等字眼是产品广告中使用频率较高的广告词汇。一旦某种新款出现于社会上有影响的名人身上，敏感的生产经营者便不失时机地大量生产价格较低、能为大多数消费者所接受的仿制品，配合宣传鼓动，推波助澜，从而在社会上形成一定的流行规模。服装的流行也都是由高档次品牌向中低档次品牌传播，流行最先表现在数量极少的高级时装中，后逐渐被仿制成一般时装或大批量成衣而普及开来。

② 下传上模式

下传上模式是指服装的流行首先产生于社会的下层或者年轻群体中，并首先在本阶层中流行，目的是为了方便生活、方便工作，但由于其独特性、优美的艺术性、与日常生活的相关性被上层社会所接受，然后推广开来。

下传上模式在古代服装史上也有过先例。

中国服装史上记载有"士人冠，庶人巾"，巾本来是中国古代平民百姓的头饰，但由于巾的便利性和独特的儒雅风格，深受儒人雅士们的喜欢。在东汉末年，幅巾便成为一种时髦的装束，连身居要职的贵族和官吏也喜欢用此约发，《傅子》记载："汉末王公，多委王服，以幅巾为雅。"还有，明朝时期流行一种叫做"水田衣"的服饰。这种服饰原本是贫寒人家的女子用一些花色各异的零散布头拼制而成的服装，像纵横交错的水田，故得其名。水田衣因其独特的艺术美感被上层社会的女性所喜欢，从而传播开来。

在欧洲 16 世纪文艺复兴时期，男女的服饰盛行一种切口装饰，即将外衣剪开许多切口，露出里面不同的内衣和衬料，形成对比，互相映衬，以达到表现奢华和新奇的效果。这种切口装饰源于欧洲雇佣军的服装，他们用帐篷、华丽的旗帜碎片来缝补自己衣服上的裂口，通常缝在裂口的下方。这种切口服装很快在欧洲各国的贵族中流行，开辟了服装从下层社会向上层社会传播的途径。

这种下传上的模式在古代已经出现，但只属于个别现象。真正的下传上的流行模式多出现于近代。20 世纪 60 年代，由于成衣的出现，流行服装的成本大大降低，享受时髦不再是社会上层阶级的特权，流行开始真正地在社会各阶层、各年龄层的人群中普及。年轻人越来越占据流行的话语权，他们采用叛逆和反传统的服装款式来表达自己的意愿和对社会的态度，这些新的服饰逐渐为社会高收入阶层及年长者接受而形成流行。例如，20 世纪 60 年代流行的超短裙，首先流行于年轻人当中；还有牛仔裤，原为美国西部矿工的工装裤，在 20 世纪 70 年代受到年轻人的欢迎，并逐渐为社会上层阶级的人们所认可和接受；另外，嬉皮士风格服装、朋克服装、街头服装都源于叛逆的年轻阶层，后经服装设计师之手，将之与高级服装融合，逐渐被富有者与年长者所接受。如今，街头年轻人的穿着打扮已成为流行预测家和服装设计师把握流行趋势的风向标。

③ 水平传播模式

水平传播模式是现代社会流行传播的主要方式。水平传播是一种多向的、交叉的传播过程，流行不是在社会阶层之间的垂直传播，而是在同一阶层的群体内部或之间的横向扩散过程。受工业化大生产和大众媒体的广泛传播，传统意义上的流行形成模式已发生变化，社会上层的生活方式对普通大众的影响力正在减弱。社会阶层不再以权力、地位和财富来划分，而是以不同的生活方式和意识形态来形成不同的社会群体，在这些群体中，流行观念和需求等方面都存在差异，时尚流行的特征也不尽相同。在全球化的趋势下，不同地域、不同文化群体之间，不再是泾渭分明，而是相互影响、相互渗透，同时体现出各自的流行特点。每个社会群体和阶层都可能会产生自己的时装偶像，流行的真正引导者来自于每个人所处的社会阶层或社会团体中。

网络的发展使我们身边出现了越来越多的"平民"时尚偶像。在这个信息全球化时代，人人共同享用时尚流行信息的同时，也可以通过各种网络平台——博客、BBS 论坛——来表达自己对时尚的见解。这时，一些对时尚流行有独到眼光和品位的人不再盲从服装设计师或流行专家的观点，而是按照自己的思想将服装拆开，再依照某一刻的突发奇想重新组合，逐渐演变成自己的风格。 人们常能从他们的穿着上找到独特的魅力和灵感。 这些出身平民的时尚偶像，因其出色的时尚品味和个人风格，不仅被大众所追捧，也会成为明星们模仿的对象，以及服装设计师时装发布会的宾上客，接受时尚杂志的专访，甚至出书、当模特、代言名牌、为零售商做设计等等。 本来仅仅自娱自乐的平民时尚偶像们，凭借他们对于时尚的敏锐触感和超凡品味，成为带动流行变化的领袖人物。

图 1-7
现代网络的发展产生了许多平民偶像，一些对时装有独到见解的年轻人通过博客展示自己服装搭配的品位，得到了时装界的推崇。 图为被誉为"高跟鞋女王"的美国德州的 16 岁女孩 Jane Aldridge

图 1-8
街头人群的穿着成为时尚界预测流行讯息的重要来源之一

1.2.5 服装流行的动力

服装流行的动力主要来源于两方面：从宏观方面讲，是社会生活方式和商业的推动力；从微观方面看，是源于服装本身的永无止境的翻新和创造力。 这两个方面的结合和交叉，形成了当代社会时尚流行永远活跃、令人兴叹的奇观。

（1）社会生活的推动

服装是反映社会生活的一面镜子，也是社会生活的重要组成部分，不仅标示着一个社会的经济文化发展水平，同时体现了人们的心态、道德状况、习俗、礼节、生活方式。 服装的样式和穿用规范会随着社会生活的发展而变化，政治事件、经济发展、科技发明、礼俗风尚等社会生活的任何一种因素的变化，都可能引起服装新的变化和新的流行动向。 可以说，社会生活是推动服装不断向前发展的"永动机"。 当然，它们本身也永无止境地在进行自我翻新和自我推动。

在日常生活领域中，人们以个人主义和享乐主义的原则，永无止境地以奢侈的生活方式追求新鲜的快乐。 他们绝不满足于达到意识的快乐，也不满足于旧有的快乐形式，而是不断提出新而又新的享乐要求，使日常生活方式的变迁直接成为社会变迁的动力之一，成为追求更新、更时髦的流行的动力来源。

（2）商业的推动

另一推动服装流行变迁的外在动力是商业。 现代社会生活中，服装本身就是一种商品。 在当前的服装市场环境下，服装行业已经形成完善的制造流行的产业结构：从行业上游的纤维面料制造商，到设计师、成衣制造商、零售业者、新闻媒体，直至消费者，构成了完整的服装产业链条。 纤维面料制造商通过专业的纺织面料展会向设计师和成衣制造商推广他们的新产品，并以此为目的，对下一年度的面料、花色、成衣款式进行预测指导；然后，设计师与成衣制造商采用新式的面料进行新式样的时装设计和制作，并通过成衣博览会和时装秀等向零售业者展示并进行订货，同时通过新闻媒体进行大肆报道和宣传；零售业者则采购新的时装投放市场，并通过店铺陈列、海报宣传、橱窗展示等手段告知消费者新季度的流行样式；最后，通过消费者的购买行为和穿着形成新一波的流行。 一种新的样式从诞生到最终消费，中间要经历面料采购、设计、生产、批发、零售、运输、保管、广告宣传等环节，直至最终消费的整套经济结构，这些商业化手段的最终目的是让更多的人产生消费行为，从而占有更多的市场份额，赚取更高的利润。当越来越多的人加入到消费行列，达成一定规模时，便形成流行。由此可见，在现代市场经济条件下，服装的流行是商业机构有意倡导和策划的，可以说，现代意义上的流行是现代社会商业运作的产物，它们所代表的巨大利润诱惑，唆使商业机构和商人永无止境地寻求利润，从而使他们想方设法地刺激、引诱和蛊惑社会大众不断翻新消费需求，而这种需求同样在服装产品的流行中找到了最好的出路。

（3）服装自身的推动

现代服装的特点就在于它的不断更新和形式多变。服装的流行和传播的基本动力首先是它的形象、外观和样态的影响力。服装自身各部分，如款式、色彩、面料、搭配等元素的组合，可以像万花筒般变幻出无数种可能性。现代意义上，时装的"新"极少是指完全创新的、前所未有的一种形式，而更多的是"似曾相识"的新颖感，是对过去某一个时段的风貌的翻新和演绎。

时装流行和传播的奥秘在于它能够创造出某种形象和外观，以其吸引力影响社会。整个流行变化的过程，就是人们的外观不断变化的过程，是一种创造精神的表现。一种时装能否传播开来，关键在于它是否能以其外观形象征服社会各界人士，使他们着迷于时装所提供的外观形象。

1.2.6　服装流行的可预测性

服装的流行变化永无止境，尤其在现代生活的影响下，服装变化速度之快，更迭频率之高，从表面上看，服装的流行似乎难以捉摸，永远无法预知下一季的服装流行会走向何端，但流行还是有其规律可循的，因为服装与社会政治、经济、文化、科技、人们的心理等方面息息相关，是特定时期人们的物质生活和精神思潮的反映。另外，服装的流行具有周期性的特点，因此服装的流行具有可预测性。仔细观察社会动态、相关行业的发展、新的科学技术的应用，调查当代人们的生活方式，了解他们的需求，对市场动态进行调研和测试，观测行业展会，关注都市流行和高档时尚街区，对最近 5 年至 10 年间的流行趋势进行研究等，都是预测服装流行的方法。目前，全球有许多专业的流行资讯机构和流行预测专家，服装流行趋势的预测已经成为时尚业的一大支柱。专业的流行预测机构能够辅助制造

026

商完成各种重要任务，而设计师和销售商也在使用这些资讯，他们把服装流行资讯作为灵感来源的一部分，来预测和分析自己公司的市场情况。

1.2.7　影响服装流行的因素

服装流行现象是一定历史时期内人们的物质生活和精神生活的一种反映，它与人们的生活息息相关。影响流行的因素包含自然因素、社会因素和人为因素三大方面。

（1）自然因素

自然元素包括地域元素和气候元素两个方面。不同的地理位置及气候条件，造成了服饰风俗的差异。从世界各地的服装发展过程来看，各个地域和各民族的服饰都是顺应了本地区的自然条件发展而形成的。

① 地域因素

由于地理环境的巨大差异，生活在不同环境区域中的各民族人民，身着各式各样的、绚丽多彩的服饰，无不体现着所处地理环境的特色和民族风情，从而构成了丰富多彩的世界服饰文化。而且，因为所处地域不同，对于流行的理解和接受程度有着很大的差异。一般来说，地处平原和大城市的人们更为开放，更易接受新的理念和事物，对流行信息更为敏感和善于把握，他们往往是流行的先导者和推动者；生活在小城市中的人们往往比较保守，接受新事物的能力较弱，时尚流行变更的速度较慢；地处偏僻闭塞山区、岛屿的人们比较固守自己的传统风俗习惯，从而形成了独具特色的民族服饰和地域服饰文化。这些特色服饰在全球化的过程中愈加珍贵，成为服装设计师发掘创作灵感的源泉，民族服饰的某些元素被运用到新的作品中，从而转化为服装流行的元素而得到传播，在全球范围内形成流行。

随着经济的飞速发展和科学技术的发达，世界区域内服饰的地域差异会越来越小，越来越趋同。

② 气候因素

适应气候、保温御寒是服饰的最基本的功能。因此，不同气候条件下所形成的服饰也大为不同。比如寒带、热带，以及沿海、山地和沙漠地区，都有因适应气候而形成的独特服饰。四季分明的地区，服饰的季节性比较明显。不同的气候条件对服装提出了不同的要求，服装的造型、布料的选择、装饰手法，甚至艺术气氛的塑造,都受其影响和限制。

（2）社会因素

服饰是人类文明的产物,服饰文化的变迁也是人类文明发展的历史。 服饰是时代的一面镜子,社会的政治经济、文化思潮、道德风俗、生活方式等各个方面的变动,都会引起服装形制乃至风格的变化。

① 政治风云

社会政治是影响一个时代的服饰面貌的外因。 政治变化直接影响到这个时期内人们的着装心理与方式,往往能够形成一个时代的着装特征。 在等级森严的封建社会,服饰是等级、权威和身份的象征,不同等级的阶层通过严格的着装进行划分,不能僭越。 那时,华服美饰是统治阶级的特权,服装的流行也是自上而下的:从宫廷流向民间,从贵族流传到平民。 从服装史中可以看出,各个国家、各个时代发生的大的政治变革都会给服装带来很大的变化。 政治严酷时期,服装灰暗而保守,而开放的政治使人们着意于服饰的精美华丽与多样化的风格。 比如 20 世纪 60 年代,受当时国内政治运动的影响,军装是最时髦、最体现革命性的服装,男女老少或穿着肥肥大大的绿色军装,或穿着"一身蓝""一身灰"的中山装和它的变异服装,女装和男装仅在领子、口袋和腰身上略有区别,根本谈不上什么女性美,追求美的行为被批判和打压,充分显示出当时的政治对人们审美意识的影响。

图 1-9
以政治为素材的服装设计,左图为 1889 年印着星条旗的棉布裙和法国的服装设计师凯瑟琳·玛兰蒂诺(Catherine Malandrino)**设计的印着星条旗图案的雪纺衬衫裙;右图为 Asheville 和 James Sterling 的波普艺术运动中的纸质服装与 Richard Nixon 和 Hubert Humphrey 的支持者穿的星条旗迷你连衣裙**

在西方历史上,政治对服饰的影响还体现在妇女政治地位的变化与女装的演变上。 19 世纪末,女性开始对传统与被动的角色表示不满,并慢慢向主动积极发展；到了 1890 年，女性开始从事骑自行车、打网球、游泳和击剑等活动；之后不久，女性开始穿着裤装，并且以跨坐的姿态骑马。 她们追求的是肢体、智力与经济等各方面的解放。 新时代的女性逐渐相信并且要求两性平等。 20 世纪的第一个 10 年，英国和美国妇女极力主张女性参政，她们通过各种抗议、游行和抗争，争取女性参政的权利。 一次大战期间，由于男性被征兵上前线打仗，后方由妇女接替他们的岗位，以推动经济的发展。 大战结束后，女性被允许具有比以前更多的平等权利。 她们剪去长发，继续留在工作岗位上。 服装设计师呼应了女性消费者自由开放的新生活形态，将女装的裙下摆长度缩短，整套服装的设计趋向宽松，衬衫、工装裤、军服等原本为男性穿着的服饰也成为女性的装束，束身内衣被新的内衣形式——胸罩所取代。 60 年代的女权主义运动，女性提出了报酬平等的要求。 她们同时要求介入高报酬职业与高技术性的贸易协会，并且享有和男性同事相等的晋升机会。 她们的收入比以往丰厚，也能以熟练的方式掌握经济大权。 在这之前，女性一直接受别人为她们安排的服饰公式；而在这之后，继之而起的是对任何事物产生质疑的新生代。 70 年代在"反时装"的口号下，借穿着牛仔裤这种反传统的服装，以及不管任何时机和场合皆以平常打扮为主的观念，表达了女性的诉求重点。 轻松的服饰逐渐成为流行。 80年代是成功女性的时代：女性有更多的选择，可以做更多的决定，能够自由自在地表现自己，穿自己喜欢的衣服，选择自己想要的流行；她们能够将自己生活中的每一面结合在一起，形成前卫的、独立的、大胆的，以及实用的等流行形象。

另一方面，政治元素也常常成为服装设计师们创作的题材，以服装为载体，他们或以诙谐、幽默，或以反讽、调侃的手法来表现自己的政治主张，充分发挥自己的无限创意。

② 经济状况

从某个方面而言，服装是一种商品，所以经济发展的状况直接影响时尚流行的状况。

一方面，经济的发展刺激了人们的消费欲望和购买能力，使服装的需求市场日益扩大，从而促使服装设计推陈出新，新鲜的设计层出不穷。 另一方面，服装市场的需求促进了生产水平与科技水平的发展，工业利用艺术创造的成果成为传播文化的渠道，新型服装材料的开发和制作工艺的发展，大大增强了服装设计的

029

表现活力。因此，越是经济发达的地区，时尚传播与变迁的速度越快，也越易成为时尚中心与发源地。比如法国、美国、英国、意大利与日本，之所以成为世界的时尚中心，其原因与雄厚的经济基础是密不可分的。近年来，中国的经济飞速发展，人民的生活水平也得到了极大的提高，中国成为世界上最大的服装消费国，堪称国际一流的高档商场、购物中心、品牌全球旗舰店已遍布中国大都市，中国已经成为世界奢侈品牌未来的第一市场。中国贸易政策的开放和强劲的消费增长，为高端品牌提供了在中国发展的基石和动力，中国正悄悄地推动和改变着奢侈品世界的格局，成为时尚消费大国。

对于个人而言，经济收入状况也能影响其对时尚接受的态度。19世纪，德国统计学家恩格尔（Engel）根据统计资料，对消费结构的变化得出一个规律：一个家庭的收入越少，家庭收入中用来购买食物的支出所占的比例就越大。随着家庭收入的增加，家庭收入中用来购买食物的支出比例则会下降，而用于服装、住宅、交通、教育、旅游、保健及娱乐方面的开支会随之上升。经济实力雄厚的消费者，对时尚的态度会更加大胆和标新立异，更易尝试和接受新事物，更愿以高昂的价格消费时髦的产品，他们往往是时尚的先导者和推动者。而经济状况较差的消费者可能会偏向于选择比较传统的服饰，他们往往被动地追随时尚潮流或处于时尚潮流的末端。

③ **科技发展**

科技的进步一方面改进了生产工具和生产方式，使服装产品的生产流程变得更为简洁、快捷和有效。例如，服装从手工缝纫到机械化生产，从以劳力为主的生产方式改变为以产量为主的生产方式，再到智慧化现代生产方式的转变，都是依赖于科学技术的发展。服装通过雷射、计算机和经过改善管理的作业，传统的裁剪与缝纫机件朝着增加产量、降低劳动成本，以及达到更高水平与更严格管理的目标，加以改良。利用最新科技改良机件设备，大大缩短了服装从设计图到成品的生产周期，增加了服装行业对时尚理念快速反应的能力。另一方面，科技的发展促进了新型材料的发展及功能性的智能化，更多的科技成果被运用到服装产品设计中，极大地改进了时装的智能化、多功能性和外观效果，时装的更新换代也越来越频繁。第三，科技的发展使服装流行的传播更加广泛和快速，网络、数码科技、信息的高度发达使最新流行的服装能在短时间内由时装发布现场经由各种媒体传送到全球各地，流行周期越来越短，服装流行的变化越来越快速。

④ **文化因素**

服装服饰也是文化的一个载体，既反映了一定时期的物质文化发展水平，也表现了一定时期的人们的价值观和审美情趣等。 在不同的文化背景下，所形成的服饰文化审美也不同。 比如东西方服装审美文化就存在很多不同点。 西方文化起源于海洋文明，文化本能比较开放，易于融合外域服装文化；中国文化起源于大陆文明，文化本能比较封闭，在服装上具有固执的"原体"意识，传统服装形制几千年来地位稳定，吸收异域服装相对困难。 西方文化善于表现矛盾、冲突，在服装构成上强调刺激、极端的形式，以突出个性为荣；中国文化是和谐文化，强调均衡、对称、统一的服装造型方法，以规矩、平稳为最美。 西方文化是一种明喻文化，重视造型、线条、图案、色彩本身的客观化美感，以视觉舒适为第一；中国文化是一种隐喻文化，艺术偏重抒情性，追求服装构成要素的精神寓意和文化品位。

世界各地文化的差异性形成了丰富多彩的服饰文化，在人类历史的长河中，通过不断的文化交流，本土的和传统的服饰文化在不断汲取和吸收外来服饰文化的过程中获得新的生命力并得以发展。 在经济全球化的过程中，服饰文化呈现出越来越小的差异，各国的服饰流行趋向于一致，但同样的流行元素在不同的国家和地区仍持有特有的文化痕迹，其表达方式带有很多细节上的差异。 比如旗袍的流行，在西方，设计师们更多地采用旗袍的外部造型，表达的是另类的张扬和个性；而中国设计师更注重表达旗袍的内在意蕴，表达一种欲说还休的含蓄美和典雅。

⑤ **艺术风格**

服装在变迁过程中不可避免地受到绘画、建筑、戏剧、音乐等其他艺术形式的影响。 一种艺术风格的兴起，或源于绘画，或源于建筑，最终都对服装服饰形成必然的影响。 纵观西方服装发展史，服装风格的演变与艺术风格的演变有着密不可分的关系。

5 世纪，由于罗马帝国的东迁，拜占庭帝国成为当时的世界贸易、文化、时尚中心，融合了古希腊、罗马和亚洲东西方艺术形式的拜占庭艺术因而发展起来。 拜占庭艺术风格强调镶贴艺术，追求缤纷多变的装饰性。 同样，这种特色也反映在服装上，例如，在男女宫廷服的大斗篷、帽饰和鞋饰上，都出现了镶贴、

031

光彩夺目的珠宝和充斥着华丽图案的刺绣。这些情形有别于同时期欧洲地区的服饰,营造出一种既融合东西方又充满华丽感的装饰美。

12 至 16 世纪初期,欧洲出现了一种以新型建筑为主的艺术,这种建筑风格广泛地运用线条轻快的尖拱券、造型挺秀的小尖塔、轻盈通透的飞扶壁、修长的立柱或簇柱,以及彩色玻璃镶嵌花窗,造成一种向上升华、天国神秘的幻觉,反映了基督教盛行的时代观念和中世纪城市发展的物质文化面貌。这种艺术风格被称为哥特艺术风格。哥特艺术风格很快普及于整个欧洲的绘画、雕塑、建筑、音乐和文学等文化领域,同时深深地影响了当时的服饰审美和服饰创造,例如,在男女服饰的整体轮廓上,在衣服的袖子上,以及鞋子的造型上、帽子的款式上,都呈现出锐角三角形的形态。

16 世纪末期到 18 世纪上半叶,流行于欧洲的巴洛克艺术风格原本起源于建筑,但后来绘画、雕塑、音乐、服装都受到巴洛克艺术风格的影响。巴洛克风格的服装夸张、浪漫、色彩绚丽、华丽,丰富的装饰和大量的曲线成为巴洛克风格服装的主要特征。

18 世纪,洛可可艺术风格影响了整个欧洲,最初也是体现在建筑设计上。洛可可一词源自法国词汇"Rocaille",原意是指岩石状的装饰,强调"C"形的漩涡状花纹和反曲线的装饰风格。洛可可风格自然影响到当时的服装,无限华丽、细腻、繁缛的装饰美、工艺美、流动美是洛可可风格服饰的特点。

18 世纪中期,文学、绘画、音乐、装饰、建筑乃至服装设计等各个领域兴起了新古典主义艺术风格,其精神是针对巴洛克与洛可可艺术风格所进行的一种强烈的反叛。它主要是力求恢复古希腊、罗马所强烈追求的"庄重与宁静感"之题材与形式,并融入理性主义美学。这种强调自然、淡雅、节制的艺术风格,与古希腊、罗马的题材形式结合所发展出来的服饰,在法国大革命之后跃升为服装款式的代表。特别是在女装方面,例如,以自然简单的款式取代华丽而夸张的服装款式,排除受约束、非自然的"裙撑架",等等。因此,从 1790 年到 1820 年之间所追寻的淡雅、自然之美,在服装史上被称为"新古典主义风格"。

19 世纪中期,英国的艺术领域兴起了"前拉斐尔艺术风格",其艺术精神主要是追寻一种自然但具有浪漫主义色彩的表现。这种艺术风格是对冷淡、生硬的艺术的一种反驳,痛斥"人与自然的疏离感",希望透过艺术将"人性化""自然化""理想美"的特质结合表现。 受这种艺术风格的影响，服装呈现出"理性式的美感"。 这种服饰风格与当时的"维多利亚风格"极端相对，成为英国社会追寻服饰改革的代表款式。

20 世纪 20 年代的法国，受弗洛伊德精神分析学和潜意识心理学理论的影响，超现实主义艺术风格流行起来。 超现实主义的艺术家们主张"精神的自动性"，提倡不接受任何逻辑的束缚，非自然合理的存在，梦境与现实的混乱，甚至是一种矛盾冲突的组合。 这种任由想象的模式深深影响到服装领域，带动出一种史无前例、强调创意性的设计理念。

20 世纪 60 年代影响服装的波普风格，源于 50 年代初期的英国，鼎盛于 50 年代中期的美国。 波普风格所指的正是一种大众化的、便宜的、大量生产的、年轻的、趣味性的、商品化的、实时性的、片刻性的形态与精神的艺术风格。这种艺术风格影响到服装领域，体现在服装面料与图案的创新上，改变了过去服饰图案的特点，在服装史上留下了深深的印记。

欧普艺术风格也源于 20 世纪 60 年代的欧美。 OP 是 Optical 的缩写形式，意思是视觉上的光学。"欧普艺术"原指的是利用人类视觉上的错视所绘制而成的绘画艺术。 因此，"欧普艺术"又被称作"视觉效应艺术"或者"光效应艺术"。 受欧普艺术影响下的服饰，按照一定的规律形成视觉上的动感，在服饰图案的设计上，以欧普艺术的视觉感为最大的特点。

20 世纪 90 年代，从建筑设计到各个艺术领域流行极简主义艺术风格。 极简主义强调的是一种"理性、冷峻、简约"的艺术风格。 极简主义艺术风格影响下的服饰，以简单的设计理念影响到国际时装的流行趋势，成为 20 世纪末的一次具有代表性的服饰风格的变革。

（3）人为因素

① 生理因素

生理因素指人种、年龄、性别、体征（高矮、胖瘦、肤色）等生理特征。 生理因素的差别决定着对服装的款式、构造和服用功能有不同需求，对服装流行现象的接受程度和影响力也不同。

欧美的白色人种五官突出，体型高大，肤色白皙，其传统服饰的立体造型较为突出，着重表现胸、腰、臀部的线条，并通过收、垫等手法加强雕塑式的立体视觉效果，例如西方服装史上的紧身胸衣和裙撑。 而亚洲人种的身材比较矮小扁

033

平,其服装讲究的是穿着者所表现出的精神气质与内涵,传统服装宽大、飘逸、平面裁剪,流行的变化多表现在色彩和图案装饰方面。

年龄的不同对服装的需求差别也较大。儿童服饰要求符合儿童成长过程中的身体特征及心理需求,如对舒适、安全、审美情趣引导方面都有严格的要求,流行特征不明显,但近年来,受到成人服饰流行的影响,儿童服饰也逐渐呈现出流行性。而年轻人服饰的流行特征较强,表现在对审美和个性的需求上,他们通常是流行服装的创造者。老年人的服装更注重舒适、方便和保健性,服饰风格较为传统、保守,流行特征较弱。

性别不同也导致服装流行的差异性。男装与女装相比,其款式流行变化不大,风格较为稳定,多体现在服装细节、材质及花色方面的微妙变化,例如领子的形状、领带的宽窄、口袋的位置、上下装的比例等等;而女装则变化无穷,款式更新频繁,色彩绚丽,装饰手法丰富,流行更迭周期短,最能体现流行的特征。

② 心理因素

在商品发达的社会,服装产品及其流行现象之后,反映的是人们的文化心理需求。在人类文明高度发达的今天,人们穿衣打扮已经超越保暖、保护等基本的生理需求功能,而是出于审美的目的,从而获得精神和心理上的满足感。美国心理学家马斯洛(Maslow)的需求层次论把人类需求由较低层次到较高层次依次分成生理需求、安全需求、社交需求、尊重需求和自我实现需求。根据马斯洛需求层次论,主导人们追逐时尚流行的心理因素主要是趋同的心理与求新求异、突显自我的心理。法国心理学家塔尔德(Gabriel de Tarde)在他的著作《模仿的规律》和《社会心理学研究》中指出:生活在社会洪流的个人和群体,都具有双重的心理倾向。他们一方面不断地创新和独特化,试图从群体中"异军突起"和"出类拔萃";另一方面又模仿、传播和追求传统,唯恐自己被孤立、被排斥而急于融合于群体中。

趋同心理是想获得他人的认同,希望自己融入到更高一级的社会群体中去。每个社会层次都有一定的行为规范和集团认知标志,要跻身于另一个社会层次,就必须得到该社会层次的认同,必须有与该社会层次一致的行为规范和认知标志。而服装、配饰等能够直接表现一个人的外在风貌,能够体现人的经济情况、社会地位、文化层次、生活质量及性格爱好等方面,成为社会层次认知的主要内容之一。

在服装流行的冲击下,固然会引起个人和群体的模仿和追逐,但个人总有自我突出和自我优先的心理趋势,试图尽可能避免使自己与社会大多数人合流,尽力表现个人的特质和优越之处,显示自己的才能、智能、品位,以及自己独特的个性和情感。为了显示自己的优势,在流行潮流中,个人往往主动表示自身与社会大众的不一致性。"喜新厌旧"心理促使人们喜欢追求奇异新颖,追求与众不同,以获得一种成就感或满足感,从而成为推动时尚不断更新的动力之一,促使新事物的产生和发展。

1.2.8 常见的服装流行风格

服装风格是指服装在整体上呈现出的具有代表性的独特面貌,是一个时代、一个流派或一个人的设计作品在思想内容和艺术形式方面所显示出的格调和气派。

服装风格是由作为创作主体的设计师的个性特征与作品的题材,以及社会、时代等历史条件决定的客观特征相统一而形成的。服装风格的形成有其主观、客观的原因。在主观上,设计师由于各自的生活经历、思想观念、艺术素养、情感倾向、个性特征、审美理想的不同,必然会在艺术创作中自觉或不自觉地形成区别于其他艺术家的具有相对稳定性和显著特征的创作个性。服装风格就是创作个性的自然流露和具体表现。在客观上,设计师创作个性的形成必然要受到其所隶属的时代、社会、民族、阶级等条件的影响,而服装所具体表现的客观对象、所选择的题材,以及所从属的艺术门类,对于风格的形成也具有内在的制约作用。这就是形成服装风格的客观条件。

在服装风格的流行中,很少有完全创新的风格,总是能找到过去的影子。风格的流行相对于服装样式的流行较为稳定,大多是在过去风格的基础上略有变化,有些则是完全的复古。服装设计师可可·香奈儿在她的自传中讲到:时尚总是来来去去,风格却是永恒的。

完全创新的风格是非常罕见的,是随着全新事物的诞生而产生的,因而大异其趣,比如 20 世纪 60 年代诞生的嬉皮士风格、太空风格,70 年代的朋克风格、摇滚风格等,以及近些年诞生的混搭风格等。

035

（1）民族风格

民族风格是一个民族在长期发展过程中形成的本民族的艺术特征。它是一个民族的社会结构、经济生活、风俗习惯、艺术传统等因素的体现，是一个民族特有的文化符号或文化特征。

民族风格的服装因其具有的独特的地域特色和浓郁的人文色彩，一向是设计师们所钟爱的题材，是服装流行中长盛不衰的流行主题。早在20世纪初，法国服装设计师保罗·布瓦列特就在服装设计中采用了许多东方风格，例如日本和服、东方宽大的女子长裤、阿拉伯风格的女子束腰外衣、面纱、穆斯林式样的头巾等。这些设计开创了民族风格服装流行的先例，引起了法国及欧洲等其他国家和地区的上层社会女子的追逐。20世纪70年代，在西方时装界再次刮起民族风格，设计师伊夫·圣·洛朗（Yves Saint Laurent）吸收了大量的异国情调作为设计灵感，包括中国、秘鲁、摩洛哥、俄罗斯和中非的文化。他设计的俄罗斯风格系列色彩丰富，充满了俄罗斯民族的活泼和生动感；之后推出的中国系列采用黑红色，对比强烈，具有强烈的舞台效果。70到80年代，由于日本的服装设计进入国际水平，一些有天赋的设计师逐渐在国际时装界崭露头角，例如三宅一生、高田贤三、山本耀司（Yohji Yamamoto），那种不同于西方传统审美的、隐忍式的、含蓄的东方美，吸引了来自西方服装界的目光，征服了世界时装舞台，也使得东方的传统文化和服装深受瞩目，成为设计师热爱和钟情的设计素材。善于从民族风格中挖掘创作灵感的还有设计师约翰·加里亚诺（John Galliano），他在1997年的克里斯汀·迪奥1997春夏高级定制秀上展出了以中国旗袍为原型的系列设计，模特戴着中国特色的黑色的假发髻插着发簪，或者齐耳直发，画着香烟女郎似的妆容，穿着紧紧包裹身体的高开衩的"旗袍"礼服，婀娜多姿、风情万种地在秀台上走着，体现着东方式的性感。之后，加里亚诺不断地尝试从世界各民族中寻找创作素材，如日本、埃及、非洲部落、印第安、南美风情等。法国设计师让·保罗·戈蒂埃（Jean Paul Gaultier）也善于将民族服饰与现代时尚融合拼凑，充分展现夸张与诙谐，把前卫、古典和奇风异俗混合得令人叹为观止，他所创作的"蒙古人"系列、"时髦的犹太拉比"系列都是极好的例子。

在设计师所钟爱的民族风格中，常见的有中国风格、日本风格、非洲风格、蒙古风格、印第安风格等。

图 1-10
约翰·加里亚诺设计的中国风格的
服装

图 1-11
约翰·加里亚诺设计的古埃及风格
的服装

（2）未来风格

未来风格又称"未来派"，是现代主义思潮的延伸，是第一次世界大战前夕产生于意大利的一个文艺运动，是在意大利诗人马利奈蒂（Marinetti，1876—1944）的影响下诞生的。它是一种对社会未来发展进行探索和预测的社会思潮。未来派以"否定一切"为基本特征，反对传统，歌颂机械、年轻、速度、力量和技术，推崇物质，表现对未来的渴望与向往。

未来风格是随着科技的发展而兴起的。科技的发展拓宽了人类的视野，启发了人们的想象力，人们的探索领域开始从自己生活的空间向外围扩展，小到微观世界，大到太空领域。这种对未知世界的探索和想象成为各种艺术领域的表现素材，包括绘画、雕塑、影视、建筑设计、产品设计、服装设计等领域。

1961 年，前苏联宇航员成功升入太空，1969 年美国宇航员成功登月，引发了人们探索太空的热潮，对未来未知世界探索的兴趣一触即发。第一位创作未来风格服装的是法国设计师安德烈·库雷热，他于 1964 年推出太空服装。库雷热的几何剪裁、皮质高靴和怪异配饰塑造了人们对太空人的基本印象。1968 年，设计师帕克·拉班（Paco Rabanne）为《太空雌雄芭芭丽娜》设计了 PVC 材质的性感太空服，使塑料材质的服装出现在天桥上。另一位太空大师皮尔·卡丹擅长用挺括的毛呢材质创造有奢华太空感的轮廓。60 年代流行的未来风格以塑胶材质、皮质高靴、金属色泽、夸张轮廓、鲜亮色块、钢盔头为代表特征。

20 世纪 80—90 年代，经济增长、科技高速发展、消费主义泛滥，很快给环境带来了负面的影响，大气被污染，一些动植物面临物种灭绝，人们的生存环境空前恶化，人们开始思索向外星空拓展生存空间。这时，一系列反映地球危机和外星人入侵题材的电影开始风靡全球，例如《星球大战》《变形金刚》和《第五元素》等。受电影的影响，未来风格的服装重新流行。弹性紧身衣、金属色、冷酷妆容、夸张配饰、新型面料成为这个时期的未来风格的流行特征，相对于 60 年代表现未来风格的服装，多了些唯美感和浪漫主义色彩，表现了未来世界的神秘幽远。

21 世纪，科技的高度发展，高科技产品不断涌现，服饰的功能性和科技感日益突出，未来主义风格服饰的突出特点便是对高科技材质与服装智能化的体现。最代表性的设计师是侯赛因·卡拉扬（Hussein Chalayan），他的设计超前，所关注的是几乎存在于想象中的未来时代，被称为"次世代的预言者"，体现出一种对未来意象和对未来的思索，他用他的时装设计传达了一种人类文明进化的可能性。

侯赛因·卡拉扬善于尝试使用创新材料，飞机材料、金属、电路板、玻璃、木材、LED 管都可以成为制作服装的材料，他将高科技与现代艺术完美结合，开创了"电子生成"时尚的先河，设计的服装充满了未来感和超现实主义色彩。他在 2000 年春夏发布的"Before Minus Now"系列中，用一个小小的遥控装置，使服装脱离地心引力，优美地漂浮起来；同年秋冬发布的"Afterwords"系列，将圆形咖啡桌和椅套变幻成模特身上的裙子造型，椅子变成行李箱，把家具的耐磨性、便携性和富有建筑艺术色彩的特征融入服装设计中，使"家"与服装的概念融为一体。在 2007 年春夏推出的"One Hundred and Eleven"系列中，再次将自动化机械装置安置在服装中，使原本长至脚踝的裙摆经由该自动化装置可以收短至膝部，箍紧的领口被放松至锁骨，而短袖则"退化"成无袖，服装款式从维多利亚复古风格变化为现代感在 30 秒内就简简单单地完成。2007 年秋冬发布的"Airborne"系列则应用 LED 技术，把衣服变成一件镶嵌着施华洛世奇水晶和超过 15 000 颗闪烁 LED 灯的未来主义时装，好似实现了帕科·拉班在 20 世纪 60 年代末对未来服装的想象——服装可以根据女人的心情改变颜色。

图 1-12
未来风格的服装，设计师侯赛因·卡拉扬的作品，他的设计体现出一种未来意象和对未来的思索

039

（3）朋克风格

朋克（Punk），是最原始的摇滚乐，诞生于 20 世纪 70 年代中期。 朋克音乐不太讲究音乐技巧，更加倾向于表达思想解放和反主流的尖锐立场。 这种倾向在当时特定的历史背景下在英美两国都得到了积极效仿，最终形成了朋克运动。朋克的精髓在于破坏，彻底的破坏与彻底的重建。

最初的朋克风格的服装选用廉价的化纤面料或者塑料、橡胶、皮革等材料，故意采用撕裂、破烂和肮脏的效果，塑造一种破旧褴褛的感觉，安全别针、金属链条、骷髅饰品，甚至避孕套，都成为装饰品。 T 恤上印涂鸦图案及暴力或色情的文字、染成鲜艳色彩的"鸡冠头"、黑色皮夹克、镶嵌金属铆钉的机车手套、黑色皮靴、破烂牛仔裤、黑色网纹袜，是朋克的典型装束。

80 年代流行的朋克音乐风格演变分为新浪漫主义及哥特式两种。 新浪漫主义摇滚乐以风靡全球的英国乐队"文化俱乐部"为代表，其乐队主唱乔治男孩（Boy George）是 20 世纪 80 年代英国新浪漫时期最具号召力的流行偶像，他男扮女装，装扮精致，带动了新浪漫主义服饰的流行。 新浪漫主义式服饰的用料华丽考究，用优雅替代朋克式的懒散，用精致替代粗俗，以新的装饰观念和手法，将朋克风格推向流行的高峰。 哥特式音乐又称为死亡摇滚，以人性的空虚、黑暗为主题，音色缓慢、阴郁、恐怖，死亡是其表现的主题，吸血鬼成为主题的最佳象征。哥特式的朋克风格服装由音乐演变而来：染黑的长发、苍白的皮肤、黑唇膏、黑眼影、细眉，构成典型的哥特式妆容，紧身黑衣、黑色皮夹克、黑色紧身牛仔裤，以及自我束缚的装饰和恋物癖式的服装，皮革、PVC、塑料、橡胶是不可缺少的材质，披肩、斗篷、长手套、黑色网袜、尖头靴、T形十字章、十字架银饰等是主要的配饰。

如今的朋克风格更具包容性，与多种文化相融合，以多种风貌出现在街头和高级时装秀台上。金属腰带、苏格兰超短裙、红格子图案、尖锥形金属饰品、黑色皮夹克、颓废妆容、纹身、穿孔等朋克特征与其他的流行风格混搭，70年代的朋克风格的批判精神已经荡然无存，追求的只是独一无二、惊世骇俗的视觉效果。

最早将朋克风格引入时装设计的是英国设计师维维安·韦斯特伍德（Vivienne Westwood），她被誉为"朋克之母"。她早期的设计大胆狂放，充满了叛逆的色彩，将摇滚及街头元素融入服装设计中：撕裂口子或挖洞的旧T恤、拉链、色情口号、金属挂链、皮制迷你裙等。这些元素后来成为朋克服装的一些流行特征。80年代，维维安·韦斯特伍德的设计风格开始脱离强烈的社会意识和政治批判，开始重视剪裁及材质运用，早期所发表的多重波浪的裙子、荷叶滚边、皮带盘扣海盗帽和长统靴等带有浪漫色彩的海盗风格，并开始探索古典及英国的传统，将传统服装的元素与朋克风格成功地融合，将过时的束胸、厚底高跟鞋、经典的苏格兰格纹等设计元素重新发挥，以特别的手法，将街头流行成功地带入时尚的领域。90年代，她设计出不规则的剪裁和结构夸张繁复的无厘头穿搭方式、不同材质和花色的对比搭配等，将朋克风格的演变又推进了一步。

图 1-13
朋克风格，左图与中图为法国设计师蒂埃里·穆勒（Thierry Mugle）的设计；右图为约翰·加里亚诺的设计，他为朋克风格注入了浪漫主义元素

许多设计师深受朋克风格的影响,如意大利设计师詹尼·范思哲(Gianni Versace)为明星伊丽莎白·赫莉(Elizabeth Hurley)设计的带有安全金属别针的黑色晚装。 还有一些年轻的设计师,如约翰·加里亚诺、亚历山大·马克奎恩(Alexander Mac Queen)等,将流行街头的朋克风格引入了高级时装秀台。

（4）摇滚风格

摇滚风格的服饰是由摇滚乐的兴起而开始流行的。 摇滚乐简单、有力、直白,节奏强烈,表演形式无拘无束。 除了其音乐形式深受年轻人喜欢外,摇滚服饰也深刻地影响了年轻一代的穿着形式,一些有影响力的摇滚明星成为时尚界所推崇的偶像。

20世纪50年代中期,摇滚乐逐渐在美国乡村音乐、节奏布鲁斯、爵士和福音音乐四大派系中开始萌芽。 最早的摇滚乐偶像是比尔·哈雷(Bill Haley),之后是埃尔维斯·普莱斯利(Elvis Presley),他将乡村音乐、布鲁斯音乐和山地摇滚乐融会贯通,形成了具有鲜明个性的独特曲风,强烈地震撼了当时的流行乐坛,并让摇滚乐开始如同旋风一般横扫世界乐坛。 后来,他被视为摇滚乐的奠基人,被称为"猫王"(The King)。 除了他的音乐,他标志性的穿衣风格也影响了几代人,如今依然有无数人效仿。 连身喇叭裤、外翻领衬衫、尖头皮鞋,这些都是猫王摇滚时代的时装风格。

60年代初,随着越战及美国民权运动的爆发,在动荡不安的社会状况下诞生了渴望"爱与和平"的嬉皮士,音乐艺术的创作和发展空前高涨,摇滚的真正雏形也逐渐显现,出现了众多著名的摇滚乐队,其中来自英国的披头士乐队(The Beatles)最具影响力。 他们在摇滚史上及时装史上都创造了不可逾越的高峰,他们的穿着带来了一股英伦风潮,内敛、低调而关注细节与个性。 窄窄的领子、四粒扣西服搭配高领衫、衬衫配细细的领带、花色衬衫配丝绒西服,成为60年代穿着风格的经典。

另一位60年代的摇滚明星贾尼斯·乔普林(Janis Joplin)在其短暂又辉煌的摇滚生涯中,影响了一代女嬉皮士的穿着。 她顶着一头杂乱无章的乱发,胸口挂满用来自异国的五彩珠子结合而成的珠串,一件土法炮制的扎染外套松垮地披在肩上,引领了嬉皮士风格的服装流行。

60年代末期出道的英国摇滚明星大卫·鲍威(David Bowie)则为时尚界带来一股中性与未来风格。 火红的短发,剔掉眉毛,闪着亮片的上衣,紧身裤,毛皮,高跟鞋,闪亮、妖冶、突破性别的服装,从绚烂多彩到光怪陆离,乃至浓重的情色成分,夸张又怪异的装扮开创了迷幻摇滚(Glam Rock)的时代。 迷幻摇滚歌手大多装扮得香艳妩媚、性别模糊,在形象与意识上颠覆着社会传统价值。

70 年代的发展使摇滚界出现了更丰富的声音,前卫派(Progressive Rock)、放克(Funk)、 重金属(Heavy Metal)等极端摇滚形式都在这 10 年间达到顶峰。摇滚歌手的服装色彩炫丽,面料闪亮,有时用蛇皮制作,追求炫目的效果,紧身丝绸裤或褴褛牛仔裤、黑色皮衣外套、厚底高跟鞋等,显得叛逆而放荡不羁。

80 年代,摇滚已经完全成熟并达到鼎盛期,电子音乐、嘻哈音乐(Hip Hop)等新的摇滚乐形式开始流行。 嘻哈音乐不仅带来了黑人音乐,也使得黑人服装开始大为流行。 宽大如袋的裤子、肥大的 T 恤、涂鸦的图案、篮球鞋、篮球帽、沉重的金属项链,是嘻哈音乐的典型穿着。 这种服饰至今影响着青少年的穿着。

时至今日,我们仍旧持续不断地看到摇滚乐对于时尚界的冲击,时而是嬉皮士风格,时而是奢华靡迷风格,时而是朋克的黑色酷冷风格,时而是嘻哈的街头混搭风格。 新时代的摇滚风格的多元化也造就着多元化的新时尚。 从平头百姓

图 1-14
设计师 Jean Paul Gautier 为歌星麦当娜设计的具有摇滚风格的服饰,掀起了内衣外穿的风潮

到高级时装展台,越来越多的摇滚元素渗透到服装中。 每一季,服装设计师们都会从摇滚乐中取得灵感,创作出融合摇滚元素的时装。 从早期的维维安·韦斯特伍德将朋克引入高级时装展台,让·保罗·戈蒂埃为麦当娜(Madonna)设计的尖锥形演出服,到亚历山大·马克奎恩为 Lady Gaga 设计的阿曼迪罗鞋(Armadillo)等。 这些惊世骇俗的作品引发了服装流行史上革命性的服装变革。 一位专业人士曾经说过:"摇滚乐对于 20 世纪晚期时装风格的影响之大,无论怎么评估都不过分。摇滚对于视觉风格所产生的冲击力,无论是电影业还是时装业,都无法与之相提并论。"

（5）波普风格

波普风格来源于 20 世纪 60 年代在英国和美国发展起来的新型艺术运动——波普艺术（POP Art）。波普艺术又被称为流行艺术或者通俗艺术，采用最通俗、最日常的题材作为创作动机和主题，这些通俗、商业的题材同时对现代生活产生重要的影响，例如可口可乐、好莱坞电影、连环画、内容空洞的电视节目，以及各种印刷品广告等。波普艺术打破了艺术的高雅和通俗之分，强调的是大众化、通俗性、游戏感、趣味化，追求的是视觉的形式主义。

"波普"风格的设计强调造型的新奇与奇特，色彩单纯艳俗，视觉效果强烈。波普风格比较集中地反映在时装设计、家具设计、室内设计、平面设计几个方面，其中以时装设计最为突出。从时装设计上来说，波普风格并不是一种单纯的、一致性的风格，而是各种风格的混合，可以说是形形色色、各种各样的，带有折衷主义的特点，它被认为是一个形式主义的设计风格。一般来说，便宜、惹眼、大胆、艳俗、放肆、傲慢、消遣、年轻、快乐、眼花缭乱和惊世骇俗是人们对波普风格服装的评价。总之，在时尚界，一种以标新立异为目标的审美风尚开始流行起来。服装设计师们通过他们的设计，赋予服装新的含义，无论从材料上还是图案上，都强烈地表现了波普风格的特征。服装设计无论是在样式、材料还是图案的创新方面，都经历了深刻变化，在现代服装史上留下了不可磨灭的印记。

60 年代中期英国设计师玛丽·奎恩特（Mary Quant）将服装设计的目标锁定在青少年身上，她是最早采用 PVC 材料设计外衣的设计师，她设计的迷你裙，将裙长提高到膝盖以上 4 厘米，成为国际性的流行样式，她还设计出"热裤"、彩色长筒袜、几何图形、罗纹毛衣、低臀的宽腰带，以及塑料材质涂层风衣等反传统服饰，开创了年轻化时尚的新时代。

法国设计师伊夫·圣·洛朗的 1965—1966 年秋冬系列，即"蒙德里安系列"（Mondrian Dress）的样式具有划时代的意义，这是根据荷兰画家蒙德里安的几何学图案设计的无领无袖连衣裙系列，将著名抽象画家的作品呈现在活动的人体上。时尚杂志《Vogue》曾评论说："圣·洛朗的秋装包含了一点儿笑料和一些波普艺术的精神。"这个系列可以说是服装史上最著名的波普风格作品，将几何形绘画当作图案印制在服装上，展现出冷静、理性的形式美。之后，他推出的幽默之作"波普艺术系列"又使得时装艺术与当时的绘画新潮同步。

服装设计师范思哲设计的印花图案色彩鲜明、刺激，颇具波普特色。他最

图 1-15　左图为詹尼·范思哲设计的具有波普风格的服装；右一到右三为法国设计师让·夏尔·德·卡斯泰尔巴雅克（Jean Charles De Castelbajac）的波普风格的服装设计

先将安迪·沃霍尔（Andy Warhol）著名的《玛丽莲·梦露》（Marilyn·Monroe）巧妙地经过组合，直接印在服装上，这件礼服大胆直露，又不缺乏服装灵动的美感。他还用繁华的彩色珠绣来烘托波普艺术的艳俗气氛，将波普风格演绎得淋漓尽致。

20 世纪 80—90 年代后，由于流行文化的商业性及其在大众生活中的普及，波普艺术一跃成为主流文化的组成部分。波普风格的服装不仅出现在高级时装展台上，更普及到普通大众的生活中。条纹、圆点、豹纹、图片、涂鸦、卡通、文字等各种图案形式，印染、镶嵌、钉珠、刺绣等各种装饰手法的结合，薄纱、皮革、塑料、毛皮等各种材质的组合，严肃与诙谐、高雅与恶搞等各种风格的混搭，强烈的撞色设计，波普设计风格的形式不断突破创新，成为现代时尚中年轻时尚的代名词。

（6）美国西部风格

美国西部风格是随着美国西部文化的兴起而流行起来的。美国的西部文化是在美国西进运动中逐步形成的牛仔文化。勇敢、彪悍、粗犷的风格，吃苦耐劳、敢于冒险和开拓，是牛仔文化的精髓。这种文化对美国有深远的影响，一直延续至今。

美国西部风格服饰的特征是宽沿的牛仔帽、牛仔夹克、格子衬衫、花色领巾、牛仔裤、牛仔靴，以及翻皮材质、流苏、印第安风格的图腾图案和配饰。将美国西部服饰风格推行开来的应该是反映美国西部生活的好莱坞电影。电影作品中，牛仔通常头戴墨西哥式宽沿高顶毡帽，腰挎柯尔特左轮连发手枪或肩扛温彻斯特来复枪，身缠子弹带，穿着牛仔裤和皮上衣或束袖紧身多袋牛仔服，足蹬一双饰有刺马钉的高筒皮套靴，颈围一块色彩鲜艳夺目的印花大方巾，骑着快马风驰电掣，形象威猛而洒脱，是一种代表典型的个人主义和自由精神的外在装束。随着美国文化的对外传播，牛仔文化随着文学、电影等艺术作品中的西部牛仔形象逐渐深入人心。1963 年，万宝路（Marlboro）公司的宣传广告使用了一个具有鲜明男性阳刚特征的牛仔形象，强化万宝路粗犷、男性化的诉求，使美国西部风格更加家喻户晓。

美国设计师拉尔夫·劳伦（Ralph Lauren）被誉为美国时装界的牛仔，他设计的缀着流苏的小羊皮外套、牛仔裤、皮靴、西部风格的运动服等服饰成为美国风格的一部分。李维斯（Levis）的牛仔裤也因其美丽的牛仔传说及粗犷、随意、舒适的风格而风靡全世界。"Jeep""派""哥伦比亚（Columbia）"等服装品牌，也因其追求独立自由的美国西部精神的品牌内涵而获得市场的认可，从而获得成功。

图 1-16
拉尔夫·劳伦设计的美国西部风格服饰

如今，美国西部风格因其散发的自由奔放、无拘无束、勇敢坚毅、不畏艰险的精神内涵，而被现代设计师和年轻消费者所喜欢，成为时装展台、街头流行的重要风格之一。

（7）波西米亚风格

波西米亚原为"Bohemian"的译音，原意指豪放的吉卜赛人和颓废派的文化人，以流浪的方式游走世界，在浪迹天涯的旅途中形成了独特的生活哲学。

波西米亚风格服饰流行于叛逆的 20 世纪 60 年代，源于当时的嬉皮士的穿着。"波西米亚"是嬉皮士向主流文化的挑战，其服装保留了某些游牧民族的特点，主张以手工制作替代工业化生产，如棉织品的服装、刺绣，阿富汗羊皮外套，印度的长围巾，蜡染的圆领衫，印第安手工饰品，珠串或流苏装饰等。 现在，"波西米亚"成为一种象征，代表流浪、自由、放荡不羁、颓废……在时装界，波西米亚服装代表了一种前所未有的浪漫化、民族化和自由化的风格。

波西米亚服装的特点是兼容并收，融合了德国、吉卜赛、墨西哥、俄罗斯、摩洛哥、印度等多地区、多民族的特色，如俄罗斯层层叠叠的波浪多褶裙、印度的珠绣和亮片、摩洛哥的皮流苏和串珠等。 波西米亚服装的表现特征是层层叠叠的花边、无领袒肩的宽松上衣、大朵的印花、手工花边或细绳结、皮质流苏、纷乱的珠串装饰、浓烈的色彩对比和繁复多变的装饰手法。

图 1-17
伊曼纽尔·温加罗设计的波西米亚风格的服饰

波西米亚风格自 20 世纪 60 年代流行开始，一直是时装领域长盛不衰的流行主题。 1969 年，伊夫·圣洛朗以嬉皮士服饰为素材设计出波西米亚风格的"花童"系列服装，色彩绚丽的印花搭配颇具民间风格的拼布设计，散发着热烈、奔放、浪漫的自由气息。 法国设计师伊曼纽尔·温加罗（Emamuel Ungaro）的作品中也常常表现出波西米亚的风格特点，他喜欢采用非常强烈和鲜艳的色彩、非常强烈的图案、层叠的荷叶边，以花团锦簇的感觉来表现夸张和欢乐的情绪。1999 年，他推出波西米亚风格系列，拖地的长裙、皱边饰、大朵的花卉图案、繁复堆砌的装饰风格，薄棉长裤搭配皮质轻盈的夹克，内衣的袖口和领口用毛皮饰边，显得漫衍而娇娆。

波西米亚风格散发的女性魅力、自由不羁的风格内涵、奔放自在的烂漫色彩、精益求精的细节装饰、自然复古的气息，使其成为流行展台上永不落幕的时尚宠儿。

（8）中性化风格

中性化风格是指男装中融入女装的设计元素，女装中融入男装的设计元素，服装的性别模糊化。

女装设计的中性化与女性解放运动有关。 早在第一次世界大战时期，由于战争的影响，男性大多数征兵入伍奔赴战场，女性不得不走出家门，走上男性的工作岗位，女装变得简便利落，工作制服、工装裤、西装、裤装、军服、猎装、马裤、皮靴等成为当时工作女性的时髦穿着。 女装男性化在这个时期达到第一个高潮。 20 世纪 20 年代的著名设计师可可·香奈儿主张女性的独立，将这种理念融入服装设计，水手服、男性针织衫、男制服、男用面料斜纹软呢等成为她设计灵感的来源，她设计的香奈儿套装融合了男装的简洁与女性的优雅，成为时装中的经典。

60 年代末，摇滚乐歌手大卫·鲍威的中性化的妆容与妖冶的服饰引领了男装中性化风格的流行，在时尚界掀起了一场名为"孔雀革命"的运动，设计师借用雄性孔雀开屏的艳丽来鼓励男性穿着色彩鲜艳、款式多变的服饰。 一时间，印花图案的衬衣、花哨的领带成为男士必备的时尚服饰。

70 年代的男装延续 60 年代末期流行的紧身喇叭裤、印花衬衫、色彩鲜艳的贴身 T 恤，男装中性化的趋势更进一步。 1975 年，设计师伊夫·圣·洛朗推出以男式无尾晚礼服为原型的女士裤装礼服，使裤装成为女士晚礼服的一个类别，是时装史上的一次突破。 由摄影师赫尔莫特·牛顿（Helmut Newton）拍摄的这套礼服的摄影作品中，身材消瘦的女模特，留着男士一样的短发，穿着剪裁得体的黑色裤装晚礼服，内着白色衬衫，一手插在裤兜中，一手夹香烟，轮廓分明的脸颊露出沉思的神情，一种神秘、优雅、洒脱、中性的独特气质被营造得淋漓尽致。这件作品成功地将男装的元素运用到女装上，使女性展示出别样的气质，非常有品味，推动了女装中性化的进程。

80 年代是服装中性化流行的又一个高潮，被称为"女强人"时代。 成功的职业女性穿着精干的职业套装，流行的宽垫肩和西装样式都是从男装中借鉴而来的，显示出职业女性的权威和力量感。 而当女装从男性服装中移植了越来越多的阳刚特征时，男士们越来越发现他们阴柔妩媚的一面，英国歌手乔治男孩男扮女装所表现出来的阴柔的中性美使男装中性化潮流达到登峰造极的程度。 著名的意大利设计师乔治·阿玛尼是打破阳刚与阴柔的界线，引领时尚迈向中性风格的设计师之一。 1975 年，阿玛尼推出了一款松散的女式夹克，采用传统的男装布料，与男夹克一样简单柔软，透露着些许男性化的威严。 同时，乔治·阿玛尼通过使用柔软飘逸的面料、狭小的领带、鲜艳的鞋子，赋予男装一种女性化的味道。 1980 年，剪裁精巧的阿玛尼男女"权力套装"（Power Suit）问世，成为 80 年代国际经济繁荣时代的一个象征。 法国设计师让·保罗·戈蒂埃也是引领中性化流行风格的设计师之一，他身体力行，主张男性穿裙装；在设计上主张男女平等的原则，努力打破男女服装上的差异，在男装中加入女装元素，让男模特儿穿上带有刺绣或蕾丝的裙子，在展示自己的设计时，坚持男女模特同台展示，而且往往穿着同一个款式；在 2010 年的巴黎男装周春夏秀场上，他推出了男性的抹胸款和透明纱质服装，帅气的男模特在服装的衬托下显示出另类的妩媚阴柔。"朋克之母"维维安·韦斯特伍德的设计则更为大胆，她在男模特穿着的紧身针织衫下面垫上假胸，使男模特表现出双性人的特征。 这种设计模式颠覆了时装的传统，男女服装的界限变得越来越模糊，而相互借鉴的时尚之风愈刮愈烈。

图 1-18
中性化风格，左图为英国歌手乔治男孩，其中性化的装扮带来了男装女性化的风潮；中图为约翰·加里亚诺的设计，表现了男性阴柔的一面；右图为罗密欧·吉利（Romeo Gigli）的设计作品

图 1-19
左图为伊夫·圣·洛朗设计的"吸烟装",右图为乔治·阿玛尼 20 世纪 80 年代设计的 Power Suit

049

进入 21 世纪以来,随着流行文化的推进及大众娱乐媒体的造势,性别模糊化成为一种审美取向并愈演愈烈。从物质层面的穿衣打扮、时尚风潮,到精神层面的生活态度、人生理念,已经渗透到社会生活中,成为现代社会重要的审美现象,审美取向更加多元化和自由化。 在这种社会背景下,设计师在平衡男女装的设计元素上做出多种尝试,中性服装的设计不再局限于男女装特征的相互借用,比如将女性服装的蕾丝、荷叶边、花卉图案、亮片、透明材质、艳丽色彩运用在男装上,或将男装的严谨肃穆与几何造型运用到女装中,而是在捕捉男女性别的内在气质上做出众多努力,使中性化服装呈现出更加多元化和包容性发展的趋势。

思考练习题

1. 什么是流行?流行的重要特征有哪些?

2. 影响服装流行的因素有哪些?

3. 举例说明名人效应对服装流行的影响。

4. 服装流行的类型有哪些?请举例说明。

5. 当前服装流行的主要风格有哪些?查找主要流行风格的代表作品,并制作成剪贴板。

第 2 章 | 服装流行趋势的形成与发展

本章知识要点

1. 服装流行的基本规律
2. 服装流行的传播媒介
3. 20 世纪服装流行发展状况
4. 世界服装流行中心

050

2.1 流行趋势的概念及基本规律

2.1.1 流行趋势的相关概念

服装流行趋势是指构成服装的设计元素(包括廓型、款式、色彩、面料、图案、装饰、风格)在未来一季所呈现出的一种态势。 在对服装流行趋势的描述中,有许多与流行相关的词汇,只有正确地了解这些概念的含义,才能更好地阐释和理解流行趋势。

（1）时尚

许多时候,人们将流行等同于时尚。 严格意义上,流行与时尚既有相似之处,又有所不同。"时尚"一词,在西方文献中,最古老的印欧语言中出现了时尚的词根 "Muid"。 这个词根在古希腊和拉丁语中构成了十几个词语:"时装""模子""模态""现代""变更"等。 经过一段相当长时间的演变后,法语"Mode"主要表示生活风格、方式和品位,同时表示时装和流行文化产品;英语则用"Fashion"一词,突出"生活方式""风格""个性"或"言行举止的样态"等含义。 流行也包含"时装""生活方式"等内容,与人们的日常生活紧密相关,从这个意义上讲,"时尚"与"流行"有着相同的内容,英文中的"Fashion"也包含流行的意义。 但"流行"一词暗示着"模仿""普及"和"大众"的含义,强调的是一种量感和普遍性。 英文中的"Popular"更凸显流行的特点。 当一种款式或风格得到一定数量人群的模仿、穿着,普及范围比较广泛时,才能形成流行现象;而时尚则更指向较高的品位、格调和独特的风格。 时尚是流行的前端、流行的先锋,当被多数人追逐模仿而普及为流行现象时,就失去了时尚感,沦为一般性的现象。 时尚强调的更多的是个性;而流行体现的是共性,是一种从众现象。 时尚的创造者多为设计师、明星、社会名流、时尚先锋,是少数人的行为;而流行现象的促成则需要大众的追随和参与。

(2)个性

从表面上看,个性似乎与流行相矛盾。 因为流行是从众的,是多数人的一种行为模式,而个性是指我行我素的、与众不同的、独特的气质、风貌或风格。 但服装在流行的初期都是具有个性的,与上一波流行具有显著不同的特点和风貌,才能引发人们的兴趣,从而追随、模仿而产生流行。 当只有少数人穿着个性的服装时,还不足以形成流行,当流行普及开来,被越来越多的人接受并参与进来,个性也随之消失。 例如 20 世纪 70 年代朋克风格的服装刚刚出现时,以破烂、粗俗、丑陋为特征的叛逆风格完全颠覆了以高贵、典雅、精致为特征的传统审美标准,显得个性十足;随着流行的展开,朋克服装自从被英国设计师维维安·韦斯特伍德引入高级时装舞台起,越来越多的设计师从朋克服装中汲取设计灵感;而今,朋克独有的风格和式样已经汇入主流的设计理念中,变得如此平常,成为活跃在高级时装舞台、都市街头的流行服饰。

个性的服装中暗示着流行,既是对上一次流行的延伸与提炼,也是对下一波流行的预示与洞察。 不具备流行特质的个性是没有生命力和吸引力的。 越是具有个性特色的服装,其融入时代的特性就愈加明显,这种时代特性就是流行元素。 在服装发展史上,不同时代流行的服装都具有明显的个性特征,例如 20 世纪 50 年代的优雅、经典,60 年代的颠覆传统的年轻风潮,70 年代的叛逆和自我彰显。

（3）经典

经典是指能够被大多数人接受、认可，且对其他人及作品产生深远影响，富有时代特色和特殊价值的经久不衰的作品。经典的作品并不是刚出现就能成为经典的，它曾经也是个性和流行的，在经历了时代的淘沥后，某些美好的特征被大众所认可和接受，并随着流行的展开，受众面的层次不断丰富，它的适应性加强，经受不同群体、不同时代、不同场合的锤炼后，便会达到几乎完美的程度，并且不再受时代的局限和新的流行的冲击，成为永恒的无可挑剔的作品，而被人们所推崇。经典作品曾是一个时代的精神的体现，是社会文化生活的沉淀和精华。经典作品总是与新的流行形成一种对比、一种反衬，流行现象越是瞬息万变，经典就越是弥足珍贵、耐人寻味。

经典的也不等于一成不变，它也会随着时代的进步，不断融入新的时代精神，加入新的流行元素，例如采用新型的材料、先进的工艺手段、新的装饰手法。正是通过不断地注入新鲜的血液，不断地修正和完善，经典作品才不会被时代所淘汰，才能成为永恒的作品而流传下去。

经典作品既是个性的，它不同于一般的流行；又具有包容性和再生性，它为不同时代的设计师提供了广阔的创作空间。经过设计师的手笔，为经典作品更增添了个人魅力。例如20世纪20年代由设计师可可·香奈儿设计的小黑裙（the Little Black Dress），不仅在当时风靡时装界，而且因其简洁、万变的可塑性，成为各个时代的设计师所热衷的设计素材；而设计师纪梵希为奥黛丽·赫本在电影《蒂凡尼的早餐》中设计的小黑裙，更是成为经典。现在，小黑裙已经成为礼服中一个比较重要的类别，在各种重要的社交场合，总能看到身着小黑裙的身影。30年

图 2-1
香奈儿设计的黑色小礼服成为服装中的经典，图为设计师本人穿着黑色小礼服的形象

代，可可·香奈儿又设计了白色大礼服（The Big White Dress），以其典雅、高贵、性感的特点，也成为礼服中的经典，成为高级时装的一个大类型，影响时装界良久。从香奈儿开始，各个时期的设计师都设计过白色大礼服，如卢西安·勒朗

（Lucien Lelong）、詹尼·范思哲、克里斯汀·迪奥等，从未间断过。

2.1.2 服装流行变化的基本规律

（1）服装流行的循环式周期性变化规律

服装流行的循环式周期性变化规律是指在某一时段流行的一种服装，被历史逐渐淘汰后，经过一段时间，其部分或大部分元素特征又会反复出现在当前流行中。这种流行的方式是在原有的特征下不断地深化和加强，使流行的变化渐进地发展。这种循环再现，无论是体现在服装造型的焦点上、色彩运用的技巧上，还是体现在服装材料的使用上，较以前相比，都有明显的质的飞跃，在沿袭传统的同时必然带有鲜明的时代特征，结合更多时下人文、科技的成果，从而保证其能被社会广泛接纳。

究其原因，人类在不同的历史文化背景有不同的观念意识，对其审美的影响是非常深刻的。而当代是人类个性自由充分发展的时代，每个人的审美观千差万别，这使得一些历史审美思维以全新的状态重新出现在当今的舞台上——复古的元素曾经流行过，经历史淘汰以后，也埋没了很久的一段时间，所以当社会需要它们时，它们又重新出现在流行大潮中。

例如西方服装史上，自文艺复兴以来，胸、腰、臀起伏所构成的人体曲线一直是西方女装造型的重点，而紧身胸衣和裙撑则是这一造型方式的主要手段。传统的西方女装通过紧身胸衣，在前面把胸部高高托起、腹部压平、腰勒细，在后面则紧贴背部，把丰满的臀部自然地表现出来，从腰向下摆，裙子像小号似的自然张开，形成喇叭状波浪裙，从侧面观察时，挺胸、收腹、翘臀，宛如"S"字形。早先的紧身胸衣用布料、鲸骨、金属、木板等材料制成。直到 19 世纪末，西方女性热衷于参与各种社会活动，如骑自行车、高尔夫、网球和射箭运动，而束缚人体的服装却妨碍了她们的参与。因此，对于服装设计改革的要求越来越强烈，把妇女从紧身胸衣中解放出来是这个时期的时装设计师具有革命性的响亮口号，这为现代女性服装开拓了新的道路。1906 年，巴黎时装设计大师保罗·布瓦列特推出高腰身的希腊风格，去除了数百年来束缚女体的紧身胸衣。但在 20 世纪30 年代，强调女性曲线的古典风格又开始流行，因此早已被放弃的紧身胸衣又开始复兴。但此时的紧身胸衣采用比较具有弹性的新材料如橡胶、松紧带进行束腰，不仅使腰部显得纤细，也使臀部轮廓更加分明。新式的乳罩也替代了早先的

053

紧身胸衣,使女性的胸部线条更加突出。 第二次世界大战时期,战争迫使女性放弃这种娇柔妩媚的造型,服装风格开始变得简朴而趋向实用和功能化。 而在战后,40年代末到50年代,这种形式主义的服装风格重新得以复兴。 由于人们饱受战争之苦,对繁荣、财富、享受及优雅美好生活的向往是全社会的共同愿望。在这种背景下,克里斯汀·迪奥在1947年发表的"新风貌"(New Look)使强调丰胸、细腰、丰臀的服装流行了10多年,紧身胸衣和裙撑再次成为女性的必备品。 这种复古的服装风格用新的技术和新的设计手法,重新大张旗鼓地得到推广。 在当今的流行大潮中,女性为塑造理想身材,紧身胸衣、束腹带等仍然是女性的重要的服饰品,而塑造女性美好线条的古典风格的服装也依然受到流行的青睐。

图2-2
紧身胸衣在20世纪初被废除后,被设计师重新启用,运用在时装设计中

(2) 服装流行的渐进式变化规律

服装流行的渐进式变化规律是指服装的流行是有序渐进的。 服装的流行开始常常是有预兆的,主要由世界时尚中心发布最新的时装消息,经新闻媒介传播,对一些从事服装的专业人员形成引导作用,从而导致新颖服装产生。 最初,穿着流行服装的毕竟是少数人,这些人大多具有超前意识或是演艺界的人士。 随着人们的模仿心理和从众心理的加强,加上厂家的批量生产和商家的大肆宣传,穿着的人越来越多,这时流行进入发展、盛行阶段。 当流行达到顶峰时,时装的新鲜感、时髦感逐渐消失,这预示着本次流行即将终结,下一轮流行即将开始。 总之,服装的流行随着时间推移,都经历着发生、发展、高潮、衰亡阶段,它既不会突然发展起来,也不会突然消失。

（3）服装流行的衰败式变化规律

服装流行的衰败式变化规律是指服装的流行是交叠更替的。 没有一种流行是长久不衰的，这是由流行的新奇性所决定的。 正如法国人所说"流行是某种永久性的'重新开始'"（la mode est un eternal recommencement）。 如果一种服装真的"永远"流行，也就失去了流行服装的性质，就不再是流行服装了。 所以，服的流行一定有一个结束期。 服装的流行总是长久必短，宽久必窄，大久必小，艳久必灰。 一种服装流行的时间久了，也就失去了新鲜感和吸引力，人们就会放弃，转而追求新的流行。 新的流行的开始并非要等待上一波的流行的完全消亡，当一种服装流行进入全盛期时，就意味着衰退期的到来，而此时新的流行已经开始萌芽。 当保守的消费者刚刚开始追随流行服装时，流行的革新者已经开始创造出新的流行点。 因此，服装的上一个流行的盛行期和下一个流行的蓄势待发之间有一段重叠期。 服装流行的周期之间，其终点和起点之间往往是重叠或交错的，其间隔时间的具体结构取决于流行服装的制造者和推广者所要达到的实际目的及其所要传达的信息。 周期间隔不是越短越好，也不是越长越好，而是取决于其投资者的意图，也取决于其设计者和制造者的意念，以及推销技巧和策略。

一些服装产业为了增加某种产品的获利，在流行的一定阶段会采取一些措施，以延长产品衰败的时间，而聪明的流行服装制造者并不执意于尽可能延长流行时间，而是相反，要设法使它以更快的速度和更短的节奏实现其"旧去新来"。因此，他们总是千方百计地促使其流行服装以最快的速度和节奏更新，主动使其产品缩短其流行时间，甚至提早结束某一流行服装的寿命，其目的正是在于推销更多、更新的流行服装产品。

以西班牙快速时尚品牌 Zara 为例：Zara 不仅实现了从新款策划到生产出厂最快可在一周内完成，而且每周一定有新品上市；商品上下架的替换率非常快，各店陈列的每件商品通常只有五件库存量，每隔三周，其服装店内的所有商品一定全部换新；消费者总是能够在 Zara 找到新品，并且是限量供应的，这种暂时断货策略满足了人们对服装"与众不同""独一无二"的心理需求。 这种推销策略使 Zara 品牌在服装市场上受到了人们的追捧，不仅成为时尚服饰界的标杆，而且成为引领未来趋势的服装品牌之一。

2.2 服装流行趋势的传播媒介

2.2.1 大众传播媒体

大众传播媒体是指由一些机构和技术所构成的专业化群体，如服装设计研究中心、服装设计师协会等。这些机构通过技术手段，向为数众多、各不相同且分布广泛的公众传播服装流行的信息。由于这些组织通常拥有庞大的专家团队及知名厂商作为信息来源的后盾，使其可以发布和提供迅速、可靠的流行服饰预测，因此它们在各个国家、地区甚至国际上拥有相当高的权威性。这样的机构通常会在综合国内外市场流行情况的基础上，定期举办流行趋势发布活动，以指导服饰品的生产与消费。这种发布活动除了通过专业报刊发表图片和评论文章、举办专题讲座和研讨活动外，也采用样品表演的形式，例如国际流行色协会举行的色彩发布、中国国际时装周的流行发布、定期发行的服饰报刊杂志等。

（1）出版物

出版物是流行信息最重要的承载媒体，在时尚信息的传播过程中起到了极其重要的作用。流行信息出版物根据流行信息受众的不同，其内容信息也有所不同，主要包括针对时尚专业从业者的出版物和针对普通消费大众的杂志报纸等。另外，其他相关时尚行业的期刊杂志，如广告、室内设计、产品设计、汽车、旅游、美食等内容的期刊、杂志、报纸，同样对获取时尚流行讯息起到了重要的作用。

专业流行信息刊物是一种介于期刊和图书之间的特殊专业刊物，往往因其有着超前的信息所传递的无形价值而具有超高的市场定价。这种高定价不适用于一般消费流通渠道，其目标顾客是时尚行业的从业者，比如纤维、面料、成衣制造商、时尚设计师，目标顾客的专业性较强，超前而准确的时尚信息能够给他们争取市场先机，从而带来巨大的市场价值。此类刊物的分类非常细，针对性很强，主要可分为三类。一类是专业流行趋势研究机构发布的一年两次或四次的流行趋势报告，例如各国流行色、面料等研究机构出版的专业权威出版物，如《国际流行色委员会色彩报告》。 第二类是专业时尚资讯机构根据未来一段时间的流行发布做出的趋势预测手稿（Trendbook），比如巴黎的《Pecler Pecler Paris》、英国的《The Mix》。 这些国际性的信息研究机构一般提前一两年发布未来的流行主题、流行色彩、廓形、风格、材质、配饰、细节等，这些趋势手册中甚至附加了下一季的主流面料小样。 另一类是由图片公司、个人或其他组织汇集的根据国际几大时装周大牌发布会出版的专业杂志，比如《Gap》《Book Moda》和《Collezion》等。

时尚期刊包括专业时尚期刊与大众类时尚生活期刊。 专业的时尚期刊如创刊于美国的《Vogue》《Harper's Bazaar》、法国的《Elle》《L'Officiel》、日本的《流行通行信》和《装苑》等，其中《Vogue》《Harper's Bazaar》《Elle》《L'Officiel》是历史悠久的时尚权威杂志，至今仍是影响力和覆盖面比较广泛的全球性杂志，有多种语言版本。 大众类时尚生活期刊则面对普通消费群体，其包含的内容更具有娱乐性，所包含的版块更为丰富，除了服装服饰、化妆版块外，往往还包含保健、美食、旅游、娱乐、汽车等信息，以及名人访谈、探讨两性关系、热点话题等内容，比如《瑞丽服饰美容》《时尚》《嘉人》《风采》等，其大众化的时尚版块、娱乐性的编排方式、时效性的流行信息捕捉了更为广泛的读者群体，成为时尚传播不可或缺的重要媒介之一。

（2）电视传播业

20 世纪 80 年代电视普及，成为人们消闲娱乐的主要方式之一。 无论是剧情跌宕的电视剧，还是令人眼花缭乱的时尚频道，人们能够更多、更便捷地接受来自于不同区域的时尚讯息和流行文化。 时装的变化越来越快，流行周期越来越短，电视与电影一样，甚至超出电影，与时装相互推动和促进，对时尚的传播发挥着越来越重要的作用。

国内外许多电视频道纷纷开设时尚栏目，例如旅游卫视的《美丽俏佳人》，是一档联合众多明星献身说法的大型美容时尚秀节目，获得了极高的收视率。 美国电视台推出的一档时尚栏目《天桥风云》（《Project Runway》）是时装设计师展示才华的真人秀，由名模主持、大牌评委，以及一群充满才华和梦想的时装设计师新秀组成，展示服装设计的幕后台前的故事，因其真实和跌宕的剧情发展而风靡全球。

国内外还有专业的时尚电视媒体，报道最新时尚动态、品牌发布、设计师作品展示、时尚名模等,如中国的《靓装》频道、法国时尚电视台 FTV。 法国时尚电视台是目前全球最著名的三大时尚电视媒体之一,是世界上第一个,也是唯一一个覆盖全球的 24 小时播放的时尚频道。 每年在世界各地举办的数以千计的时装发布会,都以能在法国时尚电视台播出为荣,各国设计师和顶级模特也都把法国时尚电视台作为自己的荣誉大本营。 法国时尚电视台是在国际时尚界享有领军地位的媒体。

(3) 互联网

20 世纪 90 年代,网络发展迅猛,人类迈进信息社会,流行的传播进入了一个前所未有的快捷时代。 网络正在改变着人们的生产方式、工作方式、生活方式和学习方式,网络的有效开发和充分利用,已经成为社会经济发展和文化交流的重要推动力。

首先,网络缩短了时空的距离,大大加快了讯息的传递,使社会的各种资源得以共享。 在 20 世纪 50 年代,设计师大约要花上一年的时间才能在巴黎举办一场发布会,由新作品引领的时尚风格流行到各个国家各大城市的速度缓慢,流行到小城市则需要花上一年或更长的时间。 而通过网络,我们可以相隔数小时,甚至同步就能观看巴黎发布会现场,了解到最新的流行动向。 网络的普及彻底颠覆了服装工业的传统生产模式,从设计图到新产品上市,再到引领市场潮流之间的周期越来越短,比如西班牙服装品牌 Zara 创造了从设计、生产到交付在 15 天内完成的奇迹。 这种对时尚的快速反应给 Zara 带来了巨大的商业利益,使之在短短的时间内一跃成为世界服装零售巨头。 如今,"快速时尚"(Fast-Fashion)的概念充斥着全球市场。 美国著名的出版物《女装日报》(《Wgsn》)发布的《时尚产业与消费趋势 Top10》预测中指出:快速时尚将会成为未来时尚的消费趋势。

其次,网络创造了更多的机会,实现了市场需求和供应链的最好对接,有效地提高了时尚产业的生产效率,有力地拉动着消费需求,从而促进时尚产业的发展。 消费者可以通过网络完成信息搜寻、确定目标、完成购买的一系列活动;商家也可以最大区域地网络消费群体,收集流行信息,准确把握消费动向;生产方也能通过网络完成材料供应、采购、产品加工、市场输出等环节,大大节约了时间和成本的支出。

第三,网络为各个层次的时尚文化交流提供了良好的平台。 互联网的发展,使地球真正变成一个村落，人们足不出户就能领略到世界各地、各民族的丰富文化资源，文化的全球化对时尚产业带来了巨大的冲击。一方面，世界各地的生活方式、思潮理念与时尚潮流越来越接近和统一化；另一方面，优秀的传统民族文化在受到全球化冲击的同时引起了人们的关注和保护意识，从历史、传统和民族文化中攫取设计创作灵感，继承发扬民族文化与现代社会生活相结合，是各国设计师共同研究的课题和肩负的历史职责。

2.2.2 广告宣传

服装广告是采用视觉化的图像与广告用语向消费者传达服装商品信息，实现与消费者的沟通，树立服装品牌形象，从而达到促进服装销售的宣传手段。服装广告宣传是商家向消费者传达流行信息的一条重要途径。服装采用的广告形式多样，如橱窗展示、店铺陈列、产品画册、户外广告牌、杂志广告等。

059

图 2-3
Jean Paul Gautier 的广告

服装生产商和销售商会在新产品上市之前，通过各种广告形式对外宣传新一季的流行服装。有实力的服装品牌往往选用时尚杂志进行广告宣传，美轮美奂的时装摄影营造出戏剧化的梦幻效果，强烈表现出下一季的流行主题，最能吸引对流行关注的时尚人士。在一些商场和购物中心的外部，都设有巨大醒目的时装海报，以招揽顾客的目光。商店橱窗内展示最新一季的产品，橱窗展示主题会在销售季度来临之前进行更新。而店铺陈列更为直观地将新的流行时装展示给消费者，店铺内的时装画册供消费者翻阅或取用，时装画册不仅很好地展示和宣传了最新上市的时装,其精巧的装帧设计和华丽的印刷画面也会让消费者爱不释手,如获珍宝地收藏。 设立在繁华街区、交通要道、汽车站及地铁、机场等场合的服装灯箱广告也是绝佳的信息来源,不同年龄、不同文化背景、不同社会阶层的人群在此汇集,服装流行信息对他们起到了或多或少的影响。

图 2-4
Moschino 的香水广告

2.2.3　服装展示与发布会

利用时装模特展示和推广服装,应该归功于被称为"高级时装之父"的英国服装设计师查尔斯·佛列德里克·沃斯(Charles Frederick Worth)。 可以说,他是时装表演的始祖。 他让工作室的漂亮姑娘穿上他新设计的衣服向顾客展示、推销,开创了服装表演和时装模特的先河;他还雇佣专属自己的时装模特儿,采用每年向特定的顾客举办作品发表会等一系列独特的经营方式,形成了现在巴黎高级时装业的原型,形成了最早期的服装流行风格。 之后,各个时期的服装设计师在服装表演的形式方面的创新上都有所建树。

1912 年,设计师简·帕昆(Jean Paquin)让模特儿穿上自己设计的衣服到赛马场上招摇过市,当时的赛马场是有钱阶级的重要社交场所,也是贵妇人、阔小姐们争奇斗艳的地方。 帕昆店的这些漂亮姑娘吸引了不少顾客,从此打开了体育赛场上时装广告的先河。 之后,在大型活动之前时装展示进行的模式,成为一种很流行的方式。 后来,帕昆派遣了十多名模特儿,到美国的一些主要城市进行巡回表演,很好地宣传了她的服装设计。 1914 年,帕昆在伦敦的宫殿剧院举办了第一场正式的时装表演,搭了步台,还有音乐伴奏,把时装展示提高到了一个新高度。 迄今，全世界的时装表演依旧采用这种模式。

20 世纪 30 年代，设计师艾尔萨·夏帕瑞丽（Elsa Shiaparelli）创造了新型的时装表演方式。 她非常注重时装系列推出的表演效果，对每一次时装表演，都精心策划，综合设计演出过程，声情并茂、光彩夺目，专业模特也经过严格的挑选和训练。 她的表演不仅是时装表演，也是一场吸引人的声光、音乐、时装、丽人的综合展示，吸引了整个时装界和新闻媒体，是现代时装表演的奠基人。

50 年代，克里斯汀·迪奥在时装表演方面做出了一些革新。 他要求时装模特表演时具有剧院舞台的效果，模特在天桥上旋转，令观众目眩神迷，她们的步行节奏和速度一样，并且每个模特除了号码还有自己的名字，这样在无形中赋予服装性格的生命力。 迪奥每年的春夏、秋冬两次新作品发布会，成为轰动世界的盛事活动。

现在，巴黎、米兰、伦敦、东京、纽约依然沿用每年两次时装发布会的时装运营模式，在发布会期间，众多社会名流、时装买家、媒体云集于各时装发布会现场，各个时装设计品牌及设计师充分发挥奇思妙想，聘用超级名模，邀请明星造势，或提供美妙的香槟、音乐。 然后发布会正式登场，每一场发布会都有一个诉求主题，而且这个主题非常清楚并十分具有戏剧效果。 此外，和诉求主题有关的一切事物，包括场所、灯光、音乐、舞台布景、道具和模特的化妆、发型、表演编导等，都经过精心设计和规划，所有的细节集合成一个整体，以便突显作品背后的设计理念与流行趋势。 时装发布会上充满想象、创意不断的设计，令参观者难以忘怀而发出惊叹。 发布会之后，流行信息通过各家媒体的精彩报导，传播到世界各地。

服装专业展会是服装专业人士如服装生产厂家、服装设计师、服装买家及销售商获取流行信息的重要渠道。 在服装专业展会上，不仅有成衣生产商推出的为新季开发的多个成衣系列，还有时装表演、新季流行趋势发布、品牌趋势发布表演等，动感、直观地展示了新一季的流行趋势。 服装买家、服装设计师及服装销售商可以通过观摩接连不断的时装表演，拜访众多的成衣生产商、研究新季的时装款式系列，结合自己的经验，为新一季的服装流行趋势做出准确的判断。 德国的杜塞尔多夫成衣博览会，简称 CPD 成衣博览会，是世界上规模和影响最大的服装、服饰和面料博览会之一，被誉为"欧洲时装业的晴雨表"，成为服装流行信息汇集和交换的巨大平台。

图 2-5　亚历山大·马克奎恩的时装秀总是以大胆的戏剧性的设想震撼时装界服装，此图为 1999/2000 秋冬时装秀

图 2-6　亚历山大·马克奎恩的 2004 伦敦时装秀

2.2.4　影视艺术

　　自 20 世纪初电影出现以来，电影就与时尚密不可分。一方面，服装设计师为电影明星设计了完美的艺术形象；另一方面，银幕上耀眼的电影明星无疑是时装的最好传播者，他们的衣着容貌总能引起膜拜者的模仿和追逐。1947 年，克里斯汀·迪奥以华丽典雅的"New Look"系列点燃了战后昏暗的时装界。1951年，身着迪奥定制晚装的画家达利夫人成为威尼斯一场豪华化妆舞会中的亮点。后来，这场舞会被导演阿尔弗雷德·希区柯克（Alfred Hitchcock）拍成电影《抓贼》（《Catch The Thief》），也成为"New Look"系列的免费广告片。当时，最时髦的迪奥风尚让女人们为之疯狂。随着服装设计师与电影的合作越来越密切，时装跟电影如同双生孪，不可分割。时装在电影中的份量越来越重，一部成功的电影靠的不仅仅是剧情，成功的服装造型对一部电影的成败起到了关键的作用。电影对时装流行的推波助澜的作用也越来越大，银幕上光彩夺目的影星们的发型、化妆、服装、配饰，甚至使用的器物，都会引起影迷的追逐和模仿，从而引发流

行。20世纪30年代,好莱坞电影服装设计师吉尔波特·阿德里安(Gilbert Adrian)为女演员祖安·克劳福特(Joan Crowford)设计的一款服装引起了当时的流行潮,销售了接近50万套,是电影服装获得成功的杰出例子。如今,时装设计师和各大时尚品牌与电影的合作更加密切,电影与时装相辅相成,有许多成功典例,如美国电影《穿Prada的女魔头》(《The Devil Wears Prada》)、中国电影《花样年华》等。一方面,好的服装造型奠定了影视明星们在影片中塑造成功角色的基础;另一方面,角色的成功也使得服装造型深入人心,从而征服观众,继而为企业营造巨大的时装消费市场。此外,各大国际电影节的红地毯已经近乎成为一个庞大的产业,附属于电影和时装。电影首映式或颁奖礼的红地毯也逐渐成为世界各家顶级时装品牌最为重要的公关活动之一。

服装品牌与影视的合作愈来愈密切,不仅频频启用影视明星为他们的品牌代言,而且在与影视的合作过程中产生了新的电影类别——"时装电影",如《欲望都市》《穿Prada的女魔头》等。电视剧中,以时装戏为主的青春偶像剧也因时尚靓丽的形象博得了大批追逐时髦的年轻观众的喜爱。影视既是时尚的受益者,又成为时尚的代言媒体,对于时尚的流行传播起到了非常重要的作用。

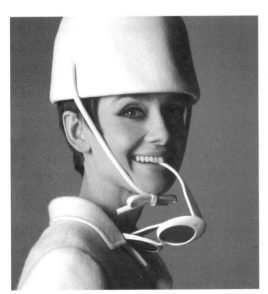

图2-7 安德烈·库雷热为奥黛丽·赫本在1966年的电影《偷龙转凤》(《How to Steal a Million》)中设计的造型

图2-8 3D电影《阿凡达》的热映引发了一股科幻时尚热潮。无论是设计师秀场还是明星造型,都充满了阿凡达风格

2.2.5　名人效应

　　名人效应就是利用名人本身的影响力，达到服装流行传播、加强流行影响的效果。名人是指为广大群众所熟知的社会名流，包括政治家、艺术家、影视明星、体育明星、流行歌手及著名设计师等。因为受众对名人的喜欢、信任甚至模仿，从而转嫁到对其穿着打扮的喜欢、信任和模仿。经名人穿着的服装更易传播开来，从而形成流行现象。

　　因名人效应而引发流行的例子比比皆是，例如电影明星奥黛丽·赫本在电影《罗马假日》中的短发清新形象，使短发式一下子成为国际流行发式；美国总统杜鲁门（Truman）喜欢花衬衫，并且不把衬衫掖进裤子里，使花衬衫及其穿法风靡一时；英国王妃戴安娜（Diana）的穿着更是受到当今许多西方女性的推崇；等等。

　　一款由英国设计师 Anya Hindmarch 设计的环保手袋"我不是塑料袋"（"I'm not a Plastic Bag"）曾在 2007 年风靡全球，引起人们的抢购狂潮。这样

一款貌不惊人的布制手提袋之所以引发大范围流行，就是名人效应的结果。这款手袋因其个性化的绿色理念、出色耐用的设计，曾被用作奥斯卡金像奖的礼品包，又因为曾主演《加勒比海盗》的美国女演员凯拉·奈特利（Keira Knightley）、英国超模莉莉·科尔（Lily Cole）等明星手提该袋时被时尚街拍到多次，"袋凭人贵"，故引发流行热潮。

　　近几年冬季大为流行的 UGG 雪地靴，原是 20 世纪初期澳大利亚人为了御寒，从羊

图 2-9
名人效应，普通的一款布制环保袋因明星的使用而引发流行热潮

的身上取下一小块羊皮，经过修剪后，包裹成鞋子穿在脚上而产生的，因式样比较憨笨，被称为"丑陋的靴子"。雪地靴正是由于因主演《海岸救生队》而走红美国

的好莱坞明星帕米拉·安德森（Pamela Anderson）的穿着而走红美国的，继而引发在全球的流行热潮。

在早期，服装设计师及商家就深谙名人带动流行和消费的道理。被称为"高级时装之父"的设计师查尔斯·沃斯，在 20 世纪初期就利用当时巴黎当红的演艺界演员，以及法国皇后的影响力，为自己带来越来越多的顾客，使自己的高级定制服装在巴黎的时装界声名鹊起，奠定了成功的基础。之后，服装设计师、服装品牌与名人的合作愈加密切，例如设计师纪梵希与奥黛丽·赫本的合作，设计师让·保罗·戈蒂埃与明星麦当娜的合作，设计师范思哲与名模的合作，等等。两者的合作结果可谓双赢：一方面，社会名流依靠著名服装设计师及服装品牌为自己进行包装，塑造光鲜亮丽的公众形象；另一方面，服装设计师与服装品牌利用名人对公众的影响力来树立品牌形象，促进销售，推动流行。

时尚品牌"H&M"利用名人效应，与卡尔·拉格菲尔德（Karl Lagerfeld）、斯特拉·麦卡特尼（Stella McCartney）、麦当娜、让·朗万（Jeanne Lanvin）等名师、名人、名牌合作，实现了平价品牌的品牌价值提升，一跃成为世界服装零售商业巨头之一。

065

图 2-10
H&M 与卡尔·拉格菲尔德的合作

2.3　国际服装流行简史

在人类穿衣史上，各个历史阶段均受当时的政治、经济、文化、风俗、审美的影响,流行的服装各有显著特点。 但真正的服装流行现象的产生及传播模式的形成是在近代,发生在 19 世纪末、20 世纪初,高级时装品牌与服装设计师的诞生开始了。

2.3.1 高级时装时代

1858 年,一位叫查尔斯·佛列德理克·沃斯的英国人,在法国巴黎的和平路开设了一家以自己的名字命名的高级时装定制店,专门为当时的皇室贵族和社会名流女性设计、定制服装,开启了高级定制时装时代。 查尔斯·沃斯是第一个创建以本人名字命名服装品牌的设计师,他创造了自己采购和选择面料,设立创作工作室,拥有专属的模特,每年推出自己的作品专集,采用系列的方式推出本年的流行时尚,形成了最早期的服装流行风格等一系列具有革命意义的新的市场经营方法。 这些方式依然是当今时装界最基本的市场手段和促销手段。 沃斯因此在服装发展史上具有一席之地,被称为"高级时装之父"。 沃斯的成功刺激和启发了同时代的其他服装设计师,引起了很多设计师的效仿,巴黎逐渐形成了以上流社会的高级顾客为目标顾客的高级时装业。 当时比较有影响力的高级时装设计师有保罗·布瓦列特、马里亚诺·佛图尼(Mariano Fortuny)、雅克·杜塞(Jacques Doucet)、让·朗万、简·帕昆等。

图 2-11　高级时装的精工细作,左图为克里斯汀·拉克鲁瓦(Christian Lacroix)设计的服装局部,中图和右图为让·朗万设计的服装局部

高级时装在法语中被称为"Haute Couture",意为"高级裁缝"或"高级女服裁缝",是指在欧洲的高级时装店中,由著名服装设计师设计,由专门的裁剪师和缝纫师在设计的监督指导下制作出来的单件作品。由于是名师设计、量体裁衣式定制,其用料考究,工艺精湛,大部分用手工缝制,还要经过几次假缝和试穿,因此价格十分昂贵。全世界只有不到 2 000 人是高级时装的顾客,主要是社会名流、政界要人、富豪和艺术家及演艺界明星。高级时装是巴黎独有的一

图 2-12
高级时装之父查尔斯·佛列德理克·沃斯的设计作品

067

种传统产业,其时装本身具有极高的艺术性,在艺术感觉和制作技术上具有世界最高权威和信誉,处于引导世界时装流行的地位,成为每年时尚流行的根源。"高级时装"是一个受到法律保护的称誉,每年法国工业部下属的一个专门委员会为此专门做出评审,并将评审结果上报工业部,只有通过评审的企业才能享有"高级时装"的称誉。高级时装发布会每年举办两次,1月下旬举办当年的春夏时装发布会,7月下旬举办秋冬时装发布会。发布会期间,世界各国的成衣制造商、零售商、服饰评论家、新闻记者、高级顾客云集巴黎,关注着最新的流行。设计师们对于新的流行都各有主张,发布会上的作品由服饰评论家做出严格的评论,并通过各种媒体(报纸、杂志、电视、互联网等)向全世界报导,为新的流行制造舆论。成衣制造商们从发布会上的新作品中发掘某些流行的元素,将之转化为成衣产品,投放市场,从而形成新一波的流行。

2.3.2 两次世界大战的影响

两次世界大战都给服装业带来了极大的冲击。首先是女性的社会地位和角色的改变,带来了女装样式的革新。战争迫使大量的男性入伍参战,国内大量日常工作转而由妇女承担。大批的妇女参加工作,彻底改变了妇女传统的社会地

图 2-13 第二次世界大战期间的服饰具有军服风格，夸张肩部造型，左图为雅克·法斯 1940—1944 年间设计的服装，右图为让·朗万 1940—1944 年间设计的服装

位和生活方式，也使她们的传统服装受到冲击，很多工作装和军队制服的元素引入服装设计，女装变得造型简洁、注重功能化和舒适性，从而产生了现代意义上的时装。 其次，战争对服装传统的加工和生产方式造成影响，使得服装从原来的传统定制方式向规模化、规格化和高度分工的生产方式转变，成衣业开始发展；尤其是第二次世界大战后，以美国为代表，以更大范围的大众消费层为对象的时装产业明显地走上了成衣化的道路。 第三，法国高级时装业在两次世界大战中受到很大影响，欧洲的高级顾客人数不断下降，富有的美国人成为高级时装的新顾客，而美国人讲究实际、追求自由、舒适的服装理念也影响了法国的服装设计。 美国的服装业在二战后开始抬头，美国人喜爱运动、崇尚自由的态度反映在服装中，由于美国服装的轻便、舒适、便于运动，以及适应多种场合的特点，符合新时代的人们的生活方式，从而引发了美国服装在全球范围内的流行。

2.3.3 高级成衣及成衣工业的发展

成衣（Ready-to-wear）是指按一定规格、号型标准批量生产的成品衣服，是相对于量体裁衣式的定制和自制的衣服而出现的一个概念。 成衣作为工业产品，符合批量生产的经济原则，生产机械化、产品系列化、质量标准化、包装统一化，并附有品牌、面料成分、号型、洗涤保养说明等标识。

成衣生产模式最早出现于 19 世纪下半叶的第二次工业革命时期，缝纫机的发明和使用促使服装的批量化生产成为可能，工业革命还促使了工作服和女性分类服装的产生。 1863 年，美国开始出售服装纸样，产生了量产的概念。19 世纪 80 年代，开始制造上下分开的宽松上衣和裙子，使女性成衣的生产成为可能。

经过两次世界大战，女性的服装变得更加简洁，重视功能性和舒适性，制服式的服装大行其道。 在美国，运动服及牛仔裤开始流行。 美国作为法国时装的最大出口国，其更多的制造厂家从法国购买设计专利，在美国进行翻版和批量生产，大大降低了时装的消费成本，高级时装也由此变为批量化产品，使每个人都有可能进入流行时尚的潮流，流行时代开始到来。

成衣时代的真正到来是在 20 世纪 60 年代，高级成衣时装店纷纷出现，"Ready-to-wear"成为新的潮流。 高级时装设计师也开始他们的副业——高级成衣的生产和经营，几乎所有的时装设计师都开设了自己品牌的成衣时装店，并且成为主要的销售手段，高级成衣业蓬勃发展起来。

高级成衣是指在一定程度上保留或继承了高级定制服的某些技术，以中产阶级为对象的小批量、多品种的高档成衣，是介于高级定制服和以一般大众为对象的大批量生产的廉价成衣之间的一种服装产业。 高级成衣与一般成衣的区别，不仅在于其批量大小、质量高低，关键在于其设计的个性和品位。

高级成衣发布会每年举办两次，3—4 月举办秋冬季时尚发布，9—10 月春夏季时尚发布，分别在巴黎、米兰、伦敦、纽约和东京举行。 这已经成为现代服装流行运作的固定模式。

2.3.4 好莱坞与时装

演艺界与时装总是密不可分、相辅相成的关系。 20 世纪初，巴黎高级时装店的主要顾客由当时法国的当红女演员所构成，她们不但在舞台上光彩照人，私下也活跃于社交场所，不但是时髦服装最好的顾客群，也是时髦服装的推动力量。 一方面，华美服装包装了她们的时髦形象；同时，她们对于新式服装起到了最好的宣传和推广的作用。 第一次世界大战之后，美国好莱坞的电影默片取代舞台剧，成为人们所喜爱的娱乐方式，于是电影女明星成为女性至爱和崇拜的偶像，她们的化妆发型、衣着打扮成为女性跟风追逐的对象。 好莱坞的化妆师和服装设计师用他们的手将银幕上的女性形象塑造成希腊女神般，很多女孩子都梦想具有与银幕上的女明星一样理想化的美，她们以好莱坞的明星形象为典范,追求标准的时装和打扮。 因此,电影在很大程度上推动了时装的流行。

最初,电影公司都配有服装部门,由那些专门为电影而工作的职业服装设计者为银幕上的角色设计服装,比如好莱坞的服装设计师吉尔伯特·阿德里安,偶尔才会请专业的服装设计师为某部电影中的角色量身定制服装。 1931 年,米高梅公司聘请可可·香奈儿为影片《Tonight or Never》(《今夜不再来》)担当电影的时装指导,时装设计师和电影之间的联姻才正式开始。 1947 年,克里斯汀·迪奥以他的"新面貌"一举成功,好莱坞当红女星马琳·黛德丽(Marlene Dietrich)立即向他发出邀请,为她在阿尔弗雷德·希区柯克导演的电影《舞台惊恐》(《Stage Fright》)和亨利·科斯特(Henry Koster)导演的电影《天堂无路》(《No Highway in the Sky》)中的角色设计服装。

服装设计师与电影合作的最成功典范,莫过于法国服装设计师休伯特·德·纪梵希与好莱坞影星奥黛丽·赫本的长期合作,纪梵希为赫本在《罗马假日》《甜姐儿》《午后恋情》和《蒂凡尼的早餐》等电影中塑造了许多清新、高贵、典雅的形象,使奥黛丽·赫本在影坛名声大震,而赫本的优雅、清纯的独特气质也最好地演绎了纪梵希服装的风格,使这位沉默寡言的高个子巴黎设计师的名字享誉时装界。 这种成功是服装设计师与电影艺术的双赢。 之后,这种结合时装大师经典风格的做法在很短的时间内成为电影与设计师合作方式的主流,越来越多的时装设计师开始参与电影服装的制作,在大银幕上向更多观众展示自己的设计。 比如设计师乔治·阿玛尼、卡尔·拉格菲尔德、让·保罗·戈蒂埃、拉尔夫·劳伦,他们都在电影服装中有着瞩目的表现。

2.3.5 50 年代的 New Look——服装史上最经典、优雅的时代

第二次世界大战结束后,西方服装不再像战前"男军装,女工装"的单一装扮。 在社会变化和一批设计师的努力下,创造了 20 世纪 50 年代西方高级时装的辉煌,成为永远的经典,载入了时装的史册,也使高级时装业的发展达到了划时代的高峰。 1947 年 2 月 17 日,克里斯汀·迪奥在巴黎推出以"花冠"命名的系列时装,这个设计可以说是震惊了整个世界,几乎所有的媒体都以其为头版头条。 有人甚至惊呼:是 Dior 的"New Look"真正地结束了第二次世界大战,让人们遭受战争重创的心灵重归美好与宁静。"新风貌"具有 19 世纪上层妇女

的那种高贵、典雅的服装风格，但运用新的技术和新的设计手法重新演绎，表现出的女性化与战争时期的男性化形成强烈的对比。袖子长度通常到小臂中央（即所谓的 3/4 袖），里面衬以长手套；圆润平滑的自然肩线，用乳罩整理的高挺的胸部，连接着束细的纤腰；用裙撑撑起的宽摆大长裙，长过小腿肚，离地 20 厘米，搭配细跟高跟鞋。整个外形十分优雅，女性味十足。"新风貌"给战后的欧洲服装拂去了压抑、灰暗情调，将快乐和美重新带回来，成为时装时尚的经典样式。20 世纪 50 年代是高级时装的黄金年代，是雅致、精巧服装设计的时代。

2.3.6　60 年代的年轻风潮

当 20 世纪 50 年代群星璀璨的高级时装尽情地闪烁着它的耀眼光芒时，60 年代——在丰裕文化中成长起来的年轻一代，成为推动社会的重要动力，标新立异成为社会的主要取向。叛逆、反权威、反传统的一场年轻风潮兴起，不仅打乱了时装持续百年的传统秩序，而且以其革命性的举动改写了服装史发展的历程。出现在这个时期的摇滚乐、嬉皮士、迷你裙等青年亚文化现象形成一股强大的潮流，冲击着西方的主流文化，大众流行文化的时代真正到来。

（1）嬉皮士（Hippies）

20 世纪 60 年代，在学生反叛的历史氛围之下，嬉皮士运动形成规模，嬉皮士文化蔚然成风。当时，许多年轻人通过留长发、蓄长须、听爵士乐、跳摇摆舞、同性恋、群居村等极端行为反抗社会，抗拒传统，甚至吸毒也成为年轻人的一种时尚。因此，那时候人们的穿着是以一种颓废的风格来表现自己内心的狂放不羁。早期的嬉皮士热衷于东方文化，流行一种由异族获得灵感的装束，包括五颜六色的土耳其长袍、阿富汗外套、雏菊的印花图案、喇叭形的蓝色牛仔裤、色彩缤纷的串珠、必不可少的飘动长发、军用剩余装备，以及百衲衣和扎染的服饰。嬉皮士文化中，男士穿着"柔性、颓废"的服饰，打破了 19 世纪以来西方传统男性在服饰形象上以"阳刚英挺"为主的风格，出现了颠覆"以性别来区分服饰模式"的"中性服装"，对象征"物质消费文化"的"流行"进行排斥。嬉皮士运动改变了部分年轻人传统的生活观念和生活模式，其时尚装扮也成为国际上的一股潮流。

图 2-14
嬉皮士风格，设计师乔治·
迪·圣安杰洛（Giorgio Di
Sant'Angelo）的作品

（2）摇滚风（Rock and Roll）

摇滚乐是 20 世纪 40 年代西方从"节奏布鲁斯"中派生出来的一种黑人音乐，之后一直风靡欧美。 初期的比尔·哈雷和"猫王"艾尔维斯·普莱斯利是摇滚先驱，后来有披头士、滚石、"谁"乐团、艾里克·布顿（Eric Bouton）等重要的音乐团体和音乐家。 披头士乐队不但在音乐表现上才华横溢，他们的服装穿着、发型使他们似乎始终带着微笑，像是来自遥远快乐星球的使者，所以很快成为年轻人仿效的对象。 当时的摩托车手所穿的黑色皮夹克是摇滚风的一个标志，上面饰满金属纽扣，醒目地画上刀或骷髅这类图案；特别尖的尖头皮鞋、褶裤脚的蓝色牛仔裤，还有链子，都成为摇滚装束的同义词。

（3）迷你裙（Mini Skirt）

20 世纪 60 年代，设计师玛丽·奎恩特和安德烈·库雷热相继推出了迷你裙。 这是时尚史上的一个重要时期。 虽然超短裙受到保守思想的批评，但它因有超摩登和年轻化的感觉而得到大多数年轻女性的喜爱，并把它作为完美典范，从而引领了世界的时装潮流。 超短裙和连袜裤、平底靴的搭配成为当时最时髦的装束。

2.3.7　70 年代的反时尚

20 世纪 70 年代的年轻人仍然充满反判和探索精神,反时装是这个时期的时装设计的一个概念。 无论是廉价的成衣还是高级时装,长短随意,穿着自然,完全不受时装规范的约束。 高雅与低俗并存,褴褛、破烂、褪色也自成一种风格,黑色皮夹克、牛仔裤、朋克风格的服装盛行。 除法国时装以外,英国的时装设计因其前卫、叛逆、大胆的风格开始在时尚舞台上崭露头角,同时意大利、美国的成衣业开始蓬勃发展,日本的设计师也开始以其充满了神秘含蓄的东方美学的作品征服西方设计界。 时装开始进入一个群鹿逐雄的时代。

2.3.8　丰获的 80 年代

20 世纪 80 年代是享受的年代、丰裕的年代,物质主义成为生活的中心。 雅皮士(Yuppie)是这个年代的代表,宽垫肩、剪裁考究精致、显示权威、力量、严肃、成功和财富的职业套装流行。 除此之外,进入 80 年代,时尚潮流变得更加错综复杂。 流行的多元化,一方面为追求时尚的群体提供了多种表现自我的可能,另一方面也使人们对流行的理解和把握变得愈加困难。 个性化成为设计师与消费者共同追求的目标。 摇滚服装、朋克风格、街头破烂乞丐装、运动服,多种风格并行,可以说 80 年代的时装充满了创意和探索。 同时,成衣工业因现代市场运作机制而高速发展,伦敦、纽约、米兰和东京成为除巴黎之外的世界时尚中心。 之前,法国是流行界的独裁者,现在却必须与英国、意大利、美国和日本等地分享主导流行的权利。 真正的时装多元化的时代到来。

2.3.9　90 年代的价值导向

20 世纪 90 年代,世界格局产生了巨大的变化:东欧集团瓦解,苏联解体,伊拉克战争,等等。 计算机的发展速度令人震惊,完全改变了人们的生活方式,生活节奏变得非常快,无数的电视频道和节目,无穷无尽的网络信息,日新月异的科技成果,通讯的高度发达。 这种快节奏也影响到时装业的发展,从生产到销售,时装业越来越依赖信息技术和数码技术,新的设计产生后,通过高效率的信息处理,会很快成为流行全球的服装。 信息革命是流行迅速的基础,90 年代是全球

073

化的时代,流行变成真正世界意义的流行。 服装多元化风格并存,极简主义、解构主义、后现代风格大行其道,服装的设计思维更为开阔,人们开始追求更具个性和独创的服装。 同时,人们开始关心生态和健康,材料上更注重环保和舒适性、安全性,越来越多的科技成果运用到服装的设计和生产中。 20 世纪末期,时装界开始形成新格局,巴黎面临着来自美国、意大利、英国和日本的激烈竞争,高级时装业和高级成衣业开始新的发展和繁荣,奢华品牌成为大众也可以拥有的时尚,在全球范围内流行。

2.3.10 21 世纪

进入 21 世纪,世界进入了一个瞬息万变的新时代,网络、数码科技、信息的高度发达,使流行能在短时间内从时尚发布现场通过各种媒体传送到全球各地,流行周期越来越短,时装业面临着越来越激烈的市场竞争。 流行不仅仅只是一种时髦的衣着装扮,已经变为一种包括时装、起居、旅行、音乐、品味、思想理念、行为方式等多方面的生活方式。 对于自我的态度,消费者前所未有地对自己的品味感到自信,他们已经学会如何找到适合自己的衣服,他们的偏好逐渐演变出自己的风格,而不再是某些设计师笔下的复制品。 人们会将自己的性格自信地反映在服装上,而且这是最好的表现方式。 时装设计师不再具有神一般的地位,虽然人们仍然保持对设计师的尊重、喜爱、称赞和崇敬,但是他们已经不再具备以前那种令人威慑的力量了。 消费者对时尚的理解和穿着风格反过来在很大程度上影响着设计师,成为社会流行文化的风向标。 21 世纪是服装风格极端多元化的年代,也可以说是无风格的年代。 在强烈追求个性的年代,美没有同一的标准,是多种多样的——民族的和世界的、奢华的与街头的、传统的与前卫的、简约的和繁复的、复古的和未来的,多种风格并存,时装经过揉合、搭配、装饰、复制和颠覆被赋予新的含义——没有清晰可辨的风格,但有丰富多变的折衷、解构与再创。

表 2-1　20 世纪以来女性时尚形象的变迁

年代	时尚女性形象	时装风格
1900—1910	皮肤白皙 蓬松的卷发流行 穿着简单自然、东方风格的服装 化妆精细，突出自然美，使用口红、染眉油和画眼线，强调大而圆的眼睛，表现出儿童式的天真无邪 使用熏衣草油	高级时装的开启时代 废除了紧身胸衣和裙撑，女性的身体得到了解放 东方风格的服装流行
1911—1920	一次大战时期流行淡妆 战后，流行泡泡头发式，土耳其包头，用眼影粉化妆眼睛，猩红的嘴唇，随身的饰品极尽奢华、出奇 各种类型的面霜、洗面奶和护肤品等化妆品发展，注重护肤	东方风格流行 制服及军装元素在女装中出现，女装趋向简洁化
1921—1930	泡泡式短发 细而弯的眉形，清晰的眼部轮廓，红唇、假睫毛流行，采用夸张的眼影粉 消瘦苗条、平板身材的女男孩形象	"女男孩"风貌流行，服装流行简单宽松的直筒连衣裙和直筒短裙 香奈儿套装，佩戴多串长短不一的珍珠项链 日装实用而舒适，采用柔和颜色的针织和仿丝绸等休闲面料；晚装采用明亮色彩的闪光面料
1931—1940	苗条，喜欢运动，充满健康的气息，流行棕红、古铜色皮肤，参加户外活动及体育活动 健康的饮食 个性化的打扮 金色、浅金色或近乎银色的，烫成典雅的波浪形长发 精细弯曲的眉毛，眉笔成为必备的化妆工具，染眉油流行，使用假睫毛 饱满而性感的嘴唇 饼式粉盒是必备化妆品 日霜、晚霜及防皱霜流行 身材凹凸有致	复古优雅风格 服装突出腰线，臀部瘦窄，下摆展开，通过斜裁、悬垂、围裹，突出女性身体线条的精致 女装开始详尽细分，有适合各种场合的衣服
1941—1950	妩媚、充满爱心、得体大方 孩童脸，女人身材 化妆自然，突出大眼睛 弯曲而略上挑的眉型 轮廓分明而饱满的红唇 挽发或大波浪的卷发 帽子和头巾流行	二次大战期间，女装款式变得又短又小，裙长及膝而且裁剪得很窄，套装的设计注重功能性，流行军服风格，垫肩与系紧的腰带是其特点 1947 年发布"新风貌"，高级时装在巴黎复苏
1951—1960	化妆人为感强，平面感的化妆方式 古铜色的粉底，橘红色的唇膏，银色的眼影 化妆色彩搭配复杂，眼影颜色与配饰色彩搭配 流行金发，喷筒发胶风靡 金色大耳环，珍珠项链流行 小的紧扣头顶的微型贝蕾帽，中长手套、宽大皮带及尖头细跟鞋与礼服搭配 丰胸、细腰、浑圆的臀部	高级时装的黄金时代 高级时装向可穿性时装转变，使得社会各阶层的人都得以享用，人们的社会地位可以通过服装加以强调 每个季节都有新的女装流行 时装表现为修长、收腰和臀部修饰 裙摆从小腿上移至膝盖 外型轮廓均用字母或形状命名 时尚新款首先通过电影明星和流行偶像展现，很多流行来自美国

075

年代	时尚女性形象	时装风格
1961—1970	柔弱的脖子,消瘦的身体,圆形的头盔般的短发型 化妆突出眼部,眼影重,假睫毛流行,突出小女孩的气质 口红颜色自然	"迷你裙",运动休闲型的宽松学生裙和衬衫裙,喇叭裤流行 几何图形和以黑色与白色、白色与银色为特征的未来主义风格流行 塑料薄膜和涂层面料等新兴材料开始出现 嬉皮士风格 流行歌手与演艺明星是时尚偶像
1971—1980	讲究自然美,打扮适宜 使用润肤油和皮肤色的眼影、透明无色指甲油 修剪有层次感的长发 古铜色的健康肤色 苗条,通过慢跑、健身或控制饮食进行减肥是时尚	流行将单件购买的服装进行组合,也流行面料的混合和板型的混合搭配 褶裥迷你裙配衬衫式连衣裙、喇叭裤,宽松衬衫配短外套流行 色彩鲜艳及闪光面料的迪斯科服 传统而浪漫的风格成为新的流行趋势 朋克与街头时尚成为一种年轻的文化形态,在国际上流行
1981—1990	为追求完美体态,整容、隆胸、抽脂手术流行 化妆突出自然美,讲究色彩和自然混合,眼影色彩、颊部粉色、底粉等自然混合或过渡,看不出上妆的痕迹 出现永久性化妆,眼眉、眼线、唇线做纹体刻画	女装灵感来自于活跃、自我意识强的女性,既有经典优雅的风格也有休闲实用的风格 强调肩部挺括造型的西服式套装成为成衣产品中的重要组成部分 性别的界限在时装流行的概念中变得越来越模糊 消费进入一个讲求品牌的时代
1991—2000	自然美,"裸妆" 头发干净整齐,皮肤润滑光亮有弹性 身体健康,不胖不瘦 化妆品越来越复杂和专门化	T台服装与街头服装之间的区别变得越来越模糊 混合与重叠的穿着方式开始流行 休闲装流行 以前卫的风格为设计主流 现代高科技手段的运用
21世纪	自然美,健康 独立,自信,个性美 化妆突出眼部修饰和保养,崇尚瘦脸 皮肤的常规护理成为重要概念 化妆品增加营养、保健、快捷等新功能	时尚全球化,多元化风格并行 时尚流行周期缩短,进入快速时尚时代 平民时尚愈来愈受到关注,除了设计师、影视明星等时尚领袖外,涌现了许多平民时尚偶像

图 2-15 20 世纪 20 年代的女性

图 2-16 20 世纪 30 年代的女性

图 2-17 20 世纪 40—50 年代的女性

图 2-18　20 世纪 60 年代的女性

图 2-19　20 世纪 70 年代的女性

2.4　世界服装流行中心

　　众所周知,法国的巴黎是世界时尚之都之首。 法国最早成为世界服装的中心,巴黎拥有世界上最杰出的时装设计师,造就了代表时装的最高境界的高级时装,并且形成了时尚流行的模式,来自巴黎的时装引领了世界各地的时装潮流。

到 20 世纪 70 年代,英国、意大利、日本异军突起,在世界时装舞台上占据了重要一席。 美国时装因其自由、舒适、运动的特点,以及成功的市场运作机制,对全球的流行风潮产生了很大的影响。 巴黎不再是绝对的时尚中心。

2.4.1 法国巴黎

法国巴黎是世界时尚中心。 早在 17 世纪,法国就以其时尚优雅的时装风格成为欧洲的时尚中心,法国的服装大量出口欧洲各国。 早期的时装传播是通过时装娃娃进行的,当时法国巴黎的圣·奥诺赫大街上遍布行家制作的洋娃娃。通过与欧洲各国交换时装娃娃,将法国的时装流行传播到欧洲各国。 而且,法国在 17 世纪就成立了一个以服装为行业的协会。 法国时装之都的地位奠定在 20 世纪初。 1900 年,在巴黎举办的国际博览会上,来自巴黎的设计师雅克·杜塞和查尔斯·沃斯展出的高级时装作品引起了轰动,媒体报道只有巴黎才是世界服装的中心。 服装设计成为法国活动的中心之一。 巴黎不仅诞生了一大批著名的服装设计师,开创了高级时装品牌,还造就了高级时装的顾客群,形成了时装流行的风气,在世界时装近代史上具有重要的意义。 在巴黎,时装从来就是一门艺术,一门可以与绘画、雕塑和建筑相提并论的艺术。 云集于巴黎的各国艺术家与时装设计师过从甚密,他们互相给对方以灵感。 纵观巴黎近代时装史,无数杰出设计师的奋斗开创了前所未有的辉煌。 这些无与伦比的荣耀来自于得天独厚的悠久历史与文化传统。

法国的纺织业非常发达,是欧洲重要的纺织发展大国之一,是法国作为世界时装之都的坚实基础。 法国巴黎的 Expofil 纱线展、Première Vision 面料展、Le Cuir à Paris 皮革展、Indigo 面料设计展都是具有国际影响力的展会,纺织界或时尚预测的权威机构会借此发布一两年后的色彩、面料的流行趋势,被称为面料流行趋势预测的"气象台"。 法国巴黎时装周更是世界时装界的盛会,著名设计师、成衣制造商、服装零售商、社会名流、各路媒体云集巴黎,目睹时装设计界的视觉盛宴。 时装流行趋势迅速由时装中心传播到全世界。

另外,法国的艺术素养和政府的大力支持与鼓励,是促使巴黎成为世界流行时装领导中心的最大因素。 有人将巴黎比喻为时装界的实验室,巴黎的设计师则以其独有的冒险精神、丰富的创造力领导着世界时装的潮流,影响着人们对于流行的观念。 法国的高级时装始终代表着时装的最高境界,是华贵、高雅、精致和奢华的代名词。

法国的高级时尚品牌有：克里斯汀·迪奥；伊夫·圣·洛朗；路易·威登（Louis Vuitton）；香奈儿；朗万；克里斯汀·拉克鲁瓦；等等。

图 2-20　克里斯汀·拉克鲁瓦设计的时装

图 2-21　克里斯特巴尔·巴伦夏加（Cristobal Balenciaga）设计的时装

2.4.2　英国伦敦

英国是时装设计的大国。 20 世纪初期的几个设计先驱均来自英国，例如"高级时装之父"查尔斯·沃斯。 英国最早进入工业化阶段，最早形成中产阶级消费群，因此具有比较成熟的时装市场。 时装设计一直在这个国家占据重要的地位。 但是，英国跟法国不同，英国很少跟随欧洲的潮流，而是我行我素，走自己的路。 它的设计跟绘画、雕塑一样，总是带有浓厚的英国特色，而不是国际的。 反过来，英国风格影响了国际。 英国时装设计的核心是伦敦，这里聚集了大量的杰出的时装设计家，有庞大的时装运作机制，有比较广泛的时装销售网点，有相当可观的客户群。 伦敦时装展是世界上最重要的五个时装展之一。 伦敦有不少学院设有时装设计专业，其中圣·马丁艺术设计学院站在培养时尚新秀的最前沿，成功地培养出了一批高水平的时装人才，例如约翰·加里亚诺、亚历山大·马克奎恩等具有国际影响力的大师级的设计师，为英国设计跻身国际前列奠定了基础。

图 2-22
经典高雅的 Burberry
时装

图 2-23 约翰·加里亚诺的作品

图 2-24 亚历山大·马克奎恩
的设计作品

　　英国时装中，既有具皇室风范、非常传统的经典高雅的品牌，例如
"Burberry"，也有代表年轻、叛逆、前卫的充满创意的品牌，例如 "Vivienne
Westwood"。英国的街头服装因其充满个性、反叛的特点引导了世界时装潮
流。20 世纪 60 年代盛行的超短裙是由英国设计师设计并流传到国际的，成为
国际流行款式。英国拥有一大批国际级别的时装设计师，例如设计超短裙的设
计师玛丽·奎恩特、被称之为 "朋克之母" 的维维安·韦斯特伍德、"先锋艺术

设计师"侯赛因·卡拉扬、具有"英国的时尚教父"之称的亚历山大·马克奎恩、"浪漫主义大师"约翰·加里亚诺，他们的设计在国际时装界都有着举足轻重的地位，引导了世界时尚风潮。因此，英国也成为重要的时尚设计大国之一。

2.4.3 意大利米兰

意大利是具有悠久传统的设计大国。意大利是文艺复兴的发源地，从 16 世纪开始，意大利就成为欧洲的艺术中心。第二次世界大战后，意大利迅速成为工业强国（包括汽车制造、化工、轻工、纺织、印染），特别是服装设计及制造、皮鞋皮具、珠宝设计和家具制造闻名于世。

意大利设计是浪漫、优雅、奢华与极品的代名词，意大利时装以创新的设计、选材的精良、做工的精细而保持其在世界上的先进地位。另外，意大利设计的多元化、浓厚的个人气质和艺术性，也是举世瞩目的特点。

米兰是意大利现代设计的中心。在世界时尚名城中，意大利米兰的崛起较晚。在 20 世纪 70 年代后期，意大利政府将政府时装局成衣化时装部搬迁到米兰，米兰迅速跃升为国际时装设计和贸易的重镇。如今的米兰在时尚界独占鳌头，对巴黎的霸主位置构成了最大的威胁。意大利设计师所做出的努力和取得的成功，使世人惊叹，被誉为奇迹。米兰拥有一大批意大利乃至世界著名的时装设计师，例如乔治·阿玛尼、詹尼·范思哲、詹弗兰克·弗雷（Gianfranco Ferre）、弗兰克·马斯奇诺（Franco Moschino），他们的设计举世闻名，他们创造的品牌是国际时尚界的名品，在国际时装市场上具有举足轻重的地位。而意大利的时尚名牌，如古奇（Gucci）、米索尼（Missoni）、芬迪（Fendi）、法拉戈莫（Ferragamo）和 Dolce & Gabbana，更是在诸多时尚品牌中熠熠生辉。米兰时装周是世界四大时装周之一，被誉为世界时装设计和消费潮流的"晴雨表"。

意大利以一流的纺织品面料、优质皮具、皮鞋、眼镜和高级成衣而著称。米兰高级成衣与巴黎高级女装竞争的武器是更为持久的商业化实践和更强的对不断变化的消费需求的适应

图 2-25 乔治·阿玛尼时装

能力。他们吸收并
延续了巴黎高级时装
的精华,并且融合自
己特有的文化气质,
创造出高雅、精致的
风貌,充分反映民族
性的艺术风格及简洁
利落的实用功能,成
为流行界瞩目的焦
点。意大利的设计
自成一格,具有纯粹

图 2-26　Prada 时装

的意大利风格,充满令人振奋的磅礴气势,色彩绚丽,极尽奢华,明快动人。一流
的面料和优雅的比例组合是意大利时装的特点。优秀的设计和成功的品牌推广
使意大利的时装业得到蓬勃的发展。

083

2.4.4　美国纽约

美国在 20 世纪初期是法国高级时装的重要顾客,也是法国服装的重要出口
国。美国的富豪、好莱坞明星等经常飞到巴黎定购法国时装。二次世界大战
后,法国时装业受到重创,美国开始从巴黎购买时装专利,然后带回美国进行复制
和批量化生产,转而逐渐支持本国的服装设计师。美国纽约作为一个重要的时
装名城,兴起于 20 世纪中叶。第二次世界大战使美国设计师有机会脱颖而出。
在 20 世纪 50 年代末到 60 年代初,一些美国本土的设计师开始崭露头角,他们对
于美国人穿什么有自己独特的想法。美国的运动休闲品牌经营得非常出色并且
是独树一帜的,它们推动并引领了当代美国制衣市场,并且不断地发展与壮大。
60 年代之后,西方各国的生活方式及价值观发生了巨大的变化,讲究实际、讲究
功能性逐步成为一种新的时尚和潮流,这种趋向使美国时装逐渐成为流行的主流
之一。70 年代以后,美国时装已经形成典型的美国风格。美国社会讲究实际、
讲究舒适,缺乏欧洲严格的社会阶层划分意识,也缺乏欧洲比较单一的传统文化模
式。所以,美国时装讲究实际功能,与法国时装的高级时装路线不同,它以 20 世纪
日益加快的生活方式为背景,重视个性,强调质量,更多地考虑功能性并兼具舒适的

特点。 美国时装趋向大众化、平民化，经久耐穿，价格多元，加上美国时装的全球销售策略和现代管理网络，使美国时装大量生产，营销至世界各地，遍及各阶层，开辟了成衣生产的新纪元。 尤其在便装的生产上，美国纽约更领先于各时装中心，产品讲究机能，极具活力。 美国时装业以不断扩张的产品、日新月异的创新理念、铺天盖地的广告及遍布各地的销售网点成为国际时装界重要的时尚中心之一。

从 1993 年开始的纽约时装周，在巴黎时装周之后、伦敦时装周之前开展，成为世界时装展示的重要秀场之一。 一年两次的时装周，继银行与金融业之后，成为纽约市的第二大类产业。 如今，美国的时装行业规模已达到 466 百万美元，大约每一季时装周都会吸引 116 000 个来自 30 多个国家的媒体与买手参加。 借助纽约时装周，美国成为全球时尚产业的先锋，整个领域有 173 000 人、800 多家时装公司，是巴黎的两倍多。 此外，纽约有相当出色的时装设计院校，如美国 Parsons 设计学院（Parsons School of Design）、美国 Pratt 艺术设计学院（Pratt Institute）和纽约时装学院（Fashion Institute of Technology，简称 FIT），培养了大批杰出的设计人才。 同时，纽约是一些著名时尚刊物（如《Vogue》《WWD》《Harper's Bazaar》）的发源地。

美国著名的时装设计师有卡尔文·克莱恩（Calvin Klein）、拉尔夫·劳伦、唐纳·卡伦（Donna Karan）、安娜·苏（Anna Sui）等。

图 2-27　唐纳·卡伦的时装

图 2-28　卡尔文·克莱恩时装

2.4.5　日本东京

20 世纪 70 年代，日本时装设计师开始在国际时装界崭露头角；80 年代，日本时装进入世界时装设计的主流。 日本时装使西方时装设计界对过去所有的设计观念进行重新的审议。 西方时装设计着重突现人体的轮廓，而日本时装设计是以包裹的方式再造外形，隐藏式的、象征式的东方风格的美吸引了西方的时装界。 日本时装的主要特征是以全新概念诠释穿着，将人体视为一个特定物品，将面料视为包装材料，在人体上创造出美好的包装视觉效果。 东京的设计师认为时装是"文化的工具"，他们擅长于挖掘日本及东方传统中的精华。 在结构及形式上，他们吸取并熟练掌握了和服和东方服饰中的扭结、缠绕、悬垂手法，对微妙色彩系统中的茶色、青色和灰色运用自如，缔造了新的东方时尚。

日本独树一帜的街头时尚（Street Fashion）不仅在本国流行，在世界的任何角落都有拥护者。 日本设计师们也通过对街头风格的吸收和塑造，在世界时装潮流中稳占一席之地。

东京是日本的第一大都市，近年来以一个不断吸收、发布新信息的时装中心的姿态在飞速发展，各种时装发布会的召开极为频繁。 东京时装周被誉为继巴黎、 米兰、纽约、伦敦之后的第五大时装周。 日本东京已经成为亚洲时尚流行的率先发布地，同时也是国际流行的主要流行领导者之一。

085

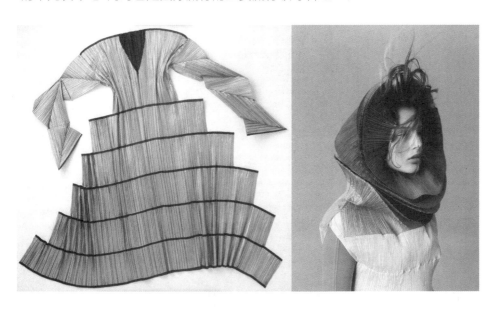

图 2-29　三宅一生的褶皱系列作品

　　日本著名的时装设计师有三宅一生、高田贤三、山本耀司、川久保玲（Rei Kawakubo）等。 他们所创造的品牌均在世界时尚界占有一席之地。

图 2-30　山本耀司的作品

2.5　中国现代流行时尚的发展

　　20 世纪 80 年代，随着中国的改革开放，经济得到飞速增长，时尚的概念逐渐在人们的生活中树立起来。 中国已成为全球最大的服装生产和消费国，北京、上海、广州等城市成为中国的时尚三角，代表了中国南北派服装风格。 1993 年，中国第一届国际服装博览会在北京召开，人们看到了来自世界时装之都的时尚潮流，同时中国本土的服装设计师开始崭露头角。 中国服装博览会成为培养和发掘中国设计师、建立中国品牌的最好平台。 继北京后，全国各大城市如上海、广州等先后举办时装周。 各种规模的时装展会加强了中国与国际的交流，将中国的时装介绍给世界各国，同时把国外优秀的时装文化和资源引入中国。 通过举办各种设计大赛，比如"兄弟杯"服装设计大赛、CCTV 服装设计大赛等，一批批优秀的中国服装设计师成长起来。 短短不到 20 年的时间，中国的许多大都市已经聚集诸多世界时尚大品牌，拥有国内最丰富的时尚产品、最好的设计师、最杰出的模特、最多的商场、最丰富的媒体、最快捷的时尚信息、最突出的潮流引导者。 中国的崛起使中国 5 000 年的历史文化沉淀被全球时尚界所关注和认可。 如何成为时尚强国，提高原创设计能力，把握时尚话语权，已成为中国时尚界的发展目标。 中国的设计师们与中国本土品牌也正努力带着中国元素，吸收国际化思潮，在国际市场活动中崭露头角。

中国比较知名的服装设计师有张肇达、罗峥、马可、房莹、曾凤飞等。 北京服装学院、清华大学、东华大学、浙江理工大学、苏州大学等院校成为培养中国服装设计师的摇篮。

21 世纪是信息化时代，全球经济、文化一体化。 全球时尚工业——包括纤维制造商、织布工厂、设计师、服装制造商、服装零售业者——面对着同样的物资资源和同样的市场竞争，共享同样的信息资源。 他们暴露在同样的环境下，参加同样的时装展会和发布会，找寻设计的趋势和理念，共同享用高科技的成果进行制造，使用同样的市场运营机制进行商业营销。 从某个国家获得灵感，向第二个国家定购织物，然后在第三国进行制造，最后在第四国大肆流行的现代时装业的模式已经屡见不鲜，时装进入了全球化时代。

思考练习题

1. 服装流行的基本规律是什么？ 请举例说明。
2. 举例说明影视艺术对服装流行的影响。
3. 服装流行的传播媒介有哪些？
4. 总结 20 世纪流行服装的特点，并按照年代顺序制作流行变化剪贴板。

第 3 章 | 服装流行趋势的信息来源与收集

本章知识要点

1. 服装流行市场的构成要素：一级市场、二级市场和三级市场
2. 服装流行市场完整的循环过程
3. 第一级和第二级市场信息来源的主要渠道
4. 掌握服装流行趋势来源分析的两种方法：定量法和定性法
5. 流行趋势调研定性分析法信息来源的主要渠道

3.1　服装流行市场的构成

按照服装产品制造的流程和流行预测发布的时间先后，我们将服装流行市场分为三个层级：与服装原材料（纤维、纱线等）和半成品（面料、服装服饰配件）相关的第一级市场，服装成衣制造业的第二级市场，以及面向消费者的第三级市场。

3.1.1　第一级市场

服装原材料市场是整个市场的源头，对整个流行市场起着非常重要的作用。原材料市场范围主要包括纤维、纱线、面料和各种服装配件。对于设计师、成衣制造商、服装分销商和零售商来说，了解服装原材料的发展动向是认识流行制造行业的原点。

现代时尚业发展至今已有百多年的历史，从最初的商品经济时代到服务经济时代，直至现今的体验经济时代，有观点认为原材料生产行业变得不再重要，已成

为价值链的末端产业,原料生产行业近乎与高劳动密度、低技术含量和低利润划上了等号。 其实,无论我们身处何时,原材料市场仍然是整个流行市场的一个重要环节。 纵观世界上的知名服装品牌,无论是工业品牌还是商业品牌,没有生产的支撑,是无法做大做强的。 即使是走在流行尖端的一线品牌,同样非常重视原材料的来源,与原材料厂商保持着紧密的合作。 如"爱马仕"(Hermes),不仅有成衣制造生产线,还延伸到面料制造等上游产业。 作为国内男装的领头企业,雅戈尔也积极布局,从种植棉花、大麻这些原料开始,将一些核心的原材料掌握在自己手中,以此强化他们在服装市场上的优势。 这些国内外品牌之所以这样做,原因主要有两点:一是保证原料供应、生产、销售等环节的协同能力,形成在流行市场上的绝对竞争优势;二是不轻易放弃品牌标准,确保产品品质。 由此可见,生产制造是支撑服装流行市场持续发展的重要因素。 服装原材料市场对流行市场的影响是多方面的。

(1) 一级市场的制成品对流行趋势的走向影响巨大

世界上一些走在潮流尖端的强势品牌,对于原创型材料和专属品牌自身的原料开发,一掷千金而不惜工本。 诞生于欧洲阿尔卑斯山脉小镇上的著名男装品牌杰尼亚(Zegna)就是个中楚翘。 杰尼亚的创始人 Ermenegildo Zegna 的经营理念是:首先,从原材料的开发上领先对手;其次,在服装设计生产过程中的其他方面做到精益求精。 比如杰尼亚在意大利 Trivero 小镇开设小型纺织工场,利用当地阿尔卑斯山脉的优质天然水源,进行杰尼亚专属面料的印染。 在印染中,由于水源的软硬度和矿物质成分的不同,会对面料的色彩饱和度产生微妙影响。 正是在面料制造各环节上的细微差别,使杰尼亚拉开了与其他的男装品牌距离。

无独有偶,另一个女装行业主导品牌——Prada,也对面料开发情有独钟。从利用高科技的尼龙面料制作出在市场上盛极一时的 Prada 尼龙手袋开始,到蜡染马海毛,再到品牌专属的粗厚瑞士手工蕾丝,Prada 的每一次面料革新都为时尚界带来前所未有的冲击。

所以,无论从设计、品质、技术或其他方面来说,一级市场中的原材料开发对服装流行产生了深远的影响。 一种特别的材质,能够引发设计师的独特灵感,能够点燃市场的销售热点,甚至带来时尚界的颠覆性革命。

089

面料开发成就一个伟大的男装品牌

西装是男人的当家行头，过去和现在，上流社会的绅士们都把定制高级西装当成特别享受的一种方式。这里的"度身定制"绝不是自己选一块面料，随便找个裁缝铺那么简单。至少威廉王子是这样认为的，他说："只有在意大利的Ermenegildo Zegna老店，那才算得上是顶级的度身定制。"

1910年，一位叫杰尼亚的年轻人导演了一个以男装面料为主角的传奇故事。不到20岁的埃尔梅内吉尔多·杰尼亚（Ermenegildo Zegna）在意大利小镇Trivero开了一间手工纺织作坊。最初，这间简陋的作坊只能生产一些小块的羊毛面料。事业略有起色后，杰尼亚召集当地流落街头的纺织技工，开始生产精细的羊毛面料，与垄断全球精羊毛市场的英国人展开竞争。虽然年纪轻轻，埃尔梅内吉尔多·杰尼亚却立志将他的产品立足于高品质的男装面料上，认为只有这样的面料才足以媲美意大利悠久的文化和历史，他从原产地收集最好的原材料，并提升生产过程中的技术。有商业远见的他对品牌的推广非常看重，率先在面料上缝上自己名字的标签便是创举，以此向世人宣告这些精美的面料出自意大利人埃尔梅内吉尔多·杰尼亚之手。（图3-1，3-2）

图3-1
杰尼亚早期的手工作坊

Zegna号称"西装面料专家"，每一季都会给顾客提供400～500种面料、上百种款式。你甚至想象不到，Zegna的店里到底有多少种面料。在Zegna面料存储间工作了48年的琳达（Linda）夫人，每天的工作就是清点这些布料，单是羊

图 3-2
Zegna 独创的 13milmil13 羊毛和特纯羊绒等高档材料,分春夏、秋冬两季。 春夏的透气好,薄;秋冬的质感丰满,抗风性强,回复性好,如果穿褶了,无需熨烫,在衣橱里挂 6 天,自然恢复原样

091

绒这种面料,就高达 16 种之多。"打理这些面料是需要投入感情的,我每天就像照顾自己的孩子一样打理着它们。 虽然我熟悉这里的每一个角落,可依旧会出些小小的问题。 克什米尔软羊绒和毕加索高地羊绒实在太像了,我必须戴上老花镜,还要用鼻子凑上去闻一闻,才能分辨清楚。 面料这种东西可不是能够拿来开玩笑的。 比如我的老朋友艾迪·墨菲(Eddie Murphy),总是对我嚷嚷,亲爱的琳达美女,我今年一定要做一套毕加索高地羊绒的西装。 可如果他选择了毕加索高地羊绒作为面料,那制成之后的西装一定会往前翘得很高,十足像一个滑稽戏演员。 我总是开导他,老伙计,尽快把你的汉堡和奶酪都丢掉吧,不然你永远都穿不上这套毕加索高地羊绒的西装。"

琳达夫人绝对称得上是面料方面的专家,虽然最近她一直在念叨着自己老了,可即使这样,她依旧说出了某客户身上那件外套的面料,甚至让人怀疑她是否在别人不经意的时候看过那件外套,因为那件外套的材质的确冷门得吓人,那是非洲雨林中的一种灌木纤维,只有当地极少数的土著人才懂得这种纤维的提取方法。 只看过一眼之后,琳达夫人张口便说出了它的名字——非洲乔叶榛。"度身定制西装的关键就在原料的选择,如果在这方面出了岔子,那是不可以原谅的,就如同你去菜市场买葡萄柚,却穿着一套晚礼服,那该是一件多么可笑的事情啊。而我的工作就是为那些有定制需求的客人提供意见,根据他们的身份、体型、年龄给出最好的选择。 当然,我的意见只是参考,在 Zegna 最后做决定的还是那些客人。 不过至今为止,还没有哪位客人怀疑过我的眼光。"

度身定制西装是 Zegna 的传统强项和打市场的王牌，定制的西装一定是全球限量版的——因为是给某个人定制的，别人当然没有。 讲究的面料、精良工艺的 Zegna 定制西装，奢华但低调，符合讲究品质和不喜张扬的人的首选。 在 Zegna，当店员知道你需要定制一套西装时，会有专人引领你来到店铺的"Couture Collection"区。 一块刚刚出炉的松饼蛋糕，配上依云小镇送来的山泉水，如果你愿意，还可以得到一碟免费的蜂蜜。 琳达夫人解释说，度身定制之前，一定要将身心放轻松，这样制成的衣服，才会有灵魂。 因此，在 Zegna 定制的不只是一套西装，而是一种生活态度。

接下来，经验丰富的量身定制顾问开始和你讨论服装的需求——你心仪的样式、面料、色彩和生活方式，都在讨论的范围内。 此时，你可以一边思索是否在袖子上缝制可用扣眼，一边通过裁缝工作室的玻璃窗，欣赏裁缝师傅是如何精心缝制一件件堪称艺术品的西装的。 在有了一个初步的讨论结果之后，打版师出场了——一位衣冠楚楚的绅士，身穿精致考究的衬衫，脖子上挂了一卷软尺。 那卷软尺开始在你的脖子上游移，然后是肩膀、手肘到手腕，以及袖口的长度，左手的袖长略加一些长度，"你平时习惯用左手吧？"打版师结束了他的工作。

在 Zegna 定制一套西装的价钱，也能把你吓一个大跟斗，这身行头价值 13 万元人民币。 而且，不是你有钱就马上可以拥有的，还得耐心等上 50 天。 很贵，是不是？ 当然贵了！ 所以，在 Zegna 定制西装是有钱有闲人士的事儿！ Zegna 的定制西装是男装中的顶级，有一件也算是物有所值吧！ 面料是 12～13 微米的羊毛精纺制成的，打眼一看，比丝绸还薄，意大利设计，在瑞士制作；纽扣是用兽类最坚实的角质做的，天下无双。 最妙的地方是，这种定制西装穿过之后，在衣架上挂 6 天，西装上的皱褶就会自然拉平，像刚刚烫过的一样！

杰尼亚的量身定制服务开创于 1972 年，其第四代传人 Ermenegildo Zegna 有一句话是这么说的："伟大的家族创造了伟大的品牌，伟大的品牌创造了伟大的家族。"的确，这个以制造顶级面料起家的意大利家族企业，绝对堪称伟大。 它从来都是直接深入到世界各地的最佳原料产地去挑选原料，并采用从原材料到面料、服装和配件这样几乎垂直的生产过程。 其提供面料的选择，无论在品质还是种类上，自然拥有绝对的权威与声望。 穿这种定制西装是一种超凡脱俗的范儿，它的著名"代言人"都是赫赫有名的主儿，如前美国总统克林顿（Clinton）、英国王子查尔斯（Charles）、已故好莱坞大牌克拉克·盖博（William Clark Gable）

等。 以前,在纽约、东京、巴黎的上层商务会议上可以看见穿着这种西装的商界大牌,现在北京和上海等地也可以看到,穿着的人毫无例外是商界精英或者是发了大财的艺术家。

Prada 的蕾丝革命

蕾丝虽有不少优点,但它的确是时装界的一个雷区。 在 Prada 之前,几乎没有人大张旗鼓地这样运用它。 一方面,是对如何使它摆脱过于缠绵的形象有所顾虑,毕竟大部分的白色蕾丝只代表浪漫、纯真和柔情;另一方面,在设计师看来,它的装饰作用并不如想象中那么单纯,有时候甚至会让好好的一条裙子显得十分色情,更不用说在日常时装中使用这种面料了。 Miuccia Prada 女士将使用这种面料称为"征服"。 后来我们看到,这种曾经使设计师感到恐惧的面料在为典型的 Prada Style 服务时大获成功,它丝毫没有低俗感,也摆脱了所谓的过分浪漫的女性化气质,文艺得恰到好处,又带着与寻常性感不同的情欲。 蕾丝在这次塑造后,完完全全地被提升到了另一个高度。

093

"我想做一个不那么夸张的系列,开始只是想用一点点蕾丝,后来却发觉这种面料给我带来了新的思路。 这季作品女性化而让人有强烈的冲击感,但却不是你们想象的那么性感。" Miuccia Prada 告诉 style.com 的记者。 这解释了为什么这整个系列全是黑色、深蓝和米黄色,那些大面积的粗厚瑞士手工蕾丝采用了为 Prada 独家设计的织法和花纹,与过去十分受到设计师喜欢的 Chantilly 蕾丝相比,视觉与触感都恰恰相反。 用这种新式蕾丝呈现出的衬衫和半身裙都带着硬朗气息,却又让人有隐隐的情欲感——你能透过那一个个小孔看到藏在底下的皮肤。

在 Prada 让蕾丝复活的时刻,整个时装界似乎都被这种古老的面料唤醒了。 Givenchy 设计师 Riccardo Tisci 说:"蕾丝是浪漫而微妙的,它让人感觉十分易碎,但有时又令人感觉十分强烈。 但在过去,一旦蕾丝变得性感,它就会显得十分低俗和廉价。"所以这一季,他将大量的黑色 Chantilly 蕾丝用在式样现代的高荷叶边领子的女式上衣上,用特殊质地将这种蕾丝的柔美感中和掉一些,使它并不像往常在性感内衣上看到的那样过分柔和,同时用黑色避免了所谓的廉价气息。

（2） 流行产业的运作源于一级市场

图 3-3
粗厚瑞士手工蕾丝，
采用为 Prada 独家设
计的织法和花纹

　　包括面辅料开发在内的一级市场，是整个流行趋势市场的源头。 每年世界著名的纱线和面料流行趋势发布机构，如法国国际纱线展（Expofil）、意大利国际纱线展（Pitti Immagine Filati）、法国第一视觉面料展（PV）、米兰国际面料展、纽约国际时装面料展等，都会提前发布新一季的纱线流行趋势，为服装制造和服装零售商指明未来一段时间的纱线流行趋势。 通过一级市场这个齿轮，驱动二级和三级等后续市场的前行。 从这个意义上讲，称一级市场为整个时尚业的火车头，实不为过。

（3） 创新面料的发明有时会改变人们的穿着习惯和生活习惯

　　回顾流行史，世界上从一级市场上引发的创新革命数不胜数。 20 世纪 30 年代，杜邦公司的华莱士·卡罗瑟斯（Wallace Carothers）研制出世界上第一种合成纤维——尼龙。 这一新型面料的发明，成为纺织品服装市场的一个重要里程碑。 1939 年 10 月 24 日，杜邦公司在总部公开销售尼龙丝长袜时引起轰动，被视为珍奇之物。 人们曾用"像蛛丝一样细，像钢丝一样强，像绢丝一样美"的词句来赞誉这种纤维。 使用这种纤维织成的尼龙丝袜，既透明又比普通丝袜耐穿，成为当时时尚达人的必备单品。 作为三大合成纤维之一的尼龙，由于其优良特性和广泛的用途，在服装流行史上画上了浓墨重彩的一笔。

　　随着时代的发展，流行的脚步也不断向前迈进。 进入 21 世纪，无毒、环保和绿色成为纺织服装产业发展的大趋势。 顺应这一趋势，许多原材料、面料厂商纷纷研发出舒适、绿色环保的材质。 天丝（Tencel）就是其中的代表产品。 天丝纤维采用以针叶树为主的木浆，与水和溶剂（氧化胺）混合，加热至完全溶解，在溶解过程中不会产生任何衍生物和化学作用，在泥土中能完全分解，对环境无污染；生产过程中所使用的氧化胺溶剂对人体完全无害，几乎能完全回收，可反复使用。 由于无毒、无污染,它被称为"21 世纪绿色纤维"。 该纤维的织物具有良好的吸湿性、舒适性、悬垂性和硬挺度且染色性好,又能与棉、毛、麻、腈、涤等混纺,所以自 2004 年 5 月由兰精公司推出后,迅速风靡世界。 目前,使用 Tencel 的国际著名品牌有 Diesel 和 DKNY 等,国内知名品牌则有雅戈尔、恒源祥、汤尼 · 威尔等。 纺织材质上的绿色革新,为服装产品开发开拓出新的天地。

3.1.2　第二级市场

第二级市场指成衣制造业。 它包括服装成衣的研发和生产、品牌管理和运营等一系列活动,在整个流行市场中起承上启下的作用。 成衣制造业也是时尚火花迸射的行业。 在这一层级中,出现了很多在流行史上值得浓墨重彩的身影。 较之服装原材料的生产商,成衣制造商的工作是在预算之内将设计发挥到极致,同时根据市场的趋势,利用现有的材质、技术等,将各种元素整合成可以售卖的产品。 如果以烹饪为比喻,流行一级市场的产品就好比是大厨手中的原材料(半成品),而成衣业则是将一级市场提供的半成品制造成可以售卖的成品,三级市场则是考虑通过一定的方式让消费者产生购买的欲望。

成衣制造商需要不断地获取市场上的流行信息,通过行业内成员(包括信息调研员、设计师、采购人员等)不断搜集流行信息,分析市场行情并掌握新的服装制造技术,推陈出新,以便在流行市场上立于不败之地。

3.1.3　第三级市场

产品分销或者零售,对流行行业产生深刻的影响。 销售业的直接目的是售卖产品。 消费者是决定新的流行能否传播的决定性因素,但在纷繁芜杂的时尚信息海洋中,零售业反过来能对消费者施加反作用。 通过流行咨询的传播和沟通方式,如促销、广告、公共及事件影响,能够直接影响顾客的消费感受、认知和行为。 对于二级市场的成衣制品来说,零售行业通过各种手段,使上游的产品增值:比如赋予商品动人的故事,让顾客走入零售商编制的美丽意境中,以此吸引消费者购买商品。 所以,三级市场的运作过程实际上是商品的增值过程。 在这个过程中,零售扮演了许多角色:时尚编辑、流行引导者、造梦人和服务者。 通过售前、售中和售后的服务,为顾客提供满意的产品体验和购物体验。 在买手采购商品之前,零售业的相关人员必须多注意市场反馈,留意流行市场趋势和预测机构发布的信息,结合自己的专业知识和经验,为顾客提供增值服务。 所以,零售业的从业人员,如时尚总监、采购人员、销售人员和零售设计师,都需要具备去芜存真、提炼有价值信息的能力。

3.1.4　消费者

消费者拥有流行的决定权。 因为,无论是时尚编辑、时尚权威人士还是流行趋势发布机构,他们仅仅是时尚的驱动者。 而一种时尚是否能够流行开来,最终的决定权还是掌握在消费者手上。 比如香奈儿在战后复出,不顾流行时尚已经改朝换代,仍然坚持自己的一贯设计风格。 虽然法国市场对香奈儿套装的老套风格嗤之以鼻,但是其简约色彩获取了美国消费者的心。 失之东隅,收之桑榆,美国市场的成功重新确立了香奈儿在时尚界不可替代的位置。

所以,无论是一级、二级还是三级市场,都需要对消费者的需求进行深入研究。 消费者的个体消费认知决策过程,消费者的价值观、个性和生活方式、态度,以及他们所处的家庭、社会、文化和亚文化环境,都是需要考量的因素。 比如西方在 20 世纪 60 年代,思想碰撞和爆发,只有在那种文化背景下才能拥有接受迷你裙、比基尼的市场环境;而在经济繁盛、女权运动高涨的 80 年代,才能催生强势的阔肩服装。 这一切都是由当时特定的文化和社会因素决定的。

3.1.5　流行信息传播系统

整个流行业是一个协同运作的有机体。 以第一级市场为先导,随后驱动二级、三级和消费者群体,整体联动合作。 这个过程好似一组齿轮的咬合联动过程。 美国人 Rita Perna 在其所著的《流行趋势》一书中形象地表达了这种关系。(图 3-4)

流行的整个运作过程为:首先,通过处于潮流尖端的高级定制女装发布会(巴黎)和四大高级成衣发布会(巴黎、米兰、伦敦、纽约)进行趋势预测的发布;其次,经过时尚参与者(时尚媒体、时尚编辑、明星、权力人物、权威流行预测机构等)对各种流行元素的过滤筛选和提炼整合后,将提纯的流行要素流向下一

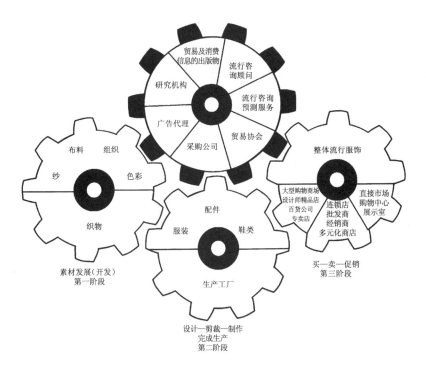

图 3-4　流行各级市场之间的驱动关系

级——各大品牌和成衣博览会,通过后者的影响力推向普通市场,形成一个完整

的流行循环过程。（图 3-5）

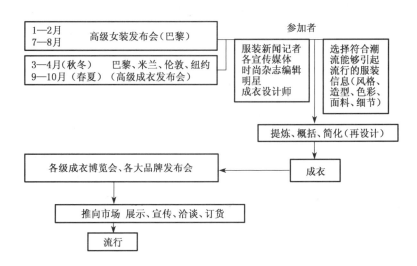

图 3-5　完整的流行循环过程

3.2 流行趋势的信息来源与收集

3.2.1 第一级市场信息来源

第一级市场的信息来源有两条渠道：纱线展会和面料展会。

（1）主要纱线展会

① 法国国际纱线展

展会地点：法国巴黎。

展会时间：每年 1 月和 9 月。

展会内容：纺织纱线。

法国国际纱线展览会（Expofil）于 1979 年创办，每年两次。该展会遵循精品和质量导向的策略。展会主要展示鲜为人知的尖端技术和系列的、新概念的纱线产品。法国国际纱线展业已成为引领纱线、纤维类产品潮流的重要展会。

为了获得更大的发展，更加符合市场的需要，该展组委会从 2004 年开始正式加盟"第一视觉"面料博览会（PV），成为与"Premiere Vision"同时展出的纱线展，包括纱线展区、面料展区、时尚辅料展区、图案创新和花样设计展区。

法国纱线展览会（Expofil）的展出面积约 15 000 平方米，展出的纱线提前预测未来的纱线流行趋势，汇集了棉型纱线、毛型纱线、纺真丝纱线，以及化纤与天然纤维的混纺纱等纱线，同时对纱线和纺织纤维进行市场服务方面的深入研究。在同一个展馆中，人们不仅可以了解纤维的发展趋势和时尚色彩，而且可以领略到纱线的下游产品——面料的风采。该展组委会还特设了特色纱线纺制的面料及流行色发布台，把参展商的展品按色彩、加工方式、织物风格等分成不同主题区，分别进行展示。法国国际纱线展的中心展区的主要展示内容如下：

——流行色概念色展区：展出国际流行色协会专家预测的纱线流行色系。在纱线展上，企业已经将流行色信息与品牌产品相结合，所以展品是基本成型的产品。

——流行材质概念展区：对未来的流行纱线材质的预测案。

——流行产品概念展区：结合流行色和流行材质预测而产生的概念纱线和织物展区，对未来纱线织物的流行趋势进行预测，同时为纱线和织物的生产商和买手提供未来趋势的参考。

——上一年典型流行趋势面料的回顾展区：主要展出当前在批发市场上达到销售高峰的面料。 通过对以往展会进行回顾，对未来发展趋势进行预测。

——服装及工艺流行趋势示范展区：将未来流行季的重点工艺应用在成衣设计上，给买家和制造商以工艺应用上的启发和参考。（图 3-6～3-10）

图 3-6　法国纱线展览会（Expofil）2011 春季展会现场

图 3-7　法国纱线展览会（Expofil）2012 秋冬纱线流行趋势发布。 2012 秋冬趋势围绕"伸展"这一主题，使用中空、松厚、粗纺或者弹力纱线，提高面料的量感和纹理，使它们能自由地展开、褶缩或者折叠

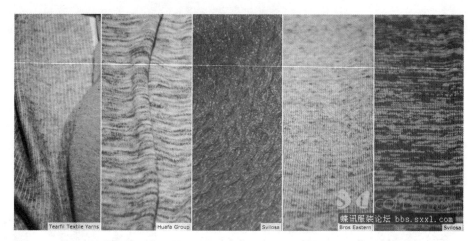

图 3-8　2012 秋冬纱线流行趋势：冬日温暖。　本届展会上富有特色的强韧冬季纱线带有柔软手感和舒适外观

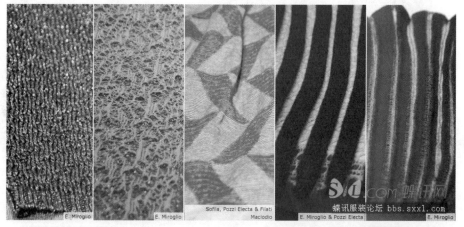

图 3-9　纱线趋势：混色纱线。　展会上大量涌现混色纱线、段染纱和粗花呢纱线

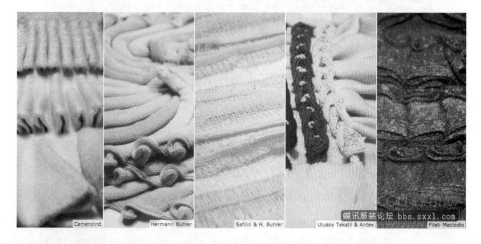

图 3-10　纱线趋势：纱线、针织柔软皱褶表面。　对称和不对称的集圈组织与其他精细线迹表现丰富的量感

② **意大利国际纱线展**

展会地点：意大利佛罗伦萨。

展会时间：每年 1 月和 7 月。

展会内容：纱线和面料。

意大利国际纱线展始于 1975 年。 这个展会主要面向前沿的高端市场，拥有较高的专业水准，以其充满设计内涵的商业展品而闻名，得到了大量时尚从业人士的追捧。 该展会每年为全球带来纱线和针织服装设计的全新思路和流行趋势，是高端时尚市场从业者不可缺席的展会。 （图 3-11）

图 3-11
第 69 届意大利纱线展

第 69 届意大利纱线展流行趋势 Ricignolo at Pitti Filati Autumn/Winter 2012/2013

流行要点：

纯天然材质和动物毛混纺；

竹节纱、棉结和球形纱粗花呢；

夸张、粗厚的割绒皮草效果；

割绒或起绒的毛圈花式线；

透气性好的钦纳特斜纹花呢和宽松扭曲的粗纱；

超级轻盈的松软多股纱；

金属箔片、金属丝镶嵌或金属亮片装饰的天然材质；

表面有光泽的超级柔软、精致的细针织；

超薄纱上的闪闪发光和透明特性；

段染纱形成的薄雾状或斑纹状效果；

通过编席和毛毡等方式产生的不可思议的表面效果。

简介：

自然形态风格成为2012—2013秋冬季纱线和面料材质的最主要的风格，并且以经典的纤维和纱线类型为主，让人更加确信这一趋势的到来。

自然风格的轻盈和柔软质地非常关键，主要通过镂空结构和干纺技术来实现。精致、细腻的美利奴羊毛和羊绒、羊驼毛、马海毛和安哥拉羊毛等材质是最主要的纤维成分，并通常以与丙烯酸树脂混纺的形式出现，以平衡整体的设计感和价格。

混色的岩石层般效果的粗花呢纱线中运用了印花处理，而其他的混色纱中包含棉结、绒毛、球形物等，有时还故意使其倒梳或形成毛毯表面效果，以形成一种复杂、半新颖的效果。

金属质感一直是一种时尚元素，再加上粗纱或表面有光泽的金属色钦纳特粗花呢，给羊毛或起绒毛纱带来一种半隐藏式的效果。

面料手感非常重要，毛圈式长毛绒能够增加浓密深度的感觉，而粗浓的倒梳或半毛毡式割绒纱则有着更为狂野和粗糙的感觉。

③ 上海国际流行纱线展

展会地点：中国上海。

展会时间：每年3月和9月。

展会内容：纱线和面料。

上海国际流行纱线展始于2003年，定位为专业展会。该展会以技术创新和领导纱线市场特别是中国市场的潮流为宗旨，力求向中国纱线市场传递最新的潮流趋势和织造技术，为中国业内人士提供富有创意的、极具品位的产品，为纤维、纱线和针织面料商提供最具国际性的展示平台。（图3-12）

（2）主要面料展会

① 第一视觉面料展

展会地点：法国巴黎。

展会时间：每年2月和9月。

图 3-12
2010 年秋冬上海国际流
行纱线展趋势发布

展览内容：毛和其他纤维制面料、亚麻面料、丝绸类面料、牛仔/灯芯绒面料、运动装/休闲装面料、色织/衬衫面料、蕾丝/刺绣/缎带、印花面料、针织面料。

第一视觉面料展（Premiere Vision），简称 PV。该展会于 1973 年由 15 家纺织商联盟在法国里昂创立，每年分为春夏及秋冬两届，2 月为春夏面料展，9 月为秋冬面料展。2002 年以前，该展会的参展商仅限于法国纺织协会会员和欧盟成员国的纺织厂商。直到最近，该展会才向其他国家开启了入场大门，但要求仍极为严格，除企业经济、信誉情况外，还需要审核申请参展的企业连续几季的产品实物和研发状况。尽管如此，各纺织企业依然把成为 PV 的参展商视作进入高档面料市场的标志和荣誉。

与其他面料展有所不同的是，PV 博览会不仅仅搭建了一个成功的贸易平台，它还是最早对纺织面料产业进行产品引导的博览会。该展会每届都会向全世界揭示最新的面料及纤维行情以至下一季的时尚态度，成为最权威的潮流指标。PV 博览中心发布台每季展出近 5 000 块面料小样，并有丰富的近乎奢侈的趋势陈列物。推崇、鼓励、保护企业设计和创新能力，是 PV 博览会品味高尚、地位稳固的守护神。"第一视觉"现已形成展览沙龙的形式，由 PV 面料展、世界时尚辅料展览会、世界纺织图案创新和花样设计展览会，以及 2006 年并入其中的国际纱线展览会共同组成，其总面积为 100 000 平方米，参展商近千家，每年吸引专业观众 50 000 余人。

为了满足多年来全球服装面料企业期望参加该展会的热切愿望，自 2008 年春季展会起，该展会加入了"Texworld Clothing"展区。 这是该展会于 2007 年初移师法国巴黎 Paris Le Bourget 新展馆后的又一重大举措。 主办方旨在将 Texworld 这一品牌延伸到整个纺织行业链，进一步打造欧洲时尚面料和成衣领域领先的一站式采购平台形象。

第一视觉之所以被称为具有独创性和权威性，与它极具特点的组织运作方式不可分割。

首先，前期工作充分准备。 每一次展会都是主办者经过 6 个月辛勤劳动的结果。 整个展会筹备时间之长，实为少见。 在每次展会召开之前，都要举行"纤维研讨会"，汇集各大化学纤维制造商代表及欧洲主要国家的各个化学纤维行业协会，会议的主题是本季流行色与纺织面料的发展趋势。 在正式展会前 4 个月，针对性地召开第一视觉面料展的"促进研讨会"，为大展做预热宣传。

其次，严格挑选参展商。 第一视觉面料展对参展商的挑选非常苛刻。 它对参展商最首要的要求是参展商的产品必须具有较高的创意水准，同时拥有不断推出新产品的能力。 为了跻身第一视觉展，每年有近 300 家欧洲公司在轮候者名单上。

使 PV 成为一个成功展会的第三个因素是积极搜集流行情报。 PV 持续往世界各地派驻观察员，全力观察世界各地的流行趋势。 搜集来的信息，通过业内专家的分析、研究，然后制作出面料和材质的流行趋势。 这一趋势旨在为买家和参展商提供最专业的流行趋势。

最后，展会拥有特殊的"买家日"。 布展的第一天是"买家日"，只开放给预先注册的买家。 要成为 PV 的专业买家，并不容易。 只有那些和参展商进行交易，订单金额达到 15 万法郎或以上的公司或个人，才能称为 PV 的买家。

目前，法国巴黎第一视觉面料展是全球唯一一个在纽约、莫斯科、上海、东京等时尚地标城市有分展会的展会。 同期举办的纱线展、面料展、皮革展、面

料设计展、辅料展已经形成"第一视觉沙龙"，成为巴黎的一项时尚盛事。（图3-13 和 3-14）

图 3-13
法国第一视觉面料展官网

图 3-14
**法国第一视觉面料展男
装畅销面料**

② 纽约国际时装面料展

展会地点：美国纽约。

展会时间：每年 4 月和 10 月。

展会内容：各类服装面料和辅料。

美国国际纽约时装面料展是目前北美地区最大的纺织品采购展之一。 为适应后金融危机时代美国纺织品服装市场的变化和需求，法兰克福展览（美国）公司与中国国际贸易促进委员会纺织行业分会全面合作，于 2010 年 7 月联手将美国的三个展会合并，包括 APP（纽约国际服装采购展）、HTFSE（纽约国际家纺面料展）和 Texworld（美国服装面料展），同期同地举行，在纽约打造三个分别面向服装、面料和家用纺织品的国际专业贸易展览平台，通过三展联办的方式，突出产业链的衔接。 展会邀请来自各个国家和地区的百货商店、批发商、大型连锁商店和海外采购专业人员，为来自世界各地的纺织供应商及专业买家提供最佳的交流平台，为参展商和贸易观众提供更多增值服务。 在该展会现场，可以看到各类高质量且价格合理的最新流行纺织面料产品。

继 2011 年 7 月 APP（纽约国际服装采购展）、HTFSE（纽约国际家纺面料展）和 Texworld（美国服装面料展）三个展会再次成功联合举办后，同时为了满足市场需求的变化，法兰克福展览（美国）公司决定 2012 年 1 月的 Texworld（美国服装面料展）联手 APP（纽约国际服装采购展）同期同馆展出，这势必会在更多的纺织供应商和专业买家之间创造出一个更佳的交易平台。

③ 米兰国际面料展

展会地点：意大利米兰。

展会时间：每年 2 月和 9 月。

主办单位：意大利 T. D. F. S. r. l. 展览公司。

展品范围：服装、纺织、服装面料、服饰、辅料、刺绣和编制品等。

意大利米兰国际面料展览会（Intertex Milano）是由意大利 T. D. F. S. r. l. 展览公司主办的专业纺织面料展览会，是意大利唯一一个允许亚洲国家参展的专业纺织面料展览会，其特色在于向欧洲客商展示来自非欧洲国家的面料及纺织产品。该展会每年吸引数百家参展商到场参观、洽谈业务。 该展会不仅为参展商和参观者提供了良好的贸易平台，同时在了解市场最新信息和与客户保持贸易联系等方面获得了令人满意的效果。 意大利是纺织品面料生产大国和消费大国，其主要城市米兰更是在服装面料的生产和设计方面被公认为引领着世界流行的最新趋势。 该展会属专业性贸易展，对专业商人开放，包括纺织品行业的批发商、进口商、代理商和制造商等。

④ 意大利米兰纺织展

展出地点：意大利米兰。

展出时间：每年 2 月和 9 月。

展品范围：意大利和欧洲最优质的面料、辅料和配饰等产品。

意大利米兰纺织展（Milano Unica）是欧洲最具影响力的面料展会之一，代表着意大利乃至欧洲纺织品制造业的水平。该展会是欧洲高端纺织产品发布的首选平台，已成为全球时尚界不可或缺的行业盛会，致力于为专业参观者打造一个质量、创意、设计、创新的平台，将欧洲最好的质量、技术、创意、面料设计产品和最新的流行趋势展示给全世界的专业观众。

在米兰纺织展上，有 Essimax Lanificio，Angelo Vasino，Estamparia Textil Adalberto Pinto Da Silva，Federico Albarello，Freudenberg，Compagnie Francaise Du Bouton，Textil Santanderina 等多家著名面料企业的精彩亮相。为迎合专业采购商的需求，该展会将在原来的男装面料、女装面料、衬衫面料和新型面料四大产品展示区的基础上，增加意大利制造产品的创新研发展示区和技术改造研发产品展示区，以更好地为采购商服务。该展会上，除了新品展示、展贸交流之外，还现场发布未来的面料流行趋势，为业内人士提供权威的时尚资讯。（图 3-15，P234 彩图附页）

107

主题：朦胧

主题：简洁

主题：粗犷

主题：珍贵

图 3-15
意大利米兰纺织展（Milano Unica）趋势发布 2012/2013 秋冬四个流行主题：朦胧、简洁、粗犷和珍贵

⑤ **中国国际纺织面料及辅料博览会**

展出地点:中国北京(3 月)、深圳(7 月)、上海(10 月)。

展出时间:每年 3 月、7 月和 10 月。

展品范围:服装面料与辅料、室内装饰面料、家居用纺织品等。

"中国国际纺织面料及辅料博览会"(Intertextile)创办于 1995 年,博览会的概念和市场定位基于两个方面:一是中国服装业发展对新型、高档面料的大量需求,以及对服装面辅料行业水平进一步提高与升级的要求;二是中国家用纺织品尤其是装饰用纺织品市场的蓬勃兴起及其行业的广阔发展前景。

为了促进中国纺织业的发展及纺织品市场的繁荣,增强纺织业国际贸易及经济技术的交流与合作,中国国际贸促会纺织行业分会与德国法兰克福展览公司决定在中国合作举办纺织面料与家用纺织品的国际贸易博览会,展品类别主要分为三大类:一是服装面料与辅料;二是各类室内装饰面料;三是家居用纺织品。

"中国国际纺织面料及辅料博览会"自创办以来,一直秉持专业性及贸易性的原则,以及为展商服务、为行业服务、为市场服务的宗旨,把博览会的重点放在专业观众的组织、国际最新流行信息的传递,以及促成实质的贸易与合作等方面,博览会发展迅速,效果显著。 同时,博览会得到了参展商、参观者和行业人士的一致好评,他们认为,"中国国际纺织面料及辅料博览会"正是他们所需要的国际专业贸易展,这不仅在于博览会高水准的组织和服务,更重要的是其鲜明的专业性和增进贸易与合作的努力,使他们收获丰富。

为了规范中国纺织专业展览会的合理布局,充分发挥中国纺织工业联合会各下属单位的优势,经协商调整,从 2001 年起,原为每年秋季在上海举办的"中国国际纺织面料及辅料博览会"和每年春季在北京举办的"中国国际纺织品博览会"合并为"中国国际纺织面料及辅料博览会"(其英文名称是"Intertextile"),时间定为 3 月份在北京(集中展示面料),7 月份在深圳,10 月份在上海。 合并后的博览会由中国国际贸易促进委员会纺织行业分会、法兰克福展览(香港)有限公司、中国纺织信息中心、中国家用纺织品行业协会联合承办,各承办单位互补优势,完善运作机制,以其专业化背景和丰富的办展经验,保证了展览会的影响力、高水准与国际性。

"中国国际纺织面料及辅料博览会"创办以来,展出面积由 1995 年第一届的 4 000 平方米扩大到 2006 年第十一届的 80 500 平方米,参展商也由第一届的 12

个国家和地区的 100 余家，增加到 2006 年的 23 个国家和地区的 2 023 家。 这些增长的数字表明着一种发展，更意味着中外参展商及相关行业对这一博览会的肯定和认同。 中国国际纺织面料及辅料（秋冬）博览会目前已成为当今中国规模最大、影响力最广的纺织面料国际贸易展。

3.2.2 第二级市场信息来源

二级市场的信息来源于服装市场中的服装、服饰制造商、设计师等。 各大时装周、服装成衣博览会是引导时尚的风向标，其中有影响力的包括巴黎高级定制女装展、四大高级成衣周、东京时装周、西班牙时装周、佛罗伦萨男装展、杜塞尔多夫服装展等。

（1）巴黎高级定制女装展

高级定制服最早可追溯至法国路易十四时期，当时的财政大臣柯尔伯特使法国成为丝绸和其他奢侈品的主要制造国。 到 1774 年，被后人称作"法国艳后"的玛丽皇后发现了女设计师罗斯·波提（Rose Bertin），并让她成为了自己的"时装大臣"。 然而，真正的"高级定制服之父"是英国人查尔斯·弗里德里克·沃斯。 沃斯于 1858 年在巴黎开了第一家时装屋，首次把设计和季节服装的理念引入时尚界，同时开辟了模特展示服装的先河。 历史上著名的高级定制品牌有保罗·波烈（Paul poiret）、香奈儿、玛德琳·维奥内（Madeleine Vionnet）、迪奥、皮尔·巴尔曼（Pierre Balmain）和纪梵希等。 进入 21 世纪，时尚界的一大趋势恐怕是退出潮流。 自纪梵希于 1995 年退休后，伊夫·圣·洛朗于 2002 年退休，伊曼纽尔·温加罗于 2004 年退休，华伦天奴的第三代继承人卓凡尼·华伦天奴（Giovanni Valentino）2008 年退休，拉克鲁瓦也在 2009 年 5 月提出破产保护后举办了最后一场高级定制服静态展。 虽然，高级定制并没有顺应时尚发展的休闲、自我和民主趋势，但是，高级定制在历史和消费者心目中的定位，永远是皇冠上那颗最亮的明珠。它帮助顾客实现了自己美丽的幻想，是消费者心中永恒的梦境。

高级定制服装品牌和发布有着自己极为严格的规定和流程。 高级定制秀每年两季在时尚之都巴黎举行，同时对入选品有着十分苛刻的条件，候选品牌必须同时满足四个条件：在巴黎设有工作室，能参加高级定制服女装协会举办的每年 1 月和 7 月的两次女装展示；每次展示至少有 25 件以上的设计由首席设计师完成；常年雇用 3 个以上的专职模特；每个款式的服装件数极少且基本由手工完成。

图 3-16
**2010 巴黎高级定制
女装展上 Valentino
发布的新装**

110

除满足这些条件外,还要通过法国工业部审批核准,才能命名为"高级定制服装"。 目前,这样的高级定制服设计师,已经从二战前最多时的 200 人骤降至包括 Alexia Mabille, Anne Valerie Hash, Armani Prive, Chanel, Givenchy, Valentino 等在内的 11 位。

虽然,现今的法国高级时装定制服行业江河日下,但是它对于流行界近乎于宗教的精神象征和它所传承的服饰文化的历史和精髓,是其他渠道的信息所不能比拟的。 这也正是巴黎高级定制时装周存在的真正价值,而这也是它一路走来涅磐重生的力量所在。 (图 3-16,3-17)

图 3-17
**2010 巴黎高级定制女
装展上的 Givenchy 高
级定制**

（2）世界著名成衣时装周

世界著名成衣时装周包括两种类型:高级成衣展和普通成衣展。 著名的高级成衣展有巴黎时装周、米兰时装周、伦敦时装周和纽约时装周。 每个时装周都有自己的特色。米兰是世界时装业的中心之一,其时装享誉全球。意大利是老牌的纺织品服装生产大国和强国,意大利纺织服装业产品以其完美的设计、精巧的设计和高超的后整理技术享誉世界。米兰时装周以其在实用范围内拿捏精准的意式奢华,受到广泛关注。法国巴黎被誉为"服装中心的中心",国际上公认的顶尖级服装品牌设计和推销总部的大部分设在巴黎,从这里发出的信息是国际流行趋势的风向标,不但引导法国纺织服装产业的走向,而且引领国际时装风潮。同时,巴黎时装周所体现的创意自由精神也时刻影响着整个时装界。每年在纽约举办的国际时装周,在时装界拥有至高无上的地位,名设计师、名牌、名模、名星和美轮美奂的霓衫羽衣共同交织出一场奢华的时尚盛会。全球四大时装展之一的伦敦时装展,在名气上可能不及巴黎和纽约的时装展,但它以另类的服装设计概念和奇异的展出形式而闻名,一些"奇装异服"以别出心裁的方式呈献出来,给出席者带来惊喜。其他著名的时装周还有柏林时装周、西班牙时装周、日本时装周和香港时装周等。国内则有中国国际时装周。

111

　　四大国际时装周分别在美国纽约、英国伦敦、意大利米兰和法国巴黎于每年的春夏(9—10 月上旬)和秋冬(2—3 月)举行,每年的时装周是所有时装粉丝们大饱眼福的机会。每一个时装周都有自己偏重的时装风格:纽约时装周——休闲实用;伦敦时装周——先锋前卫;米兰时装周——时髦奢华;巴黎时装周——自由精神。最开始,时装周只对客户与厂商开放,但现在已成为一场迷人的时装表演与媒体的盛会,很多名人也被吸引到 T 台前。纽约时装周是最为古老的,它由时尚评论家 Elenor Lamber 发起,于 1943 年第一次成功举办。Elenor Lamber 举行这样一个时装周的初衷是希望给纽约的设计师们一个展示自己成绩的舞台,并且将当时普遍专注于巴黎的时尚焦点转移过来。四大时装周中,最年轻的则为伦敦时装周。

　　四大时装周的时装发布秀均提前发布下一季的时装,这样,他们的客户就可以提前预订,并且在这些服装开始公开销售之前就可以拥有它们。这样的运作模式也给时尚杂志留下时间,以便时尚编辑有时间准备面对大众鼓吹的流行素材。每个时装周要举行不少于 100 项活动,包括时装秀、慈善活动、庆祝宴,以及配件陈列。大牌设计师的作品会在时装周的主要活动日展示,而大量的小牌则会在这段时间的前后举行品牌时装发布会。"时装周"不仅为当季全世界的服饰流行趋势的风向标,同时指导着配件部分包括鞋子、包包、配饰、帽子、妆容的世界流行趋势。(图 3-18～3-20)

图 3-18　2012 春夏巴黎高级成衣发布会上的 Lavin 作品

图 3-19　2012 春夏米兰高级成衣发布会上的 Gabriele Colangelo 作品

图 3-20
2012 春夏伦敦高级成衣发布会：伦敦时装周永远充斥着前卫、怪异，甚至有点雷人的元素，从模特们的造型到服装和妆容，设计师总在追求、探索、实验那些能刺激人类灵魂的造型

（3）成衣博览会

① 意大利佛罗伦萨男装展

展会地点：意大利佛罗伦萨。

展会时间：每年 1 月和 6 月。

展品范围：男式传统西服、休闲装、牛仔装、运动装、时尚男装和相关配件。

佛罗伦萨男装展（Pitti Immagine Uomo）创立于 1953 年，分别在每年的 1 月和 6 月举办，到目前为止，已举办 80 届。 它是世界上最专业、最具权威的男装展，不仅因为意大利代表着世界男装的最高制作水平，而且男装的大部分国际品牌出自意大利，这些顶尖品牌无不重视这次展会。"要想进入世界一线男装行业，就必须参加 Pitti，否则，这个行业的大门会永远对你关闭。"因此，佛罗伦萨男装展引领着国际男装的流行时尚，它的主旨是"紧随流行趋势，不断求变求新，展示精美的设计与高品质的产品"。 每届展会都成为预测下一年国际男装市场流行趋势的风向标，吸引着各国买手和企业竞相参加。

意大利佛罗伦萨男装展的目标是紧随流行趋势，不断求新求变，用精美的设计与品质博得人们的喜爱。 历届展会的展品可大致分为传统正装、休闲装、运动装、生活休闲、都市风格的潮流服装，以及各类服饰配件等几类。 这里聚集了一批具有创新思想的年轻设计师，所展出的服装、面料及服饰配件都具有很强的创造性。

佛罗伦萨男装展是世界上唯一仅存的最专业、最具影响的世界级男装展。意大利本身就是设计师的发源地，很多设计师都说意大利是设计师的营养地，离开营养地就没有了设计灵感。 佛罗伦萨男装展代表了市场上男装市场的导向、色彩发布和流行趋势，对于目前中国男装界的发展非常有帮助。

该展会以其凝重深厚的文化艺术底蕴，为世界级的专业男装展会树立了典范。 会场的分区很专业，包括传统西服、休闲装、牛仔装、运动装、新设计师品牌、服饰、皮革制品和手工定制品牌，各为其阵，除了标识清楚的标位和指示牌，参会者几乎可以根据周围人群的装扮来判断所在区域。

② 德国杜塞尔多夫国际服装及面料展览会

展会地点：德国杜塞尔多夫。

展会周期：每年 2 月和 8 月。

113

展品范围:女装、男装、套装、内衣、针织服装、牛仔服装、皮革服装、青年时装、休闲装、泳装、沙滩装、婚纱、晚装、童装、浴衣、睡衣、袜子、围巾、面料、服装配件等。

德国杜塞尔多夫国际服装博览会(CPD Woamn. Man)始办于 1949 年,每年 2 月和 7 月在德国杜塞尔多夫展览中心举办,其组织者为拥有 50 年展览经验的德国依格多国际时装展览公司(Igedo Company)。 该展览会公布世界服装业的最新流行趋势,是世界服装及时装的订货性博览会,仅向专业观众开放。 博览会期间,还举办时装表演和国际授奖等活动。 该展会原为专业女装展,应各大国际知名品牌及广大参展商、参观商的要求,从 2002 年 8 月开始增加男装系列,使展会内容更加丰富,成为欧洲最大、覆盖面最广的综合性服装博览会。 冬季展会为当年秋冬季节的服装信息发布与订货,夏季展会为来年春夏季节的服装信息发布与订货。

该博览会于 2003 年 2 月提出环球时尚及国际产品和加工的概念,新增了环球时尚馆(Global Fashion),环球时尚馆的总面积约 14 000 平方米,有 17 个国家和地区的 500 余家企业参展,展出面积比上一届增长了 25%。 比较大的展团来自中国内地、中国香港、中国台湾、印度、巴基斯坦和东欧等国家和地区。 大部分观众来自德国本土以外,参观观众总体上质量较高,环球时尚馆的大多为专业观众,并且有近三分之二的参观者是行业内的决策性人物。

3.2.3　第三级市场信息来源

零售业直接面对流行风尚的主宰——消费者,所以三级市场是获取第一手市场资讯的最重要渠道。 三级市场的信息来源渠道众多,如时尚流行总监、市场销售记录和数据、竞争对手的动态、消费者信息、时尚传媒、出版物和影视媒介等。

（1）流行总监

在流行界,各大时尚媒体的总监(主编)拥有非常强大的话语权,比如《Vogue》美国版、法国版的主编、时尚总监等,以及《Elle》法国版、美国版的主编、时尚总监等。 这些时尚总监一手培养了一批时尚精英,在流行市场上叱咤风云的当红设计师、摄影师、时尚达人等,多数是由这些权力人士一手提携的。正如通过电影《穿 Prada 的女魔头》中的杂志总监之口所表达的:"如果他们(杂志的老板）解雇我，他们失去的不仅仅是一个人，而且还将失去整个清单上的名字……包括许多有名的设计师、摄影师、时尚编辑等。"《Vogue》美国版主编Anna Wintour 上任之后，逐渐形成了一套钢铁般的作风，并将这种强硬的风格带入了时尚界。（图3-21～3-23）

图 3-21
《Vogue》**美国版主编**
Anna Wintour

图 3-22
《Vogue》**法国版主编**
Carine Roitfield

图 3-23
《Vogue》意大利版主编
Franca Sozzani

（2）销售记录

零售卖场是了解顾客消费习惯和偏好的前沿阵地。 通过对销售报表进行科学的分析，能更客观地反映出市场的销售热点。 销售量的上升或者滑落，能够体现产品销售的整体趋势。 需要注意的是，我们有时能够通过销售的数据和曲线，发现在感性观察中不能发觉的问题。（图 3-24）

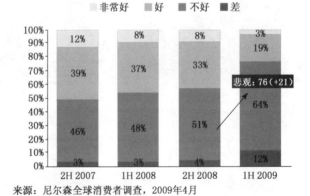

图 3-24
AC 尼尔森的调研数据分析，宏观地展现了未来的消费趋势

① 竞争对手

市场上的竞争对手也是时尚信息的一个重要来源。 所谓"知己知彼，百战不殆"，从竞争对手身上，我们可以了解细分市场上最新的流行动态：最近流行什么色彩？ 流行什么款型？ 流行何种洗水效果？ 顾客的口味发生了什么变化？ 从竞争对手那里，我们感受到的不仅仅是销售压力，更能从他们身上汲取许多市场经验，帮助我们更好地把握市场趋势。

从竞争对手身上搜集流行信息的主要方式如下：

A. 制造商或零售商亲身到市场，采集竞争对手可利用的资料；

B. 委托专业的流行信息机构，采集竞争对手的相应信息；

C. 委托专业咨询调研公司，进行信息的定制和购买。

（3）消费者的信息收集

消费者的愿望决定着流行的方向，而消费者的决策受众多因素的影响，如顾客的个体性格、价值观、生活态度、生活环境、社会背景、文化和亚文化等。上述因素都会对消费者的口味产生潜移默化的影响。

① 街头扫描

对时尚行业来说，消费者是非常好的灵感来源。著名设计师 Armani 曾说过，他非常喜欢从周围路人的穿着方式中获取灵感：很多路人的装扮都非常优雅迷人，而且充满了生活情趣。通过洞察行人的装扮，成为大师捕捉流行信息和灵感的重要来源。作为流行业的从业者，设计师、时尚总监和编辑或零售商，的确可以从消费者的穿着上获得很多启迪。街拍、街头观察、调研访谈或调研问卷等，是获取有价值流行信息的重要渠道。

在信息爆炸的时代，顾客可以越来越轻易地获得流行资讯和穿着方面的信息。网络的连通，让时间和空间的阻隔变得微不足道：今天早晨在米兰高级时装秀上发布的最新造型，下午可能就会在上海被一个时尚女孩拷贝上身。在数字时代，顾客的表达欲和参与精神空前高涨。他们已不满足于被动地接受信息，他们也有表达自己对时尚的态度和看法的渴望。许多顾客对时尚有着自己独特的看法，他们通过个性装扮来体现自己的独特品位和个人特质。（图 3-25，图 3-26）

图 3-25
2011 年 9 月纽约时装周，从个性行头到标准时尚达人范儿，应有尽有

117

图 3-26
"秋天,也需要抓住炎热的尾巴,华丽地展现性感。"这就是2011 年 9 月斯德哥尔摩街拍带给我们的启示。 这个秋天,透视成为性感的主流展现形式,黑色成为上述形式的重要依托

② 价值观与生活态度的观察

价值观是认为某种情况比其对立面更好的信念。 探查个人一系列的价值观,是探究流行的一个重要角度。 一种流行的产生,究其根源,正是与消费者的某些价值观目标达成有关。 可以这么说,不同的价值观、生活观念产生不同的流行时尚。 比如,20 世纪 60 年代,西方处于异常杂乱而动荡的环境,人们的思维高度活跃,各种思潮交互翻涌,导致这一时期出现了跨时代的款型:迷你裙和比基尼。 而随着 70 年代人们对人性的困惑和自身的反省,导致时尚不再像从前那样整齐划一,多元化的款式风格同时存在。

60 年代,是西方世界一个动乱、反叛的时代。 随着战后经济的恢复,科技和物质生产的迅速发展,各种社会思潮、艺术流派的兴起,观念上的冲突给时装界的影响是最重要的。 尤其是 60 年代的青年,他们大部分是二次大战面临结束时和战后出生的。 战争结束,和平重新回到人间,他们没有经受过经济萧条和残酷战争,受到良好的文化教育,爱思考、爱消费,是被放纵娇惯的精力旺盛的一代。 他们不满意父母的习惯,藐视一切传统观念,反抗现成的所有,服装则是他们最充分地表现"造反"倾向的形式。 他们的服装的整体目的是自我表现。从以运动衫裤为特征的存在主义者,到 50 年代"垮了的一代"、60 年代的"嬉皮士",都以与众不同的奇异装束来表示对传统美的嘲弄与藐视,投入摇摆乐的疯狂,追求披头士的刺激,否定典雅、高贵、贤淑,主张强调个性、强调自我,甚至嘲笑自我。 这的确是一个五花八门的时代,是传统观念发生动摇的年代:长发不再是女性的专利,巴伐利亚的斯特劳斯工装裤挤入时装行列,迷你裙大受欢迎。 年轻人的最好表现莫过于肉体的展露,甚至在性解放运动中带来的比基尼泳衣、无性别服装和无上装服装,都是这个疯狂年代的疯狂产物。 对传统观念

的否定，是每一次服装革命的宗旨，但从 60 年代开始的冲击，远比以往的革命更为猛烈和彻底。 如果说以往只是从一种造型、一种审美向另一种造型、另一种审美变革，60 年代以来的冲击则从根本上铲除了传统审美，将"丑"带入了审美领域。

看似平静的 70 年代，虽然没有 60 年代暴风骤雨般的激变，但依然充满反叛与探索、破坏与重构。 喇叭裤、热裤、朋克、厚底鞋、怀旧风……各种各样古灵精怪的东西都一一被尝试过。 人们终于慢慢地从时装狭隘的空间中解脱出来，将其融入更为广阔、多元化的国际化潮流之中，并且不断地在矛盾冲突中演绎着时尚的风采。

习惯于在时尚的指挥棒下穿衣戴帽的人们，在 70 年代突然陷入了深深的困惑之中。 大量的及膝裙、及地裙纷纷登场，与超级迷你裙并列，从而引发了长裙、短裙孰优孰劣的大讨论。 人们发现流行的概念此时已经发生微妙的变化，无论是设计师还是消费者，都不再像从前那样在裙子的长短和样式的基本形态中寻求一致了。 个性化和自我表现成为绝对优势的流行因素，刚刚盖过臀部的迷你裙、膝盖上沿的超短裙、长及小腿的中裙和长至曳地的及地裙，演绎了多变的腿上风韵，它们投合了消费者不同的需求，为每个人提供了更多的表现机会。 裙长的变化成为服装多样化的标志。

③ 消费层次（收入和社会阶层）

消费层次也是流行信息的一个重要来源。 消费者的收入和社会阶层决定了其消费层次。 每个社会都有典型的等级阶层结构，中国就是一个很好的例子——经济的快速繁荣造就了一个超过 1 亿人的中产阶层。 在中国，高端流行消费与个人的身份、社会地位之间有着紧密的联系。 在中国，很多的写字楼中的白领或有钱的家庭主妇，都把追求、购买世界名牌服装和手袋作为一种身份的象征。在她们的心目中，新潮的手袋代表着高贵身份、富有和成功。 很多女性都希望购买名牌手袋。 有时候，一些男士也会购买手袋，赠送给女朋友以示诚意。

④ 区域文化

从流行的角度看，处于同一区域文化内的消费者，具有相似的文化价值观和消费行为（表 3-1）。 根据区域文化的相似性，消费者行为学专将我国分为七大消费区域：东北、华北、西北、西南、华南、华东和华中。 经过比较研究，华东区拥有最多的前卫型消费者，而华南区拥有最多的保守型消费者。

119

表3-1　中国城市消费文化的面相录

城市	中国城市消费文化的面相录
北京	人人有一张自来水般的嘴，或能侃，或能喝。　一圈子一圈子的人聚在一起，聊着侃着喝着，渐渐就High了，接下来的事情就是勾兑感情和机会。　北京人买私家车最火爆，是最早自驾车去游玩的。　每天都会上演各种名目的聚会，只要愿意，总有展示礼服的机会。　大多数北京人的穿着是舒适而随意的，走在街头的几乎满是牛仔裤、T恤衫
上海	愈夜愈美丽。　饮食充满异国风情的浓浓刺激和多元享受。　一个刻意装扮而魅力无限的城市。　人们的气质在穿着上一览无遗，地铁里汹涌的人流中也很少会发现同样服饰的两个女人
成都	市民文化是愉悦的、享受的、散漫的。　迷恋于尘世生活的人，在成都能找到一应俱全的享受：美食、美女、低物价和同步时尚
深圳	吃的五花八门，玩的长袖善舞。　深圳人的衣饰绝不华丽，但讲求舒适。　很少人穿正装。但你不要小看那个角落里的男人，一件看似普通的T恤，实际上要几千元。女人的衣服，往往品牌和普通混穿，从几万到几十元都有

（4）媒体信息收集

媒体是流行资讯最主要的载体，在流行的传播过程中，担任着极其重要的角色。　流行时尚媒介包括时尚出版物、时尚信息网络和影视媒体等。

① 时尚出版物

图3-27
View-Textile View
Magazine：**世界服装纺织行业的顶尖杂志，每期的纺织评论杂志超过300页的信息量，介绍全球最新的流行趋势、纺织面料等，拥有强大的编辑团队，读者涵盖顶尖的设计师，是该行业必备的资讯圣经**

A. 专业流行资讯刊物。

这是介于期刊和图书之间的专业刊物。　专业流行资讯刊物往往因其超前的专业资讯内容，且面对极少数的专业读者，所以发行量有限，具有较高的价位。目前，市场上的流行资讯刊物众多，大致可以分为如下几类：

a. 专业流行趋势机构发布的一年数次的流行趋势报告，例如各国流行色、面料研发机构的出版物和权威流行预测机构的出版物。（图3-27）

b. 专业设计工作室根据流行预测绘制的设计师手稿。（图3-28，3-29）

图 3-28
《Viff Style》设计手稿:《Viff Style》是
一本专业的趋势指导期刊,与国外知
名趋势研究机构合作,每年分春夏和
秋冬两季出版。 该期刊在对每季趋
势进行概括阐述的基础上,推出当季
的核心概念,细致分析重要色彩和面
料,并按照主题对流行要素进行详尽
解析,从款式效果图、面料、色彩搭
配到服饰细节、重点配饰,全方位地
为男装、女装和内衣企业和设计师
提供高效而实用的设计指导

121

图 3-29
《Viff Style》设计手稿内页

c. 由咨询公司、个人或其他机构汇编的发布会图片集，如意大利出版的男装图片集《Book Moda Uomo》、德国的女装图片集《Fashion Trends-Forecast Book》等。这些展会图片集汇集了各大时装周上发布的著名品牌的精彩款型，提前6个月对下一季的流行趋势进行预测。（图3-30）

图3-30
意大利出版的男装图片集《Book Moda Uomo》

B. 时尚期刊

时尚期刊包括专业时尚期刊与各类大众时尚期刊。

a. 专业类时尚刊物

各种专业类期刊，如《Vogue》《Elle》《Women's Wear Daily》等。

◇《Vogue》，美国，1892年创刊。这本美国老牌时尚杂志号称"时尚之前，Vogue之中"。《Vogue》被称为"时尚圣经"，即使在国外，久负盛名的《Cosmopolitan》（中文杂志名为《时尚》）也没有达到能够与《Vogue》同台竞争的水平，而《Marie Claire》更是不在同一层面上，真正与《Vogue》形成竞争的只有《Harper's Bazaar》和《ELLE》。作为这本杂志的东家，美国康泰纳仕（Condé Nest）集团除了拥有《Vogue》这一旗舰产品外，还拥有《GQ》《名利场》《Traveler》《连线》

《纽约客》等顶级杂志。《Vogue》包括澳大利亚版（1959 年）、意大利版（1965 年）、巴西版（1975 年）、德国版（1979 年）、西班牙版（1988 年）、韩国版（1996 年）、俄罗斯版（1998 年）、日本版（1999 年）等。 到现今为止，该杂志已经在 15 个国家出版发行。《Vogue》在 2005 年 9 月推出了中国版。 （图 3-31）

图 3-31
第一个登上《Vogue》封面的
中国女孩杜鹃（图中左一）

◇《Elle》，法国，1945 年创刊。 在法文中，"Elle"为"女性"之意。《Elle》倡导女性化的柔美特征，其中文版是目前中国时尚杂志市场的领军期刊，在全世界各地拥有众多兄弟姐妹，是法国桦榭集团的顶梁柱，风格较《Vogue》更加平易近人。

◇《Harper's Bazaar》（哈泼时尚），美国，1867 年创刊。 风格内敛自省，历史年代悠久。

◇《Women's Wear Daily》（女装日报），纽约仙童出版社的一份周报，被奉为服装业的圣经，涵盖欧美女装、童装的最新动态。

国内的专业类时尚刊物有《时装》《服装设计师》《纺织服装周刊》《中国服饰报》《流行色》等。 这些刊物针对专业读者，对业界最新流行资讯的传播起到了非常大的作用。

b. 大众类时尚期刊

目前，各种大众类时尚期刊在市场上随处可见，比如《时尚》（Cosmopolitan）、《君子》（Esquire）、《玛丽嘉儿》（Marie Claire）、《瑞丽服饰与美容》《昕薇》和《上海服饰》等。这些杂志定位于不同的细分市场，在品牌定位、产品定位上各有特色，为流行趋势的普及化做出了巨大贡献。

◇《Esquire》，美国，1933 年创刊。这位"君子"一直对外宣称自己仅仅和成熟男性打交道，并且对比基尼封面女郎不感兴趣，72 年来始终强调成熟、优雅和高尚的风格，虽然在今天日新月异的时尚市场上略显老套，但其江湖地位确实令五颜六色的小杂志望尘莫及。

◇《Cosmopolitan》，美国，1886 年创刊，是一份老牌杂志。当年以大胆有趣、号召"大都会女郎"的风格出道，不过现今在同类杂志中，风格并不特别突出。美则美矣，淡然寡味。自 1996 年创办，集合销售、推广、展销、时尚秀的"Cosmopolitanshow"颇有看点，在时尚界已有"最佳市场及销售活动"的美誉。

◇《W》，美国，1972 年创刊，老牌高端时装杂志。曾经用 60 页的篇幅刊登布拉德·皮特（Brad Pitt）和安吉丽娜·茱丽（Angelina Jolie）的"亲密生活照"——这组照片展现了 20 世纪 60 年代美国家庭光鲜与阴暗的双面性。皮特与茱丽扮演一对夫妻，以表情和肢体语言讲述这个虚构家庭中的故事。而与此对应的专题文字解释只有 2 页——可见其捕捉时尚风潮脉络的敏锐。

◇《Nylon》，美国，很独特的女性时尚杂志，1998 年创刊。该杂志风格另类，剑走偏锋，几年来吸引了很多大牌化妆品公司的广告，据说原因在于这些广告商"希望采用一种新型的独特载体来影响消费者"。

◇《GQ》，美国，1952 年创刊。《GQ》的内容包括时尚、美食、旅游、健身和两性关系，注重休闲娱乐和产品资讯，由于注重男人的生活质量问题，因此很多视角集中在对本土和国际时尚的关注上。其中性的内容也是生活质量的一个方面，但《GQ》的诉求更多的在于 Fashion，因此在《GQ》中，其他内容的比例受到严格控制。

◇《FHM》，英国，1985 年创刊。《FHM》的全称是"For Him Magazine"，每年一届的全球 100 大性感美女评选和全球性现状调查报告是《FHM》的保留栏目。

EMAP 集团旗下的《男人帮》率先将美女与酒吧的幽默主题呈现给中国的年轻男性读者，近年来以其迅速直接的风格吸引了大批男性读者，类似电视传播方式的全新杂志编辑思路和畅快淋漓的文风也是很大的亮点。

◇《Brutus》，日本，1980 年创刊。 在《Brutus》的创刊号中，很快地撇清了自己为中年杂志的定位，强调自身是无时代的男性杂志，提倡"身为男人"所应该追求的生活方式，并声明：《Brutus》是为所有的男性而编的一本杂志。 其成功经验是在一个大的主题下进行运作，每一期都有一个非常吸引人的主题，因此慢慢地上升为一个品牌，品牌的确立为其广告经营获得成功奠定了坚实的基础。

◇《瑞丽服饰美容》。 目前出版了与服饰有关的两本杂志是《瑞丽服饰美容》和《瑞丽时尚先锋》。 由于瑞丽杂志擅长衣服搭配，而且以打造甜美形象为主，深受女生们喜爱。 模仿瑞丽方式穿着的风格被称为"瑞丽风格"。 在中国大众时尚杂志中，长年位居阅读率的引领地位。 读者定位于中国城市社会阶层的年轻女性。

◇《时装》。《时装》是中国第一本时尚类刊物，创刊于 1980 年。 它见证了中国时装、时尚产业从起步、发展到繁荣的全部历史。 2003 年，《时装》与法国顶尖时尚杂志《L'Officiel》联手，打造出新的《时装 L'Officiel》。 这本中国目前唯一定位于高级时装及消费品类的时尚杂志，为时尚精英们呈献出一流的时装资讯盛宴。

C. 其他流行期刊

《i-D》，英国，1980 年创刊。 大写的字母"D"强调这本杂志对设计的关注，而小写字母"i"则暗示该杂志"我行我素"的风格。 创办人特里·琼斯希望这份杂志能够在主流之外为时尚界和关注时尚的人带来更开阔的视野和更多的声音："时尚不仅仅是衣着，它还是我们身边的文化，是音乐、电影、文学、艺术和食品等影响我们日常生活决定的这些东西。"源自生活的灵感，对现实的敏锐洞察，创新的思想，迥于传统的表现手段，出色的摄影和富于个性的版面设计，都是《i-D》成功的因素。

② 时尚信息网络

21 世纪是一个网络信息时代，网络媒体已成为真正意义上的全球化媒体。 通过网络，人们可以更快、更便捷地获取大量的流行资讯；通过网络，可

125

以将时间和空间的阻隔忽略不计。网络真正地将世界变成了"地球村"。网络的便利性、多样性获得了大批时尚人士的追捧。网络时尚的传播形式如下：

A. 专业资讯网站

专业资讯类网站的主攻方向不但包括发布最新的流行资讯如大师作品、著名时装周发布的时装图片,还包括流行趋势的分析、流行业界的最新动态等。这些专业网站包括流行趋势预测机构网站、传统时尚媒体的网络版和提供综合流行资讯的网站,如著名的英国流行预测机构及资讯提供商 WGSN(www. wgsn. com),美国时尚潮流趋势预测机构和专业资讯供应商 Fashion Snoops(www. fasionsnoops. com),美国棉花公司(www. cottoninc. com),风格网(www. style. com),第一视线网(www. firstview. com),中国纺织信息中心(www. ctic. com),等。

B. 流行 BBS/博客/微博

目前,流行市场的一大趋势是普通消费者对流行的参与度越来越高。所以,各大 BBS,甚至个人用户的博客和微博,也成为流行传递的重要载体,如 http://bbs. onlylady. com/,http://bbs. yoka. com/,http://www. mflady. com/bbs/,http://bbs. trends. com. cn/,http://www. mancity. com. cn/html/index. html 等。

③ **影视媒体**

影视媒体对大众消费者的影响是多层次、全方位的。影视以其全方位的视觉、听觉的刺激,以及它所创造的氛围和意境,深入人心。剧中人物的服饰装扮、生活方式都成为人们争相效仿的目标。例如 20 世纪 50—60 年代奥黛丽·赫本在其主演的《罗马假日》《蒂凡尼的早餐》《甜姐儿》《龙凤配》等片中所展示的"赫本头""小黑裙"等经典造型风靡全球,那简洁、优雅而经典的形象永远载入了流行史册。20 世纪 80 年代,理查·基尔(Richard Gere)穿着 Armarni 为其度身定制的西装,在《美国舞男》中倾情演出,迷倒了大批女性粉丝(图3-32)。Armarni 风尚甚至延伸到《辛德勒的名单》中,本·金斯利(Ben Kingsley)在集中营出入时穿的西装也是 Armarni 品牌。2006 年上映的《穿 Prada 的女魔头》,则将时尚与电影融为一体,影片通篇在揭示光鲜的时尚传媒背后不为人知的一幕。影片主人公的装扮自然也成为时尚圈津津乐道的话题。

图 3-32
在好莱坞影片《美国舞男》中，理查·基尔将 Armarni 的外套、衬衫、领带一件件地扔上床。镜头摇到他的身上，一身笔挺的 Armarni 淋漓尽致地勾勒出一位出入上流社会的牛郎形象

127

总之，电影与时尚的密切关系不是一两句话能够道明的。 与电影比较，作为新兴媒体力量，电视的影响力一点不比老牌媒体（电影）差，甚至有后来居上之势。 近些年红遍全球的《Sex and the City》《Gossip Girl》等电视剧，成就了无数时尚品牌。《Sex and the City》一手催红了西班牙 Manolo Blahnik 的鞋。 剧中女主角 Carrie 对 Manolo Blahnik 爱不释手，鞋子被她一穿，"红"遍世界各地。 但这也让 Manolo Blahnik 感到不安——太多人认识他了。 他解释说："连的士司机都认识我。 在纽约海关入关检查时，由于太多人排在我这一队，导致给我检查的女工作人员任务过重，所以我在检查结束时不得不送给她一双鞋，以表示感谢。"他也承认，电影《Sex and the City》给他的公司带来了很大的收益。 在《Sex and the City》中，Mr. Big 拿着 Manolo Blahnik 出品的蓝色绸缎鞋向 Carrie 求婚的镜头，让这双鞋的身价倍增。

3.3 流行趋势的信息分析与提炼

面对纷芜繁杂的海量流行信息，如何进行科学合理的信息整理，是流行系统的参与者必须面对的。 这里的流行参与者包括：原材料生产商——生产决策者与原料开发（如纱线设计师、技术人员）和营销人员；成衣商——市场趋势预测、商品企划、设计开发和营销人员等；零售商——市场预测、商品企划、设计师、视觉陈列和销售人员等。 流行研究的方法主要有两大类：定性分析和定量分析。 定性研究主要是对流行受众的研究分析，特点是研究的样本小，但能够捕捉到市场流行的最新动态，往往能够预测到未来的流行趋势；而定量研究则是在定性研究的基础上，对一定的流行性做假设或预期，再在此基础上对流行趋势有一个整体、全面的认识和判断。

3.3.1　定性分析

定性调研法是指对流行数据的收集、分析、说明，都是通过对消费者的言谈举止的观察和陈述，从小规模的样本量中发现新事物的方法。 由于观察的样本数量较少，定性研究不能证明任何事情，但是，它在挖掘市场新趋势的时候非常有价值，往往能发现新的流行点。 比如，许多的设计师都喜欢在街上观察路人的穿衣风格，通过留意大众的常态来捕捉下一季的设计灵感。 注重在市场中观察、积累和感受，大量流行素材在积累和消化的过程中，往往能让流行制造者灵感乍现，获取最有价值的流行趋势。 例如，"白领"作为中国成熟女装的代表品牌，就一直强调自己的产品设计人员和销售人员应该多和市场接触，多与消费者交流，这为定性分析提供了一个很好的实证。 对市场的大量观察、与顾客经常性地交流，是流行定性分析的重要手段。 观察和交流的主要内容包括以下几个方面。

（1）文化、亚文化与价值观

文化是主导流行市场的一个关键概念，是社会个性的体现。 流行选择来源于文化。 文化的变迁，为品牌商捕捉下一个主导时尚潮流提供了很多机会。 例如，成立于 1926 年的 Fila 是一家意大利运动休闲服制造商。 它最初将瑞士网球巨星 Bjorn Borg 的形象印在服装上，产生了深远的影响。 10 年后，人们对网球的热情渐渐退却了，但是该公司通过对市场的研究发现，Hip-hop 文化开始席卷时尚界。 于是，Fila 抓住这一潮流热点，将以往的"排斥黑人的纯白运动"改变成"黑人城市文化"的品牌诉求，使 Fila 在运动休闲服市场上的份额重新获得显著增长。

表 3-2　罗氏价值观调查中的两种价值观

工具性价值观	终极价值观	工具性价值观	终极价值观
雄心勃勃	舒服的生活	富有想象力	内在的和谐
心胸宽广	令人激动的生活	独立	成熟的美
能干	成就感	智力	国家安全
愉快	和平的世界	合乎逻辑	愉悦
清洁	美的世界	起作用	拯救
勇敢	平等	服从	自尊
宽大	家庭安全	礼貌	社会认可
有用	自由	负责任	真诚的友谊
诚实	快乐	自制	智慧

价值观对流行系统的影响非常深远。有证据表明，表 3-2 中的这些全球价值观确实帮助某类人群转化成了对某种流行的偏好。我们的社会正向一个包含在广大文化内的越来越小的消费微文化的方向发展，每一个微文化都含有自己的一套核心价值观。例如丹麦人崇尚家庭生活、实用的核心价值观，对当地人的着装的影响极大，在一定程度上促成该国简约、朴实的穿衣风格；而中国人好面子的亚文化倾向，使得很多人愿意以一个月甚至数个月的收入换取一个大牌的手包，使得超前消费、过度消费的潮流开始浮现。所以，价值观对流行的影响潜移默化，极为深远。

（2）生活方式

生活方式是一种消费模式，从流行的角度看，它反映了一个市场对流行的取舍。人们根据自己喜欢做的事、喜欢打发闲暇时间的方式，以及所选择的使用可支配收入的方式，将自己纳入不同的群体。越来越多的迎合特定爱好的时尚类杂志，就反映了人们的这种选择。近年来，以《瑞丽服饰美容》和《昕薇》等为代表的时尚类杂志吸引了众多的年轻女性读者，与此同时，主流时尚杂志《时装》等则失去了大量读者。这些细分选择反过来为市场细分策略创造了机会。选择了一种流行，在某种程度上就是选择了一种生活方式。

（3）重大事件

流行系统中的任何人员都应该对重大事件保持高度敏感，因为一个重大事件引爆了酝酿需求的暗涌思潮，往往为一个新的流行趋势拉开帷幕。比如，发生在2011 年的"9·11"恐怖袭击事件震惊了整个世界，悲哀和不安气氛弥漫全球，为随后的时尚季蒙上了灰色阴影,黑色风尚回荡在整个时装界。 而当时,Gucci品牌对此事件做出了迅速回应,在袭击事件发生后不久迅速发布了黑色"祈祷"衬衫,这款衬衣式样简洁,直击消费者最脆弱的内心,一度热销。 2005 年的海啸让人们认识到生命的脆弱,随之而来,市场上出现了各种消费思潮,及时行乐和珍爱生命等背道而行的观念同时并行。 如果当时有品牌能够及时把握这些信息,并将之体现在产品设计开发或品牌运作中,必将成为市场焦点。

3.3.2　定量分析

如果说通过定性分析能够洞察未来的流行趋势,那么大样本的定量研究则能让人们了解当下的一些具体营销情况。

定性调研:少样本,预知未来。

定量研究:大样本,确定现在。

通过分析大量样本和数据,可以找出具有统计学意义的趋势,能够比较精确地反映当下市场的总体消费趋势。 使用定量研究,可以对各种市场数据进行分析、研究,求证对消费趋势的假设。 例如,某流行品牌为了对其竞争对手进行研究,做了大量的前期数据采集工作,并作出表 3-3。 经过对表 3-3 的分析,发现"Esprit"周边出现频率最高的品牌是"Only",与"Esprit"在同一楼层出现频率最高的品牌也是"Only"。 由此可以得出结论:目前,"Epsrit"的主要竞争对手就是"Only"。 通过对市场上流行品牌的调研,还可以很清晰地勾勒出它们的产品规划设计的轮廓和思路,包括它们的产品结构(色彩结构、价格结构、风格结构和面料结构等)。 这些为制造商更好地把握市场动态和流行趋势打下了坚实的基础。（表 3-4,3-5,P235 彩图附页）

表 3-3　Esprit 专卖店周边的品牌出现频率表

品牌名称	Calvin Klein	Elle	Baleno	U2	Lee	Bossini	Azone	Stam	Giordano	Soda	Vero Moda	Only
Esprit 周边出现的频率	4	1	1	1	0	3	4	1	2	4	3	6
与 Esprit 在同一楼层出现的频率	0	4	5	5	6	6	6	7	7	7	8	14

表 3-4　某休闲品牌的色彩方案

产品类别	款式	材料		颜色						图案花色
毛衫及针织衫	38	含毛类	腈纶 55% 黏胶 35% 蚕丝 10%	11-4202	13-0908	11-0607	12-4305	14-4809	14-2808	单色
			腈纶 55% 棉 45%	16-1640	17-3919	14-3904	17-1462	17-1562	11-0607	
			小羊毛 77% 锦纶 19% 安哥拉兔毛 4%	14-1188	12-0605	16-1324	16-1334	15-1315	19-1431	
				19-0810	19-0814	18-1444	18-1550	19-1540	19-1934	
			安哥拉兔毛 5% 锦纶 20% 美丽诺羊毛 40% 黏胶纤维 35%	19-000	14-4502	18-4105	18-0503			
	12	纯棉类		11-4202	13-0908	11-0607	12-4305	14-4809	14-2808	单色
				16-1640	17-3919	14-3904	17-1462	17-1562	11-0607	
				14-1188	12-0605	16-1324	16-1334	15-1315	19-1431	
				19-0810	19-0814	18-1444	18-1550	19-1540	19-1934	
				19-000	14-4502	18-4105	18-0503			

表 3-5　某休闲品牌的色彩构成

16-1640　18-1444　18550　19-1540　19-1934

11-4202　13-0908　11-0607　14-1118　17-1462　17-1562

13-000　12-0605　15-1315　16-1324　16-1334　18-1425　19-1431　19-0810

12-4305　14-4809　14-3904　17-3919　14-2808

14-4502　18-4105　16-0000　18-0503　19-0000

　　这套服装色彩组合分析是这一季的主要用色归总分析，它用的橙色系列依然没有改变以往的用色基调，深紫红和深咖啡还有黑色一直是做搭配系列的主要色源，亮色系在运动系列的纯棉针织物中运用较多，如粉紫、粉蓝和含有中间灰的各种粉色系列，在中间色中运用了很多含蓄的色调，有不同色度的赭石、赭色、土黄系列

思考题

1. 第一级市场的构成要素是什么？请结合实际案例，谈谈第一级市场的重要性。
2. 第二级市场的主要操作者是谁？该市场的主要产出是什么？
3. 请结合流行时尚行业的实情，思考流行市场各个环节是如何协同运作的。
4. 请思考：在服装市场中，顶级品牌、二线品牌、三线品牌和四线品牌各自在流行中扮演了什么角色，起到了何种作用？
5. 简析在第三级市场的流行来源中，流行总监成为流行的重要推手的原因。
6. 流行趋势分析中的定性法主要包括哪几种方式?
7. 结合实际案例，试谈如何进行流行趋势的定量分析。

课后练习

1. 结合当前中国服装流行市场的情况，以 4 个学生为一小组，每个小组完成一份中国流行市场运作分析报告。在下一次课堂上，小组组员利用 PPT 形式进行汇报讲演。
2. 观看《穿 Prada 的女魔头》一片，并参阅相关资料，试分析流行总监在当今欧美乃至世界流行市场中所扮演的角色；再结合市场发展，剖析当前中国流行时尚媒体总监在中国流行市场中所起的作用。请将自己的上述观点制成一份 PPT 小报告，在下一节课的课堂上进行汇报展示。
3. 自拟一个流行趋势研究课题，综合运用教材中的定量调研法和定性调研法，进行研究，在下一节课的课堂上进行研究报告的展示。

第4章 服装流行趋势预测的内容

本章知识要点

1. 服装流行趋势预测的概念
2. 服装流行趋势预测的主要内容
3. 服装流行趋势发布的形式

流行预测(Fashion Forecasting)是指在特定的时间,根据过去的经验,对市场、经济和整体社会环境因素所做出的专业评估,以推测可能的流行活动。 服装流行是在一定的空间和时间内形成的新兴服装的穿着潮流,它不仅反映了相当数量的人们的意愿和行动,而且体现着整个时代的精神风貌。

服装流行趋势预测就是以一定的形式显现出在未来某个时期的服装流行的概念、特征与样式。 这个服装流行的概念、特征与样式就是服装流行趋势的预测目标。

现代服装的更新周期越来越短,服装流行趋势越来越显现出模糊性、多元性的特点,这使得服装流行趋势预测愈加重要。 通过对流行趋势的预测,可以了解下一季或未来更长时期内将会发生什么变化,以及目前哪些事件可以对将来产生重大影响。 因此,许多发达国家都非常重视对服装流行及其预测的研究,并定期发布服装流行趋势,用于指导服装生产和消费。

4.1 服装流行趋势预测的构成要素

服装流行趋势预测的主要内容包括面料预测、辅料预测、色彩预测、款式预测、图案预测、搭配预测、结构预测和工艺预测八个方面。

（1）面料

面料是服饰美的物质外壳，同时具有美的信息传达和美的源泉作用，是当今服装设计师首先思考的审美元素。 成功的设计往往都是最大限度地利用面料的最佳性能，创造出符合流行趋势的服装。 不同面料和不同质感给予人不同的印象和美感，从而产生各异的风格。 面料的风格是服装素材的综合反映，是服装流行的物质基础，若想准确预测服装的流行趋势，必须把握好服装面料的流行信息。

（2）辅料

辅料，始终是服装必不可少的组成部分。 如将一件服装比作一栋建筑物，辅料就是其中的梁和柱、门和窗。 古代有一种披挂式服装，即由大块不经缝制的衣料缠绕或披挂在身上。 这是古埃及、古希腊、古罗马人穿的服装，但仍需用腰带——紧扣件辅料束身。 由此可见，没有辅料的服装是不可思议的。 在服装材料学中，服装的材料被归纳为面料和辅料两大部分。 而服装色彩、款式造型、服装材料是构成服装的三要素。 服装的款式造型、服用性、时尚性、功能性是依靠服装材料的各项特性来保证的。 与面料一样，辅料的服用性、装饰性、舒适性、保健性、耐用性、保管性、功能性和经济性都直接影响着服装的性能和价值。 因此，作为服装重要材料的服装辅料，既是服装的基础，又是服装的闪光之处。

对于服装辅料的发展趋势，主要有以下几点：

① 服装辅料的传统功能日渐改变

服装辅料的三大功能是服用性、装饰性和功能性。 长期以来，服用性是辅料的主要功能，对服装起到造型、保形、连接、紧固的作用。 而随着服装行业的发展，服装辅料的装饰性更加凸显。 采用激光雕刻快速制模以后，使得拉头和钮扣的造型更加多样化、个性化，在设计师的眼中，钮扣和拉链承担着更多的装饰作用。 而原来仅用于礼服和舞台服装的装饰性辅料已开始大量用于时装、职业服和运动服，使服装的外观更加丰富多彩。 可以预测，装饰性辅料将会有更大的发展空间。

② 对保健、环保的要求更加严格

1992 年，国际环保纺织协会制定并颁布了《国际生态纺织品标准 100》，是用

于检测纺织和成衣制品在影响人体健康方面的标准。 该标准禁止和限制在纺织品上使用有害物质,并按最终用途将产品分为四类。 该标准包括 100 多项测试参数,以保证纺织品对人体健康无害。 我国于 2003 年制定和颁布了强制性国家标准 GB 18401—2003《国家纺织产品基本安全技术要求》。 辅料是用在服装上的,服装是纺织品,因此,服装辅料必须严格执行上述标准。

③ 功能性辅料有待开发

为满足特殊功能服装(航天服、潜水服、极地考察服、消防服等),服装材料需有特殊功能,包括防辐射、防水透湿、阻燃、防红外线等。 即使是普通服装,人们为了获得舒适感和易保管,也需要面辅料具有抗菌防蛀、吸湿排汗、抗静电等功能。 现在,面料多有这方面的开发,与之相配伍的辅料还有待开发。 随着科学技术的进步和新型材料的出现,这一领域将会逐步拓宽。

(3) 色彩

流行色是在一定时期和地区内,特别受到消费者普遍欢迎的几种或几组色彩和色调,成为风行一时的主销色。 这种现象普遍地存在于服装、纺织、轻工、食品、家具、室内装饰、城市建设等领域的产品和市场流通、人们使用的过程中,其中反映最为敏感的首推服装和纺织产品,它们的流行色最引人注意,周期最短,变化也最快。 流行色是相对于常用色、习惯色而言的,既区别于常用色,又离不开常用色。 如果说人们追求流行色是求新、求异的心理反应,那么,人们使用常用色的行为,可以说是怀旧、求同的心理的写照。 同时, 常用色与流行色互相依存,互相补充。

(4) 款式

款式是构成服装的三大基本元素(款式、面料和色彩)之一。 服装款式设计包括服装的领、袖、肩、门襟等具体部位的式样、形状的设计,也包括对影响服装整体变化和视觉印象的核心内容——外形轮廓线的设计。 而外形轮廓线设计是款式设计的基础,决定着设计定位的实现和后续程序的开展。

(5) 图案

服饰图案,顾名思义,即针对或应用于服装和佩饰附件的装饰设计和装饰纹样。 它是把通过艺术概括和加工的纹样,按照一定的规律组织起来,并能通过一定工艺手段与服装结合的图形,对丰富和加强服装的外观起着重要的

135

作用。

（6）搭配

服饰搭配以服装的最佳组合来烘托人体美为其目的。形式美法则对于服饰搭配具有重要作用。服饰搭配既要遵循形式美法则的规定，又要考虑不同人的感觉。只有运用形式美法则，并不断创新求变，才能设计出更多更美的服饰。

（7）结构

服装结构作为服装设计中的重要组成部分，是指构成服装立体造型的框架。服装结构的平面表现形式是服装样板，服装结构设计是服装结构的扩展与延伸。服装结构设计的技术与数学的关系紧密，既需要数学的知识和数学的思维，更需要运用严谨的平面与立体的思维方法，以及平面几何、立体几何、比例关系等常用的手段，整体考虑服装结构中面与面、线与线之间的相互关系和服装成型后的立体形态。服装结构设计解决了使平面布料形成与人体曲面相似的立体曲面的技术问题。服装结构设计是一门技术，同时也是一门艺术。服装结构设计并非单纯地与款式设计相对应，还需要考虑设计因素、人体因素、素材因素和缝制因素等。

（8）工艺

服装工艺是实现服装设计的基本途径。它基于设计师的创意思维，是二维绘画效果到三维成衣的媒介。在整个工艺中，设计师从对意、型、色、质的再创造出发，将设计的服装形状、内外部结构、材料艺术本质，结合人体着装后的视觉美感，进行诠释与升华，从美化、保护、遵循人体的生存规律出发，设计出完美和谐的服装。从原始社会到现代，服饰的粗犷、强硬、纤细、优美、繁复等风格设计，都出于工艺对面料、结构和缝制的诠释和装饰。19世纪的工业革命进步促使高级裁剪技术出现，20世纪的功能主义、极简主义、古典主义轮回使时装多样化，服装工艺在诠释奢华、精细、优雅、简练、朴素、浪漫、个性、品位、非凡的过程中，把人类的整个发展过程用服装的造型符号表现得淋漓尽致，以不同的工艺方法与手段，把服装美一次又一次地推向人类更高的舞台。

服装的流行趋势预测，是面料预测、辅料预测、色彩预测、款式预测、图案预测、搭配预测、结构预测及工艺预测等方面的综合体现。

4.2 色彩趋势预测

4.2.1 流行色的概念

流行色,是相对常用色而言的,是指在一定的社会范围内,一段时间内广泛流传的带有倾向性的色彩。 这种色彩,往往以若干个组群的形式呈现,不同类型的消费者会在其中选择某一组色彩。

流行色具有新颖、时髦、变化快等特点,对消费市场起着一定的主导作用。流行色有时以单一色彩出现,有时以充当主色出现,有时以构成色彩气氛(即色调)出现,表现形式变化多样。 如果一种新色调在某个地区受到当地人的接受并风行起来,就可以称为地区性流行色;如果这种新色调得到国际流行色委员会的一致通过并向世界发布,就是国际流行色。

4.2.2 色彩预测的重要性

色彩产品和趋势预测内容一起构成提供给服装产业的流行趋势的整体资讯。 纤维、纱线与面料产品是制造商用来生产服装的初始材料,最终这些服装通过零售商销售给顾客。 色彩预测的产品与制造商所生产的产品相比,显得可有可无,但制造商一旦了解并掌握了色彩预测的过程,就知道它对纺织服装业的发展是有利而无害的。 一些为纺织制造商提供长期服务的趋势预测公司,在每一季到来的时候,都要担当起为制造商们提供色彩流行趋势的职责。

自从预测作为一个行业从制造业中独立出来,它就卸去了制造商在预测过程中的职责。 当商家们在掌控和预见能力方面失去发言权时,预测的专业性部门便开始提供具有前瞻性的趋势预测信息,因而确立了它在纺织服装业中的垄断地位。 新东西的产生,其方向性往往是不确定的。 现在,对潮流的把握,主要依靠预测专家的说法。 预测专家通过与伊克伯费尔(Expofil)纱线博览会、第一视觉面料博览会(Premier Vision)等商业展会的协作,最终会形成一个一致认同的色彩流行趋势主题。 但如果众多制造商不约而同地运用这些主题,对消费者来说,商业街上的店铺将缺少变化与吸引力。

预测和趋势的推广被看作是一种营销技巧,通过运用季节流行色彩来推动商业街的时尚消费。 因此,色彩趋势的预测在服装产业中具有重要作用。 但从另一角度看,预测行业过于注重销售和赢利,并逐渐发展到以价格竞争替代了服装本身的竞争,不重视质量方面的改进,因此不利于纺织服装业的发展。 并且,如果这些相同的流行趋势主题在全世界范围内传播,那每个热衷于这些趋势预测的制造商所生产出的产品将不可避免地雷同,风格的雷同扼杀了创造力,并导致产品价格上的激烈竞争,最终必将阻碍纺织服装业的发展。 鉴于设计师和专业销售人员对自己的判断及所进行的趋势预测缺乏足够的信心,现在更倾向于跟随专业的流行趋势预测信息,这样更为安全、准确和有效。 这些流行趋势预测公司在实践过程中不断发展进步,预测的信息也越来越专业、准确。 然而,这只是制造商们所需的比较基础的预测信息,还未应用到实际的市场销售中。 从当今的销售模式和大量的促销形式中可以看出,跟随专业机构的趋势预测信息进行设计和生产,比设计师或制造商自己试图分析、探寻消费者的欲求更为高效和准确。

在纺织服装行业中,预测专家的影响力是通过一些重要性的市场促销、市场宣传显现出来的。 早期的色彩预测机构,如美国色彩协会(CAUS)、色彩行销集团(CMG,Color Marketing Group),都是由个体依次组建的小型色彩预测服务机构。 显然,在最初的"色彩板"(Color Palettes)被认同之后,他们会不约而同地宣传类似的流行色彩故事。 这说明流行趋势的预测过程是一个自我实现的过程。 但从纺织服装业后续销售的长远利益来看,认识季节性色彩故事的意义十分重要。 其实,我们谈论的不只是一个过程,而是准确预见消费者需求的一种能力。

随着纺织服装业全球化竞争的加剧,许多制造商和零售商为了生存,都把目光聚焦到流行趋势预测上。 但是,与此同时,人们为了走在竞争的前列,似乎不约而同地使用相同的趋势信息,生产类似风格的产品。 20 世纪 70 年代的经济萧条时期,服装产业的发展呈现出服装产品色彩单一、缺少变化的现象。 此时,消费者需要鲜活生动的色彩来点亮他们的生活,色彩预测在这时显现出它的真正意义。 并且,面对商业街上销售的相混杂的类似产品,服装产业也急需一种具有指导意义的趋势预测来辅佐其继续发展。 自从 20 世纪 80 年代零售公司奈克斯特开始着手从营销策略上针对目标市场的顾客群调整产品的色彩时,零售业便逐渐将目光聚焦到色彩的运用上。色彩预测逐渐成为探索色彩发展方向及其变化特征的有效工具,而非仅仅预测某一种特定色彩是否重现或流行。流行趋势信息的使用者必须具备创造力,只有将这些基础信息在运用过程中进行创新,才能提供给消费者多样化的产品。其实,工业化的生产模式并不鼓励这种不确定性。但无论怎样,流行预测和趋势推广都被看作是一个阴谋,它对纺织服装业的影响是不容忽视的。

4.2.3 色彩预测的依据

事物的流行都有其发生的原因,进行流行色的预测也不是凭空臆想的。在社会调查的基础上,依据观察者自身的专业知识与生活经验,并结合以往一定的规律做出判断。流行色本身是一种社会现象,研究并分析社会各阶层的喜好倾向、心理状态、传统基础和社会发展趋势,都是预测和发布的重要基础。流行色不是全社会民众的喜好色。在现实社会中,消费者总是由不同年龄、不同性别、不同行业的人组成的,每一个年龄层、每一种性格类型、每一个审美类型的人群,都有自己喜好的流行色。因此,流行色必须根据消费者的类型特点来进行研究与推广。

生活不断地为人们提供新的创意,人们生活在色彩的世界中,自然环境与传统文化赋予了色彩相当多的感性特征,如玻璃色、水色、大理石色、烟灰色、薄荷色、唐三彩色等。流行预测人员要不断地观察生活、体会生活,可选定一个色彩感受浓郁的地区,作为人文色彩的考察和综合分析的对象。采用的方法可以有多种(写生、速写、色谱求取、测色记录、摄影或摄像),主要记录特定环境的色调、色彩的配置方式,以及色彩主观感受的表达。其目的是了解该地区人文色彩存在的方式和特质,为色彩表现积累经验。流行色有一定的演变规律,日本流行色研究专家根据美国海巴·比伦(Morinda BaBylon)的精神物理学研究,发现了流行色规律,即红与蓝同时流行约三年,然后转变为绿与橙流行三年,中间约经过一年时间的过渡。一般流行色的演变周期为 5~7 年,包括始发期、上升期、高潮期和消退期四个时期,其中高潮期称为黄金销售期,一般为 1~2 年。进入 21 世纪,随着信息流通技术的加快和人们生活节奏的变化,这个时间规律有缩短的趋势。

从演变规律看,流行色在发展过程中有三种趋向:延续性、突变性、周期性。

(1) 延续性

延续性是指流行色在一种色相的基调上或同类色的范围内发生明度、纯度上的变化。 例如：1998—2001 年，绿色均在流行色之列，但明度上有变化，即由较暗的军绿逐渐演变到明亮的黄绿；2002—2005 年，蓝色调到绿松石色调的流行经过了墨水蓝、湖蓝、蓝绿等过渡。

(2) 突变性

突变性是指一种流行的颜色向它相反的颜色方向发展。 例如：自 21 世纪开始，白色一直是上升色彩，而在"9·11"事件之后，黑色成为下一季秋冬的重要颜色。

(3) 周期性

周期性是指某种色彩每隔一定时间段又重新流行。

4.2.4　色彩预测的方式

目前，国际上对服装流行色的预测方式大致分为两类：一是以西欧为代表的，建立在色彩经验基础之上的直觉预测；二是以日本为代表的，建立在市场调研量化分析基础之上的市场统计趋势预测。

(1) 直觉预测

直觉预测是建立在消费者欲求和个人喜好的基础之上的，凭借专家的直觉，对过去和现在发生的事件进行综合分析、判断，将理性与感性的情感体验和日常对美的意识加以结合，最终预测出流行色彩。 这种预测方法要求预测者有极强的对客观市场趋势的洞察力。 直觉法预测对色彩预测专家的选择有着严格的要求。 首先，参加预测的人员应是多年参与流行色预测的专家，有丰富的预测经验，有较强的直觉判断力；其次，这些人员在色彩方面训练有素，有较高的配色水平和广泛的修养，并掌握较多的信息资料。 即使如此，预测也不能仅靠个人力量，而是将预测工作交给具有上述条件的一批人来完成。 西欧国家的一些专家是直觉预测的主要代表，特别是法国和德国的专家，一直是国际流行色界的先驱。 他们对西欧市场和艺术有着丰富的感受，以个人才华、经验与创造力，设计出代表国际潮流的色彩构图，他们的直觉和灵感非常容易得到其他代表的认同。

(2) 市场调查预测

市场调查预测是一种广泛调查市场，分析消费层次，进行科学统计的测算方法。 日本和美国是这种预测方式的代表国家。

日本人始终将市场放在首位，在注重市场数据的分析、调查、统计的同时，研究消费者的心理变化、喜好和潜在的需求，利用计算机处理量化统计数据，并依据色彩规律和消费者的动向来预测下一季的色彩。

美国人则更加关注流行色预测的商业性，他们主要搜集欧洲地区的服装流行色信息和美国国内的服装市场消费情报，利用流行传播理论的下传模式，通过不同层次消费者对时尚信息获取的时间差进行调查、预测，使服装上市时基本与消费者的需求相吻合；同时，采用电话跟踪的方式调查，了解消费者的态度，使消费者的反馈成为预测依据。

目前，我国也十分重视流行色预测，各地纷纷建立了研究机构，许多研究者都在探讨如何准确地预测流行色的变化规律。 中国流行色协会是在借鉴国外同行的工作经验的基础上逐步发展起来的。 在服装流行色的预测上，一方面，采用欧洲专家的定性分析方法，观察国内外流行色的发展状况；另一方面，根据市场调查取得大量的市场资料进行分析和筛选，并在分析过程中加入社会、文化、经济的因素。 随着经验的积累，色彩预测信息正日趋符合我国国情。 流行色协会下设有调研部，对市场变化也有相应的记录，但由于我国复杂的客观环境，如幅员辽阔、文化差异、经济发展不均衡等因素，都制约了流行色研究和预测的发展。

4.2.5 流行色组织

(1) 国际流行色委员会

国际流行色委员会是国际色彩趋势方面的领导机构，也是目前影响世界服装与纺织面料流行颜色的权威机构，拥有组织庞大的研究和发布流行色的团体，其全称为"国际时装与纺织品流行色委员会"。 国际流行色委员会的总部设在巴黎，发起国有法国、德国、日本，成立于 1963 年 9 月 9 日。 国际流行色委员会设正式会员与合作会员（观察员）。 到目前为止，正式会员来自法国、德国、意大利、英国、西班牙、葡萄牙、荷兰、芬兰、奥地利、瑞士、匈牙利、捷克、罗马尼亚、土耳其、日本、中国、韩国、哥伦比亚、保加利亚等

141

19 个国家。

(2) 中国流行色协会

中国的流行色组织是中国流行色协会。 1982 年 2 月 15 日,在上海成立了中国丝绸流行色协会,1983 年 2 月代表中国加入国际流行色委员会,1985 年 10 月 1 日改名为中国流行色协会。 中国流行色协会第六次代表大会决议指出:中国流行色协会秘书处自 2002 年 1 月 1 日起从上海迁至北京,并依托中国纺织信息中心、国家纺织产品开发中心开展工作。 中国流行色组织是由全国从事流行色研究、预测设计、应用等机构和人员组成的法人社会团体,作为中国科学技术协会直属的全国性协会,挂靠中国纺织工业联合会。 协会设有专家委员会、组织部、调研部、学术部、市场部、设计工作室、对外联络部、流行色杂志社和上海代表处,以及四个专业委员会,有常务理事 49 名、理事 192 名,来自全国纺织、服装、化工、轻工、建筑等行业的企业、大专院校、科研院所和中介机构等。

(3) 其他国际性研究、发布流行色的组织和机构

① 《国际色彩权威》杂志(International Color Authority),简称 "ICA"。 该杂志由美国的《美国纺织》出版社、英国的《英国纺织》出版社和荷兰的《国际纺织》出版社联合研究出版。 经过专家们反复讨论,提前 21 个月发布春夏及秋冬色彩预报,分为男装色、女装色、便服色和家具色四组色彩预报。

② 国际羊毛局(International Wool Secretariat),简称 "IWS"。 国际羊毛局男装部设在英国伦敦,女装部设在法国巴黎。 总部与国际流行色协会联合推出适用于毛纺织产品及服装的色卡。

③ 国际棉业协会(International Institute for Cotton),简称 "IIC"。 该协会与国际流行色协会联系,专门研究和发布适用于棉织物的流行色。

④ 德国法兰克福(Interstoff)国际衣料博览会。 该博览会每年举行两次,发布的流行色卡有一定的特色,并且与国际流行色协会所预测的色彩趋向基本一致。

另外,一些世界级的实力大公司也发布流行色,例如美国杜邦(Dupont)、法国拜耳(Bayer)、奥地利兰精(Lenzing)、英国阿考迪斯(Acordis)、美国棉花(Cotton Incoporated)、德国赫斯特(Hearst)等公司。

4.2.6　国际流行色预测过程

国际流行色协会每年分春夏和秋冬召集两次。国际流行色协会成员国的专家选定未来 24 个月的流行色概念色组,从协会各成员国的提案中,经讨论、表决、选定,得出一致公认的几组色彩为这一季的流行色。会议时间是每年的 6 月和 12 月。从 2007 年底,预测时间改为提前 18 个月。会议首先要归纳与综合各成员国对未来一定时期的流行色预测提案,提出本届国际流行色主导趋势的理论依据,然后选定未来一定时期内流行色的主导概念的色谱。各成员国专家到会时要向大会展示本国流行色协会专家组对未来流行色发展趋势的预测提案,这个预测提案包括三项内容:概念板、流行色文案和流行色色样。

概念板包括三个方面:一是本届流行色的主题,用于理解色彩的概念;二是流行色的灵感来源,指明流行色形象感受的大趋势和形象源,用于理解本届流行色形成的成因和灵感来源;三是流行色的家族组成及其色谱,用于表明具体的色谱形态等内容。

流行色文案内容包括两个方面:一是本届流行色形成的背景,即所在国的政治、经济、文化形势,即时尚发展的基本形态和市场变化概况等因素对人们色彩审美的影响;二是流行色色谱的构成形式和配色的概念与基本配色方法的理论。

流行色色样是每个成员国提供的概念板上所有色谱的实材色样,这些色样是成员国专家认为的在未来时期内将成为时尚的流行色色谱。

具体步骤:首先,由各国代表介绍本国推出的今后 24 个月的流行色概念并展示色卡;然后,由本届协会的常务理事会成员国(意大利、法国、英国、荷兰、奥地利等)根据代表介绍的要点,讨论本届会议的各国的提案精神,确定本届流行色选定的色谱方法与方案蓝本,经过全体讨论,各国代表再加以补充、调整,所推荐的色彩,只要半数以上的代表通过就能入选;最后,对色彩进行分组、排列,经过反复研究与磋商,由常务理事会中特别有经验的专家整合各方方案,排出大家公认的定案色谱系统,产生新的国际流行色。

为保证流行色发布的正确性,大会通常当场施行各会员国代表分发的新标准色卡,供回国复制、使用。会员国享有获得一手资料的优先权,限定在半年内将该色卡在图书、杂志上公开发表。

组委会工作人员将专家们选定的色样，制作由染色纤维精制而成的本届流行色概念色谱定案的标准色卡，并分发给各个成员国的流行色协会。各国的流行色协会便迅速地将其复制成专门的色卡，传送到各方面的有关用户手中，如图 4-1～4-3 所示。

图 4-1
2012 年春夏法国
流行色提案

图 4-2
2012 年春夏英国流行
色提案

画面三：自发 Spontaneity

奢华让位给创意、负责任的创意。远非人所能证明和体验。没有浪漫的情绪，只有色彩、新鲜、组合的活力。

画面一：重新开始 Re-Start

烦扰和危机，没有语言，否认任何重新开始的可能。乳白色和基本的白色相互反应，不透明的阴影逐渐获得色彩感，在各种材料质地的衬托下不再显得那么深沉。丰富的色调，菲田园风格，变化中的色彩。

画面四：多层次色彩 Multi-layered Cotors

令人着迷、强烈、淋漓尽致、充满能量、活跃的感觉，心中满是喜悦。勇敢与战斗的色彩，火与生命的色彩，明亮与启迪的色彩。

画面二：萌芽中的复苏 Minimal Recover

从被人们抛弃的物体中重新挖掘色彩，陈旧的色彩范围，超越，时间洗礼出的古色古香，用心呵护，重新创造。可持续的色彩，放松、时尚且自然、感性。

图 4-3
2012 年春夏意大利流行色提案

145

4.2.7　流行色的发布形式

（1）流行色的发布形式

流行色通常通过服装表演、博览会展览、杂志刊登等方式向公众发布。向公众展示的流行色，稍后发布于国际流行色会议，根据各国的国际流行色定案消化整理后，以更加清晰的主题概念进行发布，因为一些初步产品如染料、纱线等已经按照国际定案进行生产。各国流行色权威机构及其他发布流行色机构的发布时间一般需提前 18 个月，平面发布通常包括四个部分：主题名称、主题画面、主题概念的简单描述、主题色卡。

2011 春夏美国棉花公司的预测色彩趋势：

勇敢突破：在循规蹈矩的生活中，我们有时充满幻想，渴望挑战；有时打破限制，冲破束缚。为了实现最狂野的梦想，我们探索的每一步都越来越接近目标。这组活力四射的色系融合了明亮和黯淡的色调，颜色的变幻适用于从运动到正式服装，如图 4-4（a）所示。

口技表演：泰然自若和坚忍不拔正成为所谓的"迷失的一代"流行的社交礼仪，运动、常规和纯粹的模仿成为这一代的宣泄方式。对仪表的重视给予我们动力,虚幻的精神应用于日常的实用主义,使我们容光焕发。 这个色系是迷人的暖色调搭配青铜色,带来酷暑季节的凉意,如图4-4(b)所示。

图 4-4(a)
勇敢突破

图 4-4(b)
口技表演

轻声细语:通过对往事的提炼,我们可以找到一些灵感。 对主旋律的共鸣及对现实真谛的洞察,产生了舒适和团体的重要性。 新的自我意识表明,即使是细小的有意义的事情,也可以得到升华。 借助于雄心壮志和目标明确,我们将有能力改变现在,追求更好的明天。 这个色系延续了上个季节的色调,是一个颜色对比鲜明的色系,如图4-4(c)所示。

精确认知:越来越现实的社会使我们产生挫折感,于是我们常常出现模糊的疑虑。 微妙的情感点燃我们的激情,对神秘和朦胧世界的探索引导我们进入理解的真实境界。 未知世界意味着神秘,从无常中寻求愉悦。 墨色的轮廓凸显了核心的柔和,大胆呈现中性色调的休闲风格,如图4-4(d)所示。

图 4-4（c） 轻声细语

图 4-4（d） 精确认知

梦醒时分：这个主题意味着新现实主义。 我们的思维敏捷地逃离迷惑，徘徊在超现实主义和幻想之间，同时感受生活中不稳定的因素重新流行。 我们的生活具有不可逾越的界限，重要的是我们的思维可以自由翱翔。 偏灰的色系同时吸收了明亮和黯淡的色调，如图 4-4(e)所示。

图 4-4(e)
梦醒时分

对于流行色的运用，服装专业人员首先要通过感受主题画面充分地理解色彩概念，其次要懂得如何对待色卡、如何分析色卡，并将这些色卡与自己的产品开发结合起来，快速地推出本公司新一季的色卡。 主题色彩通常是由几个色相的多种色彩组成的，带有倾向性的色调组适应多方面的需要。 通常可以将主题色卡分为三个色组。

主流色组：把流行的色彩（上升色）和正在流行的颜色（高潮色）构成流行的主色调，而即将过时的色彩（消退色）在其中也占少量部分。

点缀色组：一般比较鲜艳，而且往往是主流色的补色，它们在色彩组中起到局部的、小面积的点缀作用。

基础、常用色组：以无彩色和各种色彩中含灰色倾向的色相为主，并加上少量的常用色彩。

下面以 2012 年春夏国际流行色为例分析色卡的组成：

从整体上分析，多彩、鲜艳、宁静三组关键词，描绘了国际流行色委员会关于 2012 年春夏色卡定案的特性和概貌。 经过自 2009 年至 2011 年国际流行色冷暖交替的周期性变化，以及国际经济大环境出现逐渐好转迹象的影响，2012 年春夏季呈现色彩多元性的趋势，也是国际色彩流行变化的必然规律。 2012 年春夏季色彩给人们的生活增添了新的生命力，色彩共分为六组。

第一主题:粉状浅色。　本组色彩以有粉质感的浅色为主,一块稍深的灰色和一块干草黄色,与之形成对比。　浅色一直成为自然灵感下的重点,本季的浅色与前几季的浅色相比,最大的不同是含灰色的、模糊的、磨砂状的,又是相当内敛的,浅色的明度略有降低,粉质感较强。　整个色组呈中性略偏暖,这形成了与其他色组的融合搭配。

关键词:轻盈、透明、着迷、微妙、稀释、简单、物质性、光、白垩、轻快、精致、瓷质、弹力,如图 4-5(a)所示。

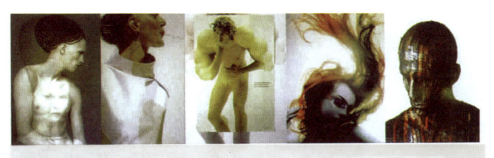

关 键 词:轻盈、透明、着迷、微妙、稀释、简单、物质性、光、白垩、轻快、精致、资质、弹力。
配色描述:本组色彩以有粉质感的浅色为主,一块稍深的灰色和一块干草黄色与之形成对比。浅色一直成为自然灵感下的重点,本季的浅色与前几季的浅色最大的不同是含灰色的、模糊的、磨沙状的,又是相当内敛的,浅色的明度略有降低,粉质感较强。整个色组中性略偏暖,这形成了与其他色组的融合搭配。

图 4-5(a)
粉状浅色

第二主题:自然冷色。　这是一组冷色,有植物、空气、水的印象,浅黄绿色使色组有了空间感。　蓝色的阿凡达梦幻感减弱,更多了些漂浮的感觉。　自然色彩在各国提案中都有大量描述,有的提案甚至以自然植物与色谱的色彩一一对应,强调自然色彩的重要与美丽。　本组色彩注重自然色彩的同时,加强了艺术表达。色组整体色感明亮,有浮动感,除去了以往冷色组的科技感和建筑感,显示了自然色彩的真实感与艺术感的完美结合。　这一色组与上一色组在冷暖上形成对比。

关键词:植物、水状、虚幻、想象、幻想、浮动、流畅、平整、圆形,如图4-5(b)所示。

第三主题:甜蜜粉彩色。　这是真实的、自然的粉彩色,带有科技的工艺感、乳白感、呼吸感,使得色组能很好地与上面两个色组配色。　粉彩色经过一段时间的沉寂,现在正变得重要起来,不仅可作为配色,而且可作为主色,比如前面两个色组中的粉彩色。　这里的粉彩色如果与白色配色,亦可作为主色使用。　与2011春夏粉色相比,工艺感更强。

关 键 词： 植物、水状、虚幻、想象、幻想、浮动、流畅、平整、圆形。

配色要点： 这是一组冷色，有植物、空气、水的印象，浅黄绿色使色组有了空间感。蓝色的阿凡达梦幻感减弱，更多了些漂浮的感觉。自然色彩在各国提案中都有大量描述，有的提案甚至以自然植物与色谱的色彩一一对应，强调自然色彩的重要与美丽。本组色彩注重自然色感的同时，加强了艺术表达。色组整体色感明亮，有浮动感，除去了以往冷色组的科技感和建筑感，显示了自然色彩真实感与艺术感完美。这一色组与上色组冷暖上形成对比。

图 4-5(b)
自然冷色

关键词：技术、工艺、甜蜜、乳状、甘甜、纵容、融合、实用、呼吸、容易，如图4-5(c)所示。

关 键 词： 技术、工艺、甜蜜、乳状、甘甜、纵容、融合、实用、呼吸、容易。

配色描述： 甜美的粉彩色组。这是真实的、自然的分彩色，带有科技的工艺感，乳白感、呼吸感，使得色组能很好的与上面两个色组配色。分彩色经过一段时间沉寂，现在正变得重要起来，不仅可作为配色，而且可作为主色，比如前面两组中的粉彩色。这里的粉彩色如果与白色配色亦可作为主色使用。与2011春夏粉色相比，工艺感显的更强。

图 4-5(c)
甜蜜粉彩色

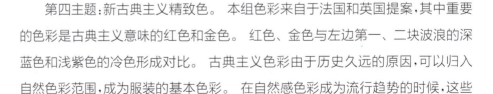

　　第四主题：新古典主义精致色。 本组色彩来自于法国和英国提案，其中重要的色彩是古典主义意味的红色和金色。 红色、金色与左边第一、二块波浪的深蓝色和浅紫色的冷色形成对比。 古典主义色彩由于历史久远的原因，可以归入自然色彩范围，成为服装的基本色彩。 在自然感色彩成为流行趋势的时候，这些色彩也应该是被选择的重要对象。

　　关键词：更改、聪慧、新古典主义、技巧、少而精、简约、甘美、光滑，如图4-5(d)所示。

150

关　键　词：更改、聪慧、新古典主义、技巧、少而精、简约、甘美、光滑。
配色描述：本组色彩来自于法国和英国提案。其中重要的色彩是古典主义意味的红色和金色。红色、金色与左边第一、二
　　　　　块浪漫的深蓝色和浅紫色的冷色形成对比。古典主义色彩由于历史久远的原因，可以归入自然色彩范围，成为
　　　　　服装的基本色彩。在自然感色彩成为流行趋势的时候，这些色彩也应该是被选择的重要对象。

图 4-5(d)
新古典主义精致色

　　第五主题：可持续混合色。　这是一组与鲜艳色混合的中性色组。　偏暖的带
有可持续印象的物质感的中间色调，老练的板纸黄色与明亮的色形成对比，表达
出中间色调的时尚感。　与新古典主义色组类似，为选择自然主义环保色彩的一
类人群提供的色彩样本。

151

　　关键词：天然＋人工、杂合、共生、粗犷、可持续、社交，如图 4-5(e)所示。

关　键　词：天然+人工、杂合、共生、粗犷、可持续、社交。
配色要点：这是一组与鲜艳色混合的中性色组。偏暖的带有可持续印象的物质感的中间色调，老练的板纸黄色与明亮的
　　　　　色形成对比，表达出中间色调的时尚感。与新古典主义色组类似，为选择自然主义环保色彩的一类人群提供
　　　　　的色彩样本。

图 4-5(e)
可持续混合色

　　第六主题：生气勃勃鲜艳色。　本组色彩以一个饱和度较高的深蓝色作为鲜
艳色的背景，显示出想象的、创造性的、艺术的、生气勃勃的感觉。　这些色彩
强化了城市多变的影调，可与其他色组互为配色。　这是一组基于自然色与虚拟
色之间的色彩。

关键词：想象、自由、极端、多样性、融合、虚心、创造性、美感、熠熠生辉、精力充沛、鼓舞人心，如图 4-5(f)所示。

关 键 词： 想象、自由、极端、多样性、融合、虚心、创造性／美感、熠熠生辉、精力充沛、鼓舞人心。
配色描述： 一个饱和度较高的深蓝色作为鲜艳色的背景，显示出想象的、创造性的、艺术的、生气勃勃的感觉。这些色彩强化了城市多变的影调（见法国提案），可与其它色组互为配色。这是一组基于自然色与虚拟色之间的色彩。

图 4-5(f)
生气勃勃鲜艳色

4.3 纱线、面料趋势预测

4.3.1 纱线、面料预测的方式

纱线预测一般比销售期提前 18 个月，面料的预测一般提前 12 个月。 对于纱线、面料的预测，主要由专门的机构结合新材料、流行色进行发布。 色彩通过纺织材料会呈现出更加感性的风格特征，所以，关于纱线与材料的预测，往往是在国际流行色的指导下，结合实际材料加以表达。 它使人们对于趋势有更为直观的感受。

专业展会成为各个流行预测机构和组织展示他们成果的重要舞台，通常会借助各大纱线博览会、面料博览会进行展出。 在这里，可以结合材质更为实际地体验到未来的服装色彩感觉。 纱线、面料博览会上，通常会展出新的流行色彩概念、新型材料，以及上一季的典型材料，有时还会制成服装，更直观地展示这些新的发展趋势。

4.3.2 纱线、面料的发布形式

在展览会上，纱线与面料主要以平面画册和各种面料小样进行展示，并配合一些纱线和面料的悬挂立体式展示。 为了使观众产生更加贴切的感受，也会在

布置成主题形式的展示台上设立真人模特。 各参展商则在自己的展位上以相同的方式展示自己的产品。 而早于展览会的纱线与面料发布都是通过平面的形式，一般包括五个方面的内容：主题名称、主题描述、主题画面、面料图片和色卡。

实例 1：美国棉花公司发布的 2012/2013 秋冬面料流行趋势

美国棉花公司发布的 2012/2013 秋冬面料流行趋势预测让我们重新审视那些塑造了我们个人和世界观的习惯和生活方式。 流行预测共包括五大主题：期盼国度，社交俱乐部，荒谬诠释，角色扮演，颓废变色。

主题 1　期盼国度

世界已经进入到一个充满紧迫感的时代，人们在事情发生之前就能预测到结果。 期盼国度这个理念能在全球引起共鸣，是因为人们总在思考一个问题：为何我们没有期盼，就无法好好活着？ 而期盼对于日常生活、创造力，以及人之所以为人，究竟有多大影响？ 如图 4-6（a）所示。

图 4-6（b）　社交俱乐部

图 4-6（a）　期盼国度

主题 2　社交俱乐部

复古和回归，社交俱乐部庆祝我们与朋友和邻居之间人际交往的回归。 复古主题的美容院、舞厅和夜总会为人际交往提供场所，人们打扮得光鲜亮丽，在这里重新了解彼此。如图 4-6(b)所示。

主题 3　荒谬诠释

荒谬本身就充满新意，我们承认琐碎、次要和无意义的事物在生活中扮演着重要角色。 高雅的色彩拼盘在这里并不适用，因为我们崇尚"并非每一件事都有深刻含义"的生活哲学，如图 4-6(c)所示。

主题 4　颓废变色

颓废变色关注我们沉迷于重构或整修的那些老旧或有些腐朽的东西，让它们再次变得明亮和新颖。 我们是否失去了真诚，并且错过了生活中的颓废之处带给我们的美感？ 如图 4-6(d)所示。

图 4-6(d)　颓废变色

图 4-6(c)　荒谬诠释

主题 5 角色扮演

角色扮演是思考这一代和下一代对社会角色和地位的看法。 也许对当代人而言,角色已经可以互换并且不再待定;而对于未来一代而言,自我界定将是无关自身的主题。 如图 4-6(e)所示。

实例 2:2012 春夏中国纺织面料趋势预测

第一组:精细的质地

具观赏性,捕捉自然生长模式,缠绕的表面与精致的镂空交织。 带褶皱的荷花,折叠和细小绒毛结构与水彩色调相结合,是对新艺术形式的顶礼膜拜。

图 4-6(e)
角色扮演

155

耕种收获——春天的萌芽成长为夏天的竹节纹理,球形纱线,薄纱缎带和粗缝的染色卢勒克斯花呢,为小提花织物和粗花呢结构增加了斑斓色彩。

飘逸优雅——超轻物质聚集、挤压,形成褶皱和泡泡,或具装饰效果的似脆弱细胞的织物。

多孔元素——有机海绵状微结构制成的手工绉纱,手工编织的粗布和薄纱质地的精细织物,以及通风球衣。

第二组:多维结构

通过形状改变和挑战性的视角,采用软建筑手法,形成视觉错觉,铰接式分层模块化针织褶和传达了灵活的 3D 形式。 这些都是短的并列低密度毛绒结构。

短边结构——定向皮革装饰,用色带、纸纱线塑造瞬间多变和诗意效果。

波纹形式——柔软的泡泡纱褶皱,云雾状、羽毛般的感觉,简单的打印痕迹强化了深度感。

珍藏的——泛着琥珀色树脂,表面光滑的针织物,探索半透明的表面、泡腾气泡的形成和不断变化的玻璃状光泽。

大理石质地——粗缝针织分层,部分遮蔽玻璃条纹,黏胶和光滑棉质间采用线性提花。

黑白视觉——纬纱提花漂浮在微模式之上,构建 3D 的羽毛幻想,不规则斜纹布块形成单色运动。

光滑谷粒——粗纺木纹纹理，平滑的树脂涂料和高光泽表面。

透明流动性——纯粹单丝和卢勒克斯纱线形成透明蜂窝结构，帆布缝，窗格状毛呢。

第三组：原始

采用强大的工艺审美和手工方式将野生原针织物与有机结构相结合，探索干燥、纤维性和未开垦的天然材料。

枝条构造——枝条和茅草相互覆盖，形成松散的纱罗结构和粗条纹，具空间感的混合透明薄纱条纹，纤维状覆盖仿麂皮绒的柔软表面，树根和泥土的颜色。

交错工艺——双层布块，蛛网状的纹理结构，状似着色的藤制品，质地精细。

实用主义——针织回归到最初基本、简单的形式，受到工业和矿物复合材料表面的启发，如混凝土、大理石、石材，以及金属、塑料和霓虹灯等。

实体区分——在夏季的轻纺羊毛衫中采用双层或三层布料结构创造线条感，如记分卡片。单色混杂纱线给人以成形实体感。

质地层次——大面积的条纹，斑驳的质地，使用柔软的棉纺织品和大胆突出的颜色进行套印，达到工业材料的效果。

真我本色——回归基本的花式平素，漂白的棉质帆布，光光的单面贝壳，毛拉的篮状编织，斑驳的微小肋骨。

实例3：2012/2013秋冬中国纺织面料流行趋势

本季理念：创意修复。在世界的加速变化中，人类相关的一切被无限地商业化、科技化，幸福感却渐行渐远。现在，一场创意修复的运动正在兴起，人类将再次认知人与世界的关系，以及人类自身的价值，修复人的尊严、幸福，发展、完善一切，都从人本身出发。

色彩概述：2012/2013秋冬季的调色盘整体显得明亮、温暖、洁净，带有春夏的气息。高饱和度的颜色减少，色彩表现得更具成熟感。中性色调非常重要，从象牙白、米色到卡其色和咖啡色；近黑的深蓝、精致的带蓝调的灰色、各种调子的蓝绿色系列为这个秋冬季带来新鲜感；暖红色和橙色点亮调色板。

主题1　向传统致敬

从传统的宝库中寻找真正的精华，经典被重新学习并获得新的注解，传统的审美观、价值观被重新审视并得到弘扬，传统中的"雅"和"朴"成为新的发展方向。 人们从传统文化和技艺中获得新的感受和视角，年轻人的加入为传统带来清新的格调。

色彩层次更加丰富，稳定成熟的米色、熟褐色、橄榄绿、砖色传达着回归经典的信号，明亮的暖红色既复苏了民间工艺的印象，更带来创新感。 珍贵的面料材质，机织或针织，光滑或起绒：古董色的花呢、彩色粗花呢、表面模糊的麦尔登呢、复古的粗纺毛料、光滑的棉布、模糊而平静的条纹、密实的平针织和机织布、性感的真丝缎、手感顺滑的软毛毡。

主题 2　节制生活

节制成为低碳潮流下的新论点，过度的开发、发展与享受带来节制的反思。不论是在精神层面还是物质层面，化繁为简，发现和选择真正需要的东西，减少对物质资源的消耗，开启对精神家园的重建。 平衡、有度成为新的发展观，"负责任"的内涵和外延进一步扩展。

灵感源于自然又超越自然的色调，接近米色的本色调是极简与自然的集合，灰色调延续着低调和精准。 朴素外观与精致材质和舒适手感的完美结合，柔软轻薄的羊绒，水洗精纺混纺毛料和法兰绒，细条纹和模糊的深浅条纹，干净的几何印花，中厚的棉布，基础席纹的麻/棉混纺，"道德"牛仔，棉质蕾丝，桃皮绒和麂皮效果，表达着对柔软手感的迷恋。

主题 3　情感化科技

人文气息注入并改变着科技的发展，经验和教训让我们重新认识"科技以人为本"。 科技不是征服和改造世界的工具，只是改善人类生活并使我们与自然和谐相处的方法。 人文与科技的和谐，形成了对工业化的反讽，人们越来越青睐包含和传达人类情感的科技。

暖色的选用挑战人们对科技的传统想法，为科技注入了情感。 略带灰调的米色和接近哔叽色的灰色代表着新的科技色，清洁的水绿色和灰调的钴蓝保持了清爽的基调。 面料注重色彩和肌理感，双色股纱的运用加强了立体效果。 如动感舒适的毛料，智能化合成面料，干爽紧密的针织品，微型几何肌理表面，立体浮雕的表面效果，平滑的棉布，上蜡和涂层表面，哑光的后整理等。

主题 4　现实之外

人类本性中的天真与狂放带来超越现实的想象力。 一方面，以孩童的眼睛看待世界，表达富有趣味性的、真实的感受；另一方面，以情感和想象形成全新的

157

视觉影像，模糊真实与虚幻的界线，带来超现实主义出其不意的美感。

干净明亮的颜色与稳重深色的结合，鲜亮但不过分浓艳，真实的颜色经过意识的过滤带上了幻想的味道，传达着轻快、愉悦、新奇，以及伴装的玩世不恭。如精美复杂的提花，夸张、重复和变形的图案，数码效果与手工艺结合，视幻效果，手工装饰，拼接，杂色纱线和毛边，顺滑的印花丝织品，层叠的针织，明亮嵌线的条纹呢，爽脆细密的亮色棉布等。

4.4 款式趋势预测

4.4.1 款式预测的方式

款式的预测通常提前 6～12 个月。 预测机构掌握了上一季畅销产品的典型特点，在预知未来的色彩倾向、掌握纱线与面料发展倾向的基础上，可以对未来 6～12 个月的服装的整体风格，以及轮廓、细节等加以预测，并最终制作成更为详细的预测报告，推出具体的服装流行主题，包括文字和服装实物。 权威预测机构除了对各大品牌的新一季 T 台做出归纳与编辑，同样会推出由专门设计师团体所做的各类款式手稿。

在预测内容中，由于色彩是预测的基础，因此，专门的国际预测组织对色彩的预测多而详细。 对材料和款式的预测，主要是在国际流行色的框架下，配合材料进行具体表现，其预测与色彩相比没有那么严谨，因此内容少，主要是对各大机构和展览资讯的及时收集，以及对新材料的关注。

4.4.2 款式的发布形式

在各大时装周上，款式发布主要以动态表演的形式进行，更早的发布通常也采用平面的形式。 款式的平面发布形式较为多样，通常包含五个部分：主题、主题画面、主题描述、款式与款式细节、色卡。 专门的趋势预测机构提供 12 个月以后甚至更长时间的款式设计，可以按照款式数量售卖。 除了分别按照色彩、材料与款式进行发布预测外，有时也按照综合了色彩、材料、款式的形式进行平面的发布，其内容同样包括主题、主题画面、主题描述、款式与款式细节、色卡等。 这里的文字包括对于色彩、纤维与款式的描述，在主体画面上也包括面料事物的图片，整体上营造出下一季的表情。

实例 1:美国棉花公司预测的 2012 春夏服装流行趋势预测

针对 2012 春夏服装流行趋势,美国棉花公司推出了五个崭新的主题:倩影幽魂、风情之旅、地图集锦、能量魅力、演变适应。 每个主题描述了设计的灵感来源、大体的设计风格、典型的气质元素,以及最具代表性的颜色和面料。

主题 1　倩影幽魂

倩影幽魂的故事其实是我们自己难以捉摸、神秘、多情内心世界的写照。 本组色彩组合就像埃德加·爱伦·坡式的澎湃激情遇到了但丁心目中神秘、美丽的比阿特丽斯,展示出我们更想用智慧和美丽来解读季节变迁,而不是平平淡淡地度过。 此幽暗的色彩组合主打暗绿色、棕褐色和灰色,加上流行的合成粉色,散发出摄人心魄的魅力。 幽暗的烛光给色彩披上一层忧悒、迷人的光晕,让我们欲罢不能。

主题 2　风情之旅

踏上风情之旅,感触 20 世纪 70 年代朦朦胧胧的俗媚、褪色的广告牌和霓虹灯,力图让这些表面上暗淡、了无生趣的回忆变得令人向往。 在旅途中,山脉、峡谷和海洋恢复原有的宏大。 这种经典的旅行迫使我们重新审视我们与家庭、朋友、自身之间的关系……这样的旅行是对我们忍耐力的考验。 引人注目、不落俗套的轻巧原色,经过黏土白和深蓝的调和,变得略显柔和;汽车旅馆的浅蓝色和人造草皮的绿色,又为此面料平添怀旧与嬉戏的味道。

主题 3　能量魅力

可见的与不可见的能量难以捉摸又魅力无穷,吸引人们不断探究。 我们借鉴科学与哲学,用色彩表达我们自身、各种事物、自然和未知物的能量,寻求平和。 而摄影和视觉技术的进步,让我们有机会看到过往人眼所看不到的事物。 既熟悉又陌生,这些稚嫩的涂鸦似的朦胧图案讲述的是煽情、奇特的故事。 黏土底色、充满幻想的绿色、黄色条纹让我们冷静而又兴奋,催促我们与我们不可预知而又极富吸引力的另一面展开对话。

主题 4　地图集锦

我们的冷漠逐渐遁形,心中油然升起敬畏感,环视欣赏四周的美。 大自然的威力再次让我们显得渺小不堪,改变我们的视角。 古老的制图术和古代的地图制作技艺让我们萌生好奇,期望在人与人之间,以及想象的世界中划定边界。 此色彩组合包含古董般的中性色调与海洋蓝和树叶绿构成的绚丽天然色,既古旧又感情饱满,面料充满喜悦的期待感:一条路径到了尽头,新的路径引人向往。

159

主题 5　演变适应

不断演变和适应不仅是人的天性，也是艺术、音乐和设计的本质。　不同的媒介对概念有不同的演绎：一首歌可以催生出一尊雕塑，一尊雕塑又让人联想起一种舞姿……灵感就这样不断地从各种点子中迸发出来。　我们不断变化的本性意味着我们的观念拥有很大的弹性，随时会面目全非。　此布料打破常规的颜色混合，体现集合意识，而不是单独表达某种观念。　隐约变幻的淡紫色和红色、橙色条纹完美融合，此色彩组合讲述了一个不断演变的世界的故事。

实例 2：Viff Style 流行研究机构对 2012 春夏休闲服装的流行趋势预测

2012 春夏从秋冬的暗流中转身，脱下繁复与陈暗，变得明朗而轻盈，简约且欢快，我们的身体获得安抚和释放，我们的心灵可以自由地歌唱。　回归自然是本季休闲装的主题，从大地色系到肌理感的面料和纱线，抑或简洁的廓形和款式，一切与自然有关的元素，都将席卷休闲装的所有细分市场。　面对资讯泛滥和更多的可选性，人们追求简单和本真的生活方式，向往有更多的时间在大自然中惬意地呼吸，享受幸福、健康的生活。　在新的季节，色彩上受到天然植物染料的影响，面料则青睐有机供应链，而款式会变得简洁，强调以健康和真实为中心的价值观。

主题 1　苏醒

20 世纪 50 年代价值观的回归为我们带来曙光，放弃顾虑和欲望，享受快乐本身所带来的能量，赋予生活更多单纯本质。　色彩散发着鲜嫩的气息，柔白的质感包覆着浅淡的甜美色，花卉、水果、植物、昆虫成为重要的图案表达。　灵感在浪漫清新的乡村花园中蓬勃生长，乐观的情绪贯穿始终。

设计方向：将繁复和琐碎抛诸脑后，回归简单的思维习惯和生活方式。　淡淡的复古风格再次抬头，涉及的领域包括牛仔、粗犷的休闲装，以及简单的基本款。　廓形方面，宽松的层叠款式是本主题休闲装的重点；而面料方面，则是天然的棉和亚麻面料、条格面料和仿真脏污的牛仔面料等；印花和图案来源于与自然相关的主题，如大方格和小方格纹、花卉和植物、奇异的自然风景和花园风格的图案。

关键词：回归、本源、自然、淡淡的复古、有机乡村。

主题 2　呵护

在自由呼吸的洁净空间里，把忧虑抛诸脑后，强调纯粹和健康，兼具浪漫与简洁的设计，引领舒适原则下的美感。　这是一个令人安心、具有呵护感、充满感情与诗意的新世界。　色彩流露出朦胧的温柔，乳白的色感和偏冷的色调上覆盖着不透明的阴影,形成丰富的层次。 光泽感和肌理感在白色和近白色中获得统一。

设计方向:设计灵感源来自于各个领域:经典的白色 T 恤,绞花肌理的板球服,白色宗教服饰,甚至是梦幻的婚礼服……从而使这个主题的休闲装具有清新纯净的田径服风格或具有网球服风格。 另外,女装休闲市场受瑜伽、芭蕾和舞蹈服装的影响,创造出更加柔软、更加女性化的潮流风格。 轻透感的面料、弹性面料都较为重要,搭配运动感的款式造型,适合商务休闲、时尚休闲市场。

关键词:瑜伽、舞蹈、柔软、功能性、轻透感。

主题 3 互动

人类与自然的关系具有全新的互动意义,用环保和可持续的方式体现人文关怀和对自身的反思。 色彩在自然的基调下变得更富省略,不再刻意掩饰都市的痕迹,看似自然,却透出技术的气息。 自然与人造不再是一种简单生硬的非此即彼的对立关系,而是产生了微妙的融合。

设计方向:此主题由上个秋冬的荒野主题逐渐演变而来,变得较为柔和,人们更能感受、体验在旅途中的意义。 我们把焦点放在广袤的沙漠地带,灵感来源于探险、野营或在未经开发的海滩冲浪,具有强烈的逃避现实且热爱大自然的情怀,粗犷和做旧的休闲装以回收的破旧的牛仔布为原料,加上粗犷风格的叠层、民族风格的印花和图案。

关键词:旅途、探险、沙漠、未开发、部落、环保。

主题 4 精妙

思考、尝试、失败、学习、再尝试,抛开一切窠臼,重新灌入各种创新的想法,创造更丰富的作品。 秩序恰到好处地控制着狂躁和怪异,冲动的活跃和理智的优雅形成奇妙的平衡。 多层次的色彩令人着迷并充满喜悦,明亮的黄色和饱和的深蓝涌动着冲撞的能量,偏冷的紫色和深灰绿不动声色地稳定了整个色彩系列。

设计方向:这是关于混搭和感官的游戏,色彩大胆而具有冲击力。 喜欢这种风格的消费者对化学染料和合成材质对环境的影响不敏感,他们更关注他们的装束在同龄人中的影响。 因此,将经典的运动装造型和细节加以改造,使之成为日常着装,或在简洁的基本款上增加装饰,或对现代科技感的面料加以改造,以最小的费用支出达到最大的张扬效果。

关键词:运动感、饱和色彩、拼接、张扬、现代。

161

思考练习题

1. 如何预测服装流行趋势？
2. 如何进行服装流行趋势的发布？
3. 服装流行趋势发布的形式有哪些？
4. 按照色彩、材料、款式分类收集近两年的国内外流行趋势发布资料。
5. 色彩及款式主题趋势练习（要求包括主题名称、主题故事叙述、主题画面、色卡、款式、款式细节、款式描述与关键词）。

本章复习提纲

1. 服装流行趋势预测的构成要素包括：面料、辅料、色彩、款式、图案、搭配、结构和工艺。
2. 色彩趋势预测的主要内容包括：流行色的概念、色彩预测的重要性、色彩预测的依据、色彩预测的方式、流行色组织、国际流行色预测过程和流行色的发布形式。
3. 纱线、面料趋势预测的主要内容包括：纱线、面料预测的方式和纱线、面料的发布形式。纱线与面料的平面发布形式一般包括五个方面的内容：主题名称、主题描述、主题画面、面料图片和色卡。
4. 款式趋势预测的主要内容包括：款式预测的方式和款式的发布形式。款式的平面发布形式较为多样，通常包含五个部分：主题、主题画面、主题描述、款式与款式细节、色卡。

第5章　服装流行趋势预测的方法与流程

本章知识要点

1. 服装流行预测的一般技能和特有方法
2. 欧美和中国的流行趋势预测系统
3. 主要的流行趋势预测机构
4. 服装流行趋势预测的流程

5.1　服装流行趋势预测方法

5.1.1　服装流行预测的一般技能

预测者在服装流行趋势的预测过程中需要三项技能：认知、观察与直觉。它们具有明显的主观性，或者叫做艺术基础技能。 当然，预测中还应包括一些实际的技能方法，如分析、评估和对数据的深入研究。

（1）感知技能

感知技能贯穿于整个预测过程，是预测工作很重要的组成部分，非常具有个性化。 感知技能包含多方面信息的积累：平时对商业街、商店的观察，对已过时服装的留意，对社会政治的发展、经济循环的关注等。 这些信息大多来自视觉上的观察，并储存在记忆中，日后作为分析和研究的资料，在流行趋势的预测过程中使用。 实际上，这是一个成体系的方法，但是因为对各种信息的感知是比较个人化、个性化的过程，因而不适合与他人共享。

（2）观察技能

不断观察我们所处的环境，并有意收集这些信息，可以锻炼我们的直觉思维；

同时，观察也是获得感知技能的基础。 首先，人们看周围的事物属于一种不自觉的、下意识的举动，而当我们主动去感知这些信息时，我们就会有意识地将这些资料储存在意识中。 预测者就具备这种有意识地对信息进行观察、感知与储存的技能。 在整个预测过程中，从最初选取颜色开始，并有意识地对之进行记忆和储存，到后来，由于越来越多的相同色彩被察觉到，储存的记忆便会识别出这一不断出现的信息。 预测者们就是这样运用观察与感知技能的。 感知与观察技能往往携手并进，但是对它们很少进行记录，所以始终保持着主观特性，并且很难对之产生任何质疑。

（3）直觉技能

许多人坚持认为，直觉思维是成功进行流行预测的关键，并将之视为最重要的预测技能。 当预测者收集了大量具有说服力的趋势信息时，直觉思维的确呈现出非同一般的重要作用。 在服装企业中，趋势预测扮演了一个关键性的角色：服装业认为，在最初的设计中一旦运用了正确的流行色彩、款式和面料，那么接下来的各项工作将顺利进行。 因此，服装公司愿意花大量资金给那些靠直觉进行预测的工作者们，他们非常相信预测者的直觉。 然后，这些趋势信息的使用者们（服装公司的设计师和买手们），再从预测公司提供的信息中，凭借各自的直觉思维，为公司选择最好卖、最合时宜的款式。 如果这些服装业内人士对预测过程有较为深入的了解，就可以省下大笔定制预测信息的费用，而投入到服装本身的设计和生产上，使服装呈现出更为多样化的发展趋势，而不仅仅是价格上的竞争。

5.1.2 服装流行趋势的预测方法

（1）预测的方法

色彩和服装趋势的预测专家通常会运用两种方法：普通方法和特别方法。普通方法是一种以记录与分析为科学基础的方法，包括对经济、政治、人口统计数据、科技发展、社会文化思潮等情况的研究。 这些内容，在预测过程的每一步骤中都有着不同的意义和价值。 例如，在最初的色彩预测中，预测总是针对不同客户的，一些有关人口统计的数据信息对服饰品和家用纺织品的利用价值就不是很高；而对于服装市场领域，如女士针织品的制造商，人口统计的数据资料就显得尤为重要了。

在经济衰退时期，时尚元素退居二位，经典的服装式样和色彩会再度流行；而在富裕的时代，人们则愿意接受各种新鲜事物。因此，时代的特征很明显地对人们心理的接受程度、产品和色彩的变化频率，特别是时尚色彩的流行，都将产生大的影响。同样，科技的进步，如染色技术的改良，也推动了色彩的发展，它也许只是某一纤维染色技术上的推陈出新；纤维和纱线生产商们对那些特别的颜色很感兴趣并为之推广，应该说，他们在流行趋势的推广过程中成为既得利益的拥有者。由此可以看到，国家经济的变化、人口增长的趋势、科学技术的进步、社会文化的发展、生活方式的改变等因素，都在影响着消费者的需求。

（2）服装流行特有的预测方法

服装流行特有的预测方法包括艺术和科学两种手段。预测过程中，收集与流行趋势循环有关的历史资料是其中的重要内容，尽管这种服装和色彩的预测方法很少被接受。流行趋势的循环理论，在色彩预测流程中是具有争议性的问题。这种争论层出不穷，有些人认为，在历史中循环的是色彩的明度调子；而另一些人认为，色彩本身就具有循环特性。更多的争论是那些色彩是如何走进流行的，又是怎样被流行淘汰的。尽管这里没有时尚变化上的确切证据，但这些色彩还是能够被辨别。对流行色的变化和消费者的心理接受程度进行系统分析，对预测者来说恐怕是一项重大任务。只有少数公司愿意为此投资进行深入研究。也就是说，只有确定最初的色彩预测确实对消费者有着巨大影响力和重要作用时，此类研究才有价值。

预测者可以利用这种服装流行特有的预测方法，对近 5～10 年间的流行趋势进行研究，并有助于预测即将到来的一段时期内的流行趋势。循环理论更适用于长期的趋势预测，而对短期内的趋势预测不太适宜，比如当前时髦的事物。当然，这一观点还需要进一步研究才能证实。

其他有关服装流行特有的预测方法还有流行趋势的扩散理论，即在不同时间点测算人们对某种流行趋势的使用涵盖面，通过分析测算出当前使用的比例和接受程度，就能够估算出这种流行趋势的延伸范围。预测者们经常把对这种使用比例和接受程度的研究看做是直觉思维的过程，但实际上，这种方法可以归类到观察技能中。

另外，对消费者的调查，对有代表性用户的访问，对市场的测试，对设计师发布会的监测，以及对都市流行和高档时尚街区的关注，都是这种特别预测方法要考虑的数据来源。

（3）其他方法

其他科学的方法包括对普通消费者和有代表性用户的调研数据收集、市场测试、销售趋势分析和消费者消费习惯分析等。为了研究流行的扩散情况，还需要收集一些历史资料。定性和定量的预测方法提供了更多有价值的信息，无论是长期趋势预测，还是短期趋势预测，这两种方法一般都是需要的，以适应一部分特殊的消费者。

定量预测方法是专业部门采用的一种测量方法，指科学地通过分析具体的销售数据来研究消费者的接受程度。如今，这种方法已发展到对人们的消费行为的分析，虽然没有直接的趋势预测，但可以作为未来调查研究的依据。在 20 世纪的最后 10 年中，服装业的营销技巧有了迅速发展，消费行为是人们生活方式的重要体现，对消费者行为的分析作为预测的一个重要方面已被广泛接受，逐渐构成了趋势预测过程中不可分割的重要部分。

定性预测方法包含更多的个人主观色彩，即流行预测者们通过所见所闻，运用观察技能收集有关信息和资料（这里的观察指眼睛和耳朵的运用）。因此，这个方法在预测系统方面缺少准确的文字描述，有时很容易出现错误，对从业人员对流行认知的准确度、灵敏度等技能也有着非常高的要求。

5.1.3 长期和短期趋势预测方法

一般情况下，按时间将流行趋势划分为长期趋势与短期趋势。长期和短期趋势预测方法的主要区别在于不同的时间跨度和准确程度。短期趋势的预测，由于预测时间较短，预测信息的准确程度较高；长期趋势的预测，由于时间跨度较大，其间不可预料的事件会降低预测的准确程度。因此，短期预测更适合预测流行趋势——确定流行趋势、消费者需求水平与其接受程度等，而长期预测更适合用来制定市场发展战略。

（1）长期预测

长期预测是指历时两年或更长时间所做出的流行预测，主要集中表现在：为了建立一个长期目标而做的预测，如风格、市场和销售策略；集中预测那些具有选择性的变化因素。

色彩预测通常提前两年。 事实上,各国的流行色预测机构在更早时便开始搜寻资料,准备色彩提案,以便在国际色彩会议上讨论。 品牌作为战略,是为了树立某种风格,因而从设计到推广都需要全盘考虑。

(2) 短期预测

短期预测是指历时几个月到两年的时间所做出的流行预测,主要集中表现在:寻找识别特殊的风格;这些风格所要求的层次;这些风格能被消费者期望的精确时间。

纤维和织物的预测至少提前 12 个月,通常差不多是两年的趋势。 成衣生产商的预测至少提前 6~12 个月,他们的预测很关键,因为它是选择服装风格进行生产和促进下一个季节流行的基础。 零售商的预测通常提前 3~6 个月,集中于即将到来的流行季节。 应用这些预测,买方将计划出他们所需要购买的商品风格、颜色与款式等。

5.2 流行趋势预测体系

欧美的成衣经济领先于我国,流行趋势的研发也相对成熟。 在服装工业发达的西欧国家中,对于服装流行的预测和研究在 20 世纪 50 年代就开始了,其经历了以服装设计师、服装企业家、服装研究专家为主的预测研究,到本国的专门机构与国际组织互通情报、共同预测的发展过程,目前已形成一整套结合专家与科学调查相结合的现代化服装预测理论。

在欧洲,不论是纱线的行业协调组织还是衣料的协调组织,最终都是以产品作为研究流行趋势的主线。 各协调组织一般拥有众多的成员。 例如,法国的女装协会和男装协会,除了拥有本国的成员外,还有欧洲的其他国家和美国、加拿大、日本等国的成员。 成员的增多使协调组织的权威性大大提高,预测流行趋势的准确性也不断增加。

5.2.1 法国预测系统

在法国,纺织业与成衣业之间的关系比较融洽。 这与他们近几十年来成立的各种协调机构有着密切关系。 20 世纪 50 年代，法国纺织业与成衣业互不通气，中间似乎隔着一堵墙，生产始终不协调，难以衔接。 后来，相继成立了法国女装协会、法国男装协调委员会和罗纳尔维协会等组织。 这些协调组织在纺织、服装与商界之间搭起了许多桥梁，使下游企业能及时了解上游企业的生产和新产品的开发情况，上游企业则能迅速地掌握市场和消费者的需求变化。

法国服装流行趋势的研究和预测工作，主要由这些协调机构完成。 由协调机构的下属部门进行社会调查、消费调查、市场信息分析，在此基础上再对服装的流行趋势进行研究、预测、宣传，大概提前 24 个月。 首先由协调组织向纺纱厂提供有关流行色和纱线信息，纤维原料企业向纺纱厂提供新的纤维原料；然后由协调机构举办纱线博览会，主要介绍织物的流行趋势；同时，织造厂通过博览会了解新纱线的特点和即将流行的面料趋势，并进行一些订货活动。 纱线博览会一般提前 18 个月举行，半年之后，即提前 12 个月举办面料博览会，让服装企业了解一年半后的流行趋势和流行面料，同时服装企业向织造企业订货。 再过 6 个月，由协调机构举办成衣博览会。 成衣博览会是针对零售业和消费者的，它告诉零售业者和消费者半年后将流行什么服装，以便商店、零售商向成衣企业订货。

5.2.2　美国预测系统

美国主要通过商业情报机构，如国际色彩权威机构（专门从事纺织品流行色研究的机构），提前 24 个月发布色彩流行趋势。 这些流行信息主要针对纺织印染行业。 美国的纺织上游企业根据这些流行情报和市场销售信息，提前 12 个月生产出一年后将流行的面料，并把这些面料主动提供给下游企业——成衣制造业的设计师，并为设计师提供一条龙服务。 而设计师设计未来一年后的款式时，第一灵感来自于面料商提供的面料。 这些面料，一方面是服装设计师自主挑选的，同时也是面料商根据市场信息做出适当调整的。

除了国际色彩权威机构以外，美国还有本土的流行趋势预测机构，即美国棉花公司。 美国棉花公司主要对服饰和家居的流行趋势进行长期预测，它的流行预测服务非常全面，囊括了从色彩到所有的成品服装的各个方面。 这些奠定了其在色彩与织物等方面的权威地位。

美国的一些成衣博览会和发布会是针对批发商、零售商和消费者的，它向商界和消费者宣布下一季将流行何种服装。

5.2.3　日本预测系统

日本是一个化学纤维工业特别发达的国家,其以一种独特的方式进行服装流行趋势的研究预测。 在日本,较有实力的纺织株式会社,如钟纺、商人、东洋纺、旭化成、东丽等公司,都专门设有流行研究所和服装研究所。 这些研究所的任务就是研究市场、消费者、人们生活方式的变化,分析欧洲的流行信息,并根据流行色协会的色彩信息,研究出综合的成衣流行趋势。 这些纺织公司得出衣料流行趋势的主题后,便在公司内部和有业务关系的中小型上游企业中进行宣传,生产出面料,并举行本公司的面料博览会或参加日本的面料博览会,如东京斯道夫(Tokyo Stoff)、京都 IDR 国际面料展,宣传成衣流行趋势,并向成衣企业推荐各种新面料,接收服装企业的订货。 服装企业则根据信息生产各类成衣,再通过日本东京成衣展或大阪国际时装展向市场和消费者提供流行时装。

5.2.4　中国流行趋势预测系统

169

随着我国成衣业的迅猛发展,服装流行趋势的研究更显得尤为重要。 我国的服装流行趋势研究已进行 20 多年,对推动我国服装业的发展,引导文明、适度的衣着消费,发挥了积极的作用。 在基本符合国际运作模式的前提下,我国服装流行趋势的研究已积累了相当的经验,建立了一套既适合我国服装业发展现状,又与国际流行趋势相一致,且具有中国特色的预测方法和理论体系。 其主要内容包括四个系统。

（1）预测系统

预测系统主要包括定性分析、定量参考、交流探索、定性判断等环节。 定性分析是预测的第一步,它主要要求有关专家运用多思维和创造性思维进行体会和分析。 为了能随时对流行做出最佳的预测,最好能从各种层次的流行入口(少数特定到一般大众)了解,评估他们对流行趋势的接受情况,并按照当时的宏观背景(审美倾向、生活方式、消费观念等)、微观环境(服装相关行业的流行变化、科技新成果、以往服装流行的形态等)做出综合考虑,研究其流行趋势。

流行具有一定的周期性,因此,研究其引发和导致流行的前因后果,是流行预测中的重要问题。 它包括对过去流行的客观认识、对当今流行的正确判断、对国际流行趋势的综合评价。 在此基础上,对市场进行调研、深入分析,得出初步意向,再经过纵向、横向的服装流通机构,进行综合的分析和研讨。

我国流行趋势预测的具体工作流程如下:

10 月(第一年):收集当季秋冬市场情报,并与上一次秋冬发布进行比较,同时收集世界各国的流行趋势发布作品。

11 月:提出提案,组织专家委员会论证、分析和主题研讨,确定流行主题。

12 月:流行主题的视觉化,包含概念形象、色彩设计、款式设计、纺样设计、面料组织等。

1 月(第二年):样品开发,样衣制作。

2 月:继续样品开发和样衣制作。 设计师考察 PV 和各种衣料博览会,获得第二年的春夏色彩、面料信息和其他信息,并逐步将有关信息传递给面料特约生产企业,引导企业进行产品开发和生产。

3 月:举办秋冬流行趋势发布会、专业委员会会员大会、第二年春夏(色彩、面料)流行信息传达会。

① 核心小组报告国际流行信息。

② 展示国际流行面料小样和国内企业自行开发的新产品。

③ 由服装和面料类研究院共同分析,进一步确定符合中国服装流行趋势的面料,并落实开发方案。

④ 提出第二年春夏流行趋势草案,并进行讨论。

4 月:收集当季春夏流行市场情报,并与上一季春夏发布的信息进行比较,同时收集世界各国的流行趋势发布作品。

5 月:提出提案,组织专业委员会论证、分析和主题研讨,最终确定流行主题。

6 月:提出主题的视觉化,包括概念形象、色彩设计、款式设计、纺样设计、面料组织设计等。

7 月:样品开发,样衣制作。

8 月:继续样品开发和样衣制作。 设计师考察衣料博览会,获得第二年的秋冬色彩、面料信息和其他信息,并逐步将有关信息传递给面料特约生产企业,引导企业进行开发和生产。

9 月:举办春夏流行趋势发布会、专业委员会会员大会、第二年春夏(色彩、面料)流行信息传达会。

① 核心小组报告国际流行信息。

② 展示国际流行面料小样和国内企业自行开发的新产品。

③ 由服装和面料类研究院共同分析,进一步确定符合中国服装流行趋势的面料,并落实开发方案。

④ 提出第二年秋冬流行趋势草案,并进行讨论。

10月:收集当季秋冬市场情报,并与上一季秋冬发布的信息进行比较,同时收集世界各国的流行趋势发布作品。

国内的流行趋势小组通过以上流程吸取合理因素和相对一致因素,从设计素材和具体的造型风格出发,确立其设计主题,根据主题和各要素确定服装产品的造型设计、结构设计、工艺流程等。

（2）传播系统

服装流行传播系统包含宣传媒体传播系统和推广应用传播系统两种类型。宣传媒体传播系统一般包括以下几个方面:

——时装发布会,包括在法国巴黎举办的高级时装发布会(每年两次)和其他国家各自举办的带流行导向性的发布会;

——服装博览会、交易会、产品洽谈和展示会;

——电视服装专栏节目、录像、新闻媒体和有关国际互联网络媒体;

——服装流行画报、服装杂志、报纸和有关资料;

——服装流行趋势指导和有关研讨会;

——信息网络各地辐射传播。

如果说宣传媒体是服装流行的间接方式,那么应用传播则是服装流行的直接手段。 推广应用传播一般包含如下几种形式:

——服装博览会、交易会、展销会和订货会;

——流行服装设计比赛和流行服装设计交流;

——各地服装辐射地推广应用;

——服装面料、辅料的联合开发;

——新产品销售方式及其指导。

（3）协调滚动系统

为确保服装流行趋势的发布与推广,协调滚动系统推出了一个中心、两个衔接、三段发布、四个工作环节，其具体含义如下：

一个中心：以推行新的流行服装风格为中心，避免服装的上、中、下三个工业部门脱节，服装要素应围绕新的服装流行和着装风貌的实施来进行。

两个衔接：主要指成衣流行趋势的两个时装季节（春夏和秋冬），与人们实际着装季节的衔接，两个成衣时装季节和服装工业的服装发布会、订货会的衔接。

三段发布：采取发布和展销相结合的形式，即色彩、纱线、面料和服装分三个阶段进行发布和展销，始终以流行为中心进行协调和衔接。

四个工作环节：流行预测→设计发布→流行宣传→流行推广四个环节之间的相互协调和衔接，循环往复。

服装是综合性行业，新产品的完成需要纵向的上、中、下游工业部门和横向的一系列相关行业的互相配合。在形成新的流行趋势的同时，纵向涉及色彩、纱线、织物、服装，横向涉及辅料、饰物、发型、化妆等，因此，只有围绕流行趋势实行纵向和横向的全方位的协调滚动，才能共同创造出新的着装风貌。

（4）支持系统

支持系统是服装流行预测的有力保障。它除了一般支持系统的知识库、数据库之外，还包括中外服装史料、录像、影视资料、照片、设计效果图，以及世界各民族服饰、历届博览会、订货会、洽谈会的展示资料等，只有具备了丰富、完备的支持系统，服装流行预测研究才会更加完善，预测才会更具规范性和科学性。

5.2.5 主要流行趋势预测机构

流行趋势对服装生产具有指导作用，但由于流行趋势信息收集工作的庞杂性与分析工作的繁琐性，每个服装生产企业都无法独立完成，因此，产生了拥有相当强大的专业队伍，专门提供有关流行趋势资讯的服务机构。这些时装业内部的中间环节，即独特的研究机构和资讯公司，所提供的资料是很多时装公司不可或缺的。目前，这些大的服装信息资讯机构都提供了网上服务与资料手稿的发行。

（1）法国 Promostyl 时尚资讯公司

创立于 1967 年的 Promostyl 公司是一家全球性的流行趋势研究和设计项目开发的专业机构，以"辅助企业适应未来的生活风格"为使命，也是迄今为止成立时间最长的权威性流行资讯公司。 除了巴黎总部之外，该公司同时在美国纽约、日本东京两个重要时尚中心设立了直属分公司，使其信息网络遍布全球各大时尚城市。

Promostyl 每年会推出 15 部流行趋势手稿，专门剖析未来的潮流趋势，提前18～24 个月为客户提供明确而具体的解决方案。 手稿内容主要包括《色彩流行趋势手稿》《设计风格趋势手稿》和《材质流行趋势手稿》等，每部手稿都为特定的市场打造，按主题内容定义流行时尚。 流行趋势手稿中配有丰富的效果图、款式图和照片，以此来展示写实而准确的未来时装潮流。 如《设计风格趋势手稿》的主要内容包括：探究即将到来的社会文化潮流，以及正在浮现的生活时尚；以丰富的主题阐释影响消费者行为的不同社会时尚；通过全球时尚生活方式的分析，定义每个季节的四大主题，概括消费者习惯的主要变化，为每季的四大主题提供清晰的思路；分析对全球消费行为有着深远影响的正在形成的新观念、新的兴趣点和新的艺术形式。

（2）美国棉花公司

美国棉花公司负责流行预测的流行市场部位于纽约曼哈顿麦迪逊街 488 号，共分成三个小组，分别是流行色与面料趋势预测小组、服装款式预测小组和家用纺织品预测小组。 其成员将全部精力投注在三个领域：销售理念，每年定期举行两次正式的服饰研讨会；色彩预测；棉花工业建立永久性的织物图书馆和设计研讨中心。

美国棉花公司的时尚专家每年都会到世界各地收集有关棉纺织品的最新流行信息，参加各地的主要流行趋势预测会，并把收集到的信息进行汇总，通过系统分析，得到有关棉纺织品的色彩、面料等方面的流行趋势。 这些信息对及时把握市场动态、制定市场策略都非常有帮助。 每年，这些流行趋势专家在伦敦、巴黎、米兰、香港、东京、新加坡、上海、洛杉矶、纽约等 25 个城市进行流行趋势巡回演讲，听众来自 1 700 家公司，其中多达 4 000 名决策者。 这些流行趋势讲座极大地影响了采购商和设计师，其目的是使棉和富含棉的纺织品在市场上居主导地位。

（3）美国 Fashion Snoops

美国 Fashion Snoops 是全球领先的在线服饰时尚预测和潮流趋势分析服务

提供商,其总部设在美国纽约,是《国际运动装》(Sportswear International)和《国际流行公报》(Collezioni)等顶级商业杂志的定期供稿机构。 在"infomat. com"公布的"世界潮流趋势预测服务 25 强"报告中,"fashion-snoops. com"被评为"A＋"级(最高级别)。 该机构的服务范围包括:全球国际流行时尚(可下载使用设计样稿、结构图)、色彩搭配、流行观点、全球流行服饰销售报告、设计工具(潘东国际标准色卡、市场竞争分析报告、导购图、时装年历等)、展会新闻等。 作为国际顶级潮流资讯机构,旨在给用户提供专业、全面且实用的即时资讯和分析预测,可快速运用到企业的新产品开发中。

(4) 英国预测机构 WGSN

Worth Global Style Network(WGSN)是全球领先的在线类时尚预测和潮流趋势分析服务提供商,通过在线为各大时尚产业精英提供最新的专业时尚资讯。全球各大型服装公司都定期订阅 WGSN 的服务,帮助他们获得最新的国际风尚资讯。 WGSN 的总部设在伦敦,同时在纽约、香港、首尔、拉斯维加斯、墨尔本和东京设有办事处。 其归属于英国顶尖的媒体上市公司 Emap,被业界视为最活跃、最成功的时尚在线网络公司。

WGSN 旗下的百余名创作和编辑人员,为了满足客户的需求,经常奔走于各大时尚之都,并与遍及世界各地的资深专题记者、摄影师、研究员、分析员和潮流观察员组成了强大的工作网络,实时追踪新近开幕的时装名店、设计师、时装品牌、流行趋势、商业创新等行业动向。 潮流研究小组穿行于世界各地的时尚商演中,实时记录 T 台风尚,追踪橱窗陈列,然后将所有资讯反馈给设计师,供他们提取精华,为下个季节指点新潮流的走向。

WGSN 非常看重中国对时尚潮流的影响。 2006 年 7 月,WGSN 首次在中国发布全球服饰流行趋势。 他们为中国本土的时尚公司,以及驻中国的外国企业提供领先的时尚和潮流资讯,并着手组织调查人员,开展对中国时尚潮流的调查。 新任中国区经理戴维·葛德威(David Kurtz)表示,将为走在时尚前沿的中国时尚公司、服饰公司和业界提供 WGSN 风格的潮流资讯,为中国与国际时尚、潮流文化架起一座沟通的桥梁。 他还认为,中国有着丰富的文化元素可供分享,将成为强有力的潮流创造者,是值得关注的时尚潮流原动力之一。

(5) 中国纺织信息中心

中国纺织信息中心是在政府机构改革和国家科研体制改革过程中组建起来

的纺织行业中介机构,由原中国纺织总会信息中心、中国纺织科学技术信息研究所、中国纺织总会纺织产品开发中心、国家纺织工业局统计中心四家机构重组而成。 该中心的产品信息部是目前国内最大、最权威的纺织、服装专业资讯提供机构,其依托中国纺织信息中心的行业优势及其在国际同行业的地位,与多家国外知名资讯服务公司和机构建立了密切的合作关系,如美国 Pantone 公司,德国 Mode Information 公司,法国 Promostyl 设计工作室,英国 ITBD 集团,意大利 SASS 公司、Novoltex 公司、Italtex 公司、A&R 公司,以及日本 Kaigai 公司等。该中心提供从流行色到纱线、面料,再到服装等方面的趋势资讯与产品开发服务,还负责执行一系列国家组织的研发活动项目,如中国纺织工业协会牵头组织的"Fabrics China 中国流行面料"系统工程,主要目的是提供关于纱线、面料产品的预测,结合企业进行新产品的开发与宣传,建立质量监控系统,向国际推广中国流行面料形象等服务。

175

5.3 服装流行预测流程

5.3.1 预测工作者使用的工具

流行预测工作者的工具箱既包括主观想象、艺术基础等感性工具,也包括更多客观的、以科学研究为基础的理性工具。

流行预测工作者使用的感性工具包括感知力和观察力,这两个以实际经验为依据的工具,是以实验和以前的知识为基础的。 相比之下,更为模糊、但很重要的是众所周知的被称为直觉和灵感的两个工具。 由于感性工具从本质上来说是内在的作用,受意志控制,因此很难被衡量、分析和评价,它们只能被主观的术语所描绘。

理性工具包括统计学分析、从过去的信息趋势和销售数据而得来的概念模型,以及计算机软件等一系列可利用的分析程序。 灵感是从这些工具中提炼出来的,然后与流行主题故事的发展和营销有效地融为一体。

理性工具和感性工具都运用于流行预测流程的第一个阶段——数据收集阶

段。数据来源和数据收集经常被认为是一回事，但是，我们在这里将它们分开讨论，因为它们代表了整个系统的两个不同组成部分，具有不同特性。

（1）数据来源

给预测者带来灵感、供服装流行信息收集的可用数据来源是大量的，这些来源大致可以分成两个方面——主观方面和客观方面。

主观信息的来源广泛而又在不断变化，它们的本质是主观性的，加之这些信息是不可记录的，因此也不能被人们所利用。主观来源的痕迹被预测者所把握，存留在记忆中。这种信息通过预测者无时无地不在的感知力和观察技巧来实现。预测者经常有意识或无意识地使用这些技巧，因此这个数据的收集过程是持续不断的。在某些特定的时候，这些技巧被运用得恰到好处，包括在他们购物的时候，旅游的时候，看电视、电影或者话剧的时候，当然还有在小酒吧或者参加俱乐部活动的时候，在现代流行音乐会或者一些社交活动的时候，甚至在逛街的时候——事实上，不论何时何地，预测者们一旦出了办公室或者工作室，他们就会情不自禁地、不断地观察他们的周围：环境、人群、气氛和情绪。所有这些都作为记忆直接保留下来，尽管其中包含个人观点，但这些事物和过程的记载也呈现出一定的客观性。简单来说，最为重要的事情是倾听，从而了解人们的观点、生活方式和行为，观察他们的身体语言，这将给预测者带来至关重要的信息。除非这种信息被预测者以某种方式记录下来，否则这些数据会一直是主观的，而且是无形的。

由于查询信息和数据收集是一个持续的过程，所以先前的知识是另一个有用的信息来源。在汇编上一季流行趋势范围时被预测者研究而排除的那些流行信息，有可能作为新一季流行趋势被接受。同样的，由于流行变化的方向是逐渐改变的，所以，预测者必须时刻注重前一季趋势预测中的流行范围和当前大众普遍接受的流行服装，这样才能跟随变化的方向，并评估变化的速度。

预测工作者可以获得的客观资料包括：前一季的趋势信息（包括自己公司和其他公司的）；报纸上的文章和杂志，提供了丰富的理念和灵感来源；起同样作用的彩色的和时尚的历史资料，例如博物馆、画廊、图书馆和时装书、老杂志、剪裁样式、针织图案等。可感触到的物体和素材，到处可以收集到，从你的房间到花园，再到大街、市场，甚至可以延伸到森林和海滩。

预测工作者获得信息的另一个主要途径是商品交易会和流行趋势会议，尽管这些信息一般都经过过滤，但传递的基本都是精确的、得到广泛支持的流行趋势。 预测者也会与新技术同步前进，比如说，如果一个纤维制造公司正在开发金属纱线，预测者就会意识到这个公司需要推广他们的新产品，从而考虑是否把这种金属纱线的质地和色彩作为一个主题。

因此可以看出，预测者有很多可供参考的资料，从而获得多变的数据。 当然，事情也并不是表面上看到的那么简单，数据是因为需要被用才会被收集。

（2）数据收集

如前面提到的，数据可以分为客观数据或者说理性数据，以及主观数据或者说感性数据。 理性数据是可见的，例如面料的样品、纸张、树叶、照片等。 感性数据存在于个体的记忆之中，其他任何人都无法得到。 由于记忆并不可靠，所以对于预测者而言，更好的办法是收集流行信息的准确描述、精确复制等理性数据。

数据可以通过三个基本途径进行收集：语言、视觉和其他感官或情绪。 语言工具首先包括询问信息。 这是一个简单的方法，但是，在现在的预测过程中却很少有人用。 我们认为，向普通大众寻求他们对服装流行的观点，并发现他们的喜好，为相关的目标市场提供一个可接受的流行信息数据库，从而改进现在的系统，是有益于行业和消费者的。 语言工具还包括预测者提示和倾听，可以用各种提示来促使人们表达他们的想法和对流行的反应，然后倾听或记录下来。 交流的结果可能是像理性数据那样被记录下来，也可能仅仅作为感性数据储存在头脑中。 这种类型的数据收集似乎被所有层面的流行预测者所忽视，从最初的预测者到零售商，都是如此。 事实上，零售商能够很好地利用消费者这一信息来源，可以是商场简单的对话，也可以更复杂一些，建立一个较为正式的数据收集系统。 然后，将这些信息输入一个改进的流程模型，回馈到最初的流行预测流程中。 一些独立的零售商很可能已经开始这类数据的收集工作，因为和商场的销售员相比，他们与顾客也许有着更紧密的联系。 独立的商店店主将兴趣放在商店的收益和生意的维持上，但是零售商店的雇员就很少将兴趣放在这个方面，也不太可能那么注意顾客的想法。 即使这些雇员与顾客谈笑风生，并且很清楚地知道顾客喜欢什么和不喜欢什么，但这些信息业不太可能被传达到上一层，甚至不可能到达商店的经理，更别提传达到公司的设计师和买手们那里了。 因此，如果对雇员进行培训，让他们将这类信息集中并做正式汇报，甚至构建一些供消费者使用的店内互动系统,零售商将从中获益。

第二种收集数据的方式是通过视觉表达。 这使得流行预测工具的观察力和理解力得以大大强化。 这些信息被记录、分析、评估,并且可能被某个人或者一群人所筛选。 这是现在流行预测工作者收集数据时采用的主要方法。 观察和理解的方法总是悄悄地在使用,这样,作为信息来源的人们就不会发现他们正作为被观察的对象。

观察的过程是复杂的,因为其中包括感觉和知觉这类感性工具。 感觉可能被视为一种感觉功能,一种情绪的波动;然而,知觉却是头脑中一种更为直觉的活动。 一般来说,观察的方式有三种:随意观察、系统观察和参与观察。 随意观察类似注意,通过不经意的观察和感觉来感受情绪和倾向。 然而,使用系统观察,预测者会更了解通过最初的随意观察所形成的模式。 在这一步,预测者会有意地寻找更多的证据来支持已经通过最初的随意观察所形成的模式,同时做到不影响更深入的随意观察。 参与观察是观察者亲自参与体验的行为。 预测者在自己购物的时候会进行这种观察,意识到自己也是消费者,并在选择物品和付账时像消费者那样考虑。 通过这种经历,预测者可能会根据自身的感觉意识到正在流行或即将流行什么款式的服装。 这是数据收集的第三种观察类型,它需要调动感观和情绪的表达。 预测者可以有意识地把自己放在消费者的位置,评估和确定下一季流行或有可能流行的服装,当然,获得反馈的也仅仅是他们自己。为了洞察个体消费者的想法和感受,必须直接从他们身上获取信息,否则就仅仅是一种假设。

预测者在进行流行预测时,是否会有意识地倾向于以他们自身的喜好为基础呢? 是否初学流行预测的人比有经验的人更容易倾向于此? 这是一个很不确定的问题。 所以,对流行趋势预测接受程度的数据应该比预期结果更为重要。

流行预测者还会运用一种被称为"自然观察"的方法来观察他们日常生活中的人们。 这种方法用来观察特定时间发生的事情,有一定的作用,但是,当需要解释为什么,在思考、推理和决策的时候,就不是一种理想的选择了。 在自然观察的过程中,观察者对整个中间的过程和最后的结果都不能干预,因此,其结果比凭猜测得到的结论更为准确。 如果预测者有足够渊博的知识,并通过理解和应用思考、推理和决策这类工具,了解到为什么消费者更喜欢某种颜色,那么对于未来的趋势预测陈述,尤其是涉及流行趋势变化方向和频率方面的内容,都十分有益。

此外,还有两个对数据收集工作起重要作用、并贯穿于流行预测全过程的工具:直觉和灵感。

(3)直觉

正如本章第一节所说,直觉是预测工作者用到的最重要的技能之一。 为了更详细地评价直觉,现在,让我们仔细观察它不为人知的一面,从更宽泛的视觉上审视它,以便将它放置在理论和实践之中。

直觉的重要性在很久以前就为哲学家们所认识,但是现在似乎不被人重视了。 它是否被人们忽视,还是人们不知不觉地在用它,或者在使用它却不能解释它,因此而低估了它的重要性和价值?

有些人可能承认直觉的存在,认可其在今天的物质世界所起的主要作用,但也有很多人不理会直觉。 当然,也有一小部分人认识到了在直觉和客观世界的鸿沟间架起一座桥梁的必要性。 这将开创一个新的、丰富而多变的研究领域,使人们更好地认识人类思想所做出的主观贡献。

尽管科学的方法论不承认直觉,但仍然有很多著名学者乐于认可直觉的价值和重要性,尤其值得强调的是直觉在探索方面的重要作用,这也是支持直觉在科学中不可或缺的一种重要观点。 现代著名的物理学家和作家弗里特约夫·卡普拉(Fritjof Capra)提到,直觉在开创科学研究新领域时,与洞察力和创造力一样重要。 他认为,当思维处于放松状态,没有处于可以寻求解决问题的方法的时候,直觉就很有可能出现。 爱因斯坦(Einstein)也被誉为在解决问题的时候懂得运用直觉的科学家,这一点在他形成相对论基础的早期论文和他 1905 年的博士论文中(1916 年秋季发表)都明显地有所体现。

流行预测可以看作是一个待解决的难题,或者看作是一个挑战:为不久的将来,特定的季节,编辑一系列消费者可以接受的色彩、面料、款式等。 而最后的流行主题确定就是难题的解决办法。 流行趋势预测者们不一定把流行预测看作是一个难题,但很有可能把它当作挑战,或者大多数干脆当作自己的工作。 从科学的角度而言,这是一个问题;从创造的角度而言,这是一次机会。

直觉大多被视为艺术学科范畴的东西,而不是科学的。 直觉往往被认为是类似于艺术家本能的工作方式,正像画家的色彩,或作曲家的旋律,哪个色属于正确的选择,哪个音正好合适,这个判断应该是直觉的。 一个重要的因素是:在艺术的世界里，不必计较对与错；而在科学的世界里，每一件事情都必须核实、验证和测量。 如果直觉不能被量化，那至少要充分地理解它，不然，它在科学里就没有清楚的位置。 然而，直觉可以说是创造力的驱动力，可以鼓舞人们对新知识的追求。

如果将直觉运用到服装流行趋势预测上，预测者在某种意义上有责任证明所发布的趋势预测是正确的，至少对他们的客户有这种责任。 当然，使客户信服的理由，通过市场验证后就会不言自明。 真正值得我们考虑的是，推理和决策的过程并不清晰，并没有解释预测者为什么选择这个流行主题而没有选择那个主题，也没有说明何时、何地敲定最后的流行主题。 这些都是流行预测中的直觉元素。

当科学的世界在逐渐抛弃直觉这个话题的时候，在行为学研究领域，直觉却逐渐占据了一定地位，许多学者开始撰文研究思想和思考的模式，更加坦率和深入地讨论直觉的概念及其用途。 做决策是一个判断的过程，而筛选则基于认知的思考、推理和直觉。

一些预测者担心，如果对直觉进行量化，至少在人们对直觉的认识领域之内，将减少它的创造潜力。 另一方面，他们可能同样会或多或少地担心，如果使用信息的人能够充分掌握预测过程，那么预测者就变得毫无必要了：掌握信息的人可以自由使用他们自己的直觉来预测，而不再需要预测者。 这样的话，信息使用者可以实践他们自己的预测方法。 这将是一个更节约成本的方法，也是使公司的产品更符合消费者需求的手段。 总之，这再次体现了预测业与制造业相结合的重要性。

（4）灵感

灵感通常被认为包含更多精神层面的内涵，比如，突然不知从哪里冒出来的奇思妙想。 这就是通常被提到的"尤利卡因素（Eureka Factor）"。 然而，灵感到底从何而来？ 一般有两个公认的源头。 第一个源头是生活中的许多因素，总是能提供给我们一些可视的或者可触的新鲜信息，而灵感正来源于此。 这些因素能激发想法、感觉和直觉方面的预感。 灵感也可以来源于声音、言语，也可能来自对音乐、动物鸣叫等的主观感受。 第二个源头，也可能是最有争议性的一个灵感来源，是在适当的时间、以适当的方式突然进入脑海中的想法。 这些想法的特征有异于普通的视觉刺激或者是有意识的思考。 这些灵感从何而来？ 对于那些企图去认知或者对那些来源已经有认知并且能够解释的人而言,提供证据实在太困难了,所以只能把这一切停留在猜想的层面。

然而,当一个概念或者一些更开放和更有创造性的想法太难于理解时,就出现了普遍认知上的假想,所以就有了近年来对于那些天才们灵感的专门研究。生物学家鲁珀特·谢尔德雷克(Rupert Sheldrake)博士就是该领域的一位研究者,他的观点充分考虑了遗传学的因素,立足于假设我们的遗传基因在人体以外的地方储存着,而不是在身体内部的 DNA 序列中,DNA 只记录了人体的物理资讯。 这个研究人体精神构成的理论被命名为"形态遗传学"(morphogenetics)。谢尔德雷克认为,他所推测的这个信息的源头指导着人们去获得新的知识和技能,成功的实验将会证实他的主张。 这个理念认为,记忆储存在形态遗传介质中,而不是在大脑里。 这个理论被认为是比较类似于通常所说的"心灵感应"和"透视眼"的说法。

著名的精神学家埃德加·卡塞(Edgar Cayce)一直在推广一个名为"阿卡斯克(Akashic)记录"的概念,虽然他不是此概念的创立者。"Akashic"在梵文中意味着"世间的感觉物质"。 他认为"Akashic"是一种常识,只要懂得使用它的方法,任何人都可以得到它。 当你突然发现灵感从四面八方向你涌来时,你可能已经无意间获得了这个常识。

有些人认为,灵感和直觉都是精神世界传达出来的信息,是一种代表我们获取信息的媒介,它们把思想的种子撒播到我们的大脑里。 另一种观点则是谢尔德雷克理论的推广,它符合"物以类聚"的普遍规律。 其实,一些特殊心理的形成,就是被某些类型的信息所左右而来的,但不是每个人都有足够的能力利用这些信息。 因此,很多人常常产生想法却没有能力去实现,而只能等待其他有相同想法的人来实现这些想法。 这样的故事在我们的历史中一直在发生。 缝纫机在 19 世纪初被发明,实际上,当时大西洋两岸很多发明家都有类似的想法,但大多数人由于没有雄厚资金的支持而受挫,最后只能无奈地在市场上购买他人设计的产品。

在流行故事的展演中,我们也可以看到明显的类似现象:很多人一年到头在参加各式各样的流行趋势会议,会上所提的建议都来自这些普通大脑能够拥有而保留下的相似的"信息中心",流行预测主题的相似也就不难理解了。 某一个流行预测专家的预测观点和直觉,真的能够进入当前的时尚精神中吗? 就算能,有证据能证明吗？

从公元 2000 年开始到公元 4000 年这段时期，在西方占星术中的黄道带被称为"宝瓶时代"。占星术认为，宝瓶时代将是一个充满深谋远虑和变革的时代。这个时代特别强调科学、技术、哲学和理性主义，其主要特征与黄道带的宝瓶座的特征相符。作为新时代到来的标志，生态学方面的运动不断兴起，越来越多的人开始积极并公然投入到乌托邦梦想的"新时代运动"中，越来越多的研究开始涉及这个主题，伴随的是越来越多的有形证据支持。在这个时代，灵感和直觉对于我们每个人到底意味着什么，灵感和直觉究竟从何而来，都是等待我们思考的问题。

5.3.2　流行信息的数据处理

接下来的流行预测流程步骤包括在已确认和规范的一系列工具中。这里提到的模型部分如图 5-1 所示。

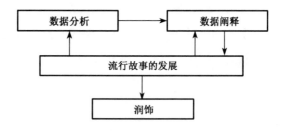

图 5-1　现行流行预测模型运用的第一步——流行故事的发展

（1）分析和阐释

当预测进行到一定程度，一般是在数据收集结束后，也有可能数据收集仍在进行中，已经收集到足够的数据时，就可以开始对数据进行分析。在分析的过程中，先将不同的元素分离开来，并区分某些特定的种类或类型，使得数据以一种意义的状态呈现。这些有意义的结果被确认的过程，也可以被视为阐释的过程，它说明了数据类型或数据分组为什么是现在的样子。换句话说，我们开始用简明的形式来表达流行趋势预测的主题。

最初收集的信息将决定流行主题的方向和内容，在主题确定后及其后续的延展工作中，数据收集会变得更有指导性。当分析已有信息的工作比增加信息更重要的时候，我们就进入了一个新的阶段。也就是说，此时作为支持流行预测主题证据的已有信息,与帮助获得灵感来源的新信息相比,已经处于一个更加重要的位置。 思考、推理和决策将成为完成流行预测背后的驱动力量。

许多学者谈到,对预测方法的评估和对流行信息的阐释,主要由零售公司的员工完成,而他们的阐释内容有时来自流行趋势资讯公司,但是,有关流行信息阐释的这一环节的过程描述太过于简化,不是很清晰。

对流行信息的阐释需要预先有一个准备的过程,对大量的信息进行筛选,也就是说,这些流行信息并不是都要考虑和接受,你需要考虑的是,它是否紧跟这一季的流行主题,是否有利于公司的形象等问题。 这要求信息阐释者在主观上就要具备这种排除能力,并尽量多地靠近客观。 然后,将选择出来的信息形成趋势版面,呈现给公司员工。 信息阐释者需要具备良好的心理素质、熟练的表达技巧等能力,坚定的信念与被信任,是能否完好地传达主题内容的有力保障。

(2)流行故事的发展

信息一旦被分析和阐释,我们就可以认为它得到了评估。 这个评估可能包含科学的度量,但对于流行预测而言,一般会更多地使用直觉进行判断。 这个过程是发展流行故事的关键。 在此过程中,预测者们测试各类数据,将它们组织起来,使之具有视觉冲击力,并在其中融入思考、推理和决策,当然,也包括依靠直觉进行排除、重组和进一步加入数据。 对元素的删除涉及接受或拒绝部分数据的过程,由于对流行关键性元素的发掘,以及最后结果的分析,都来自这个阶段,所以我们必须对直觉的创造力给予充分的重视。

(3)润饰

最终,流行故事将得到润饰,我们可以用"反复"这个词来形容这个过程。为了让流行故事显得更完美,我们可以加入或拿走一部分数据,也可以对数据进行简单的重组。 在润饰阶段,流行故事的最终编排将基本被确定,但是为了给进一步的润饰留出空间,有可能会以草案的方式展示没有完全敲定的内容。

5.3.3 流行信息的评估和完成

(1)简报

简报是指用于指定任务的一套结构化标准。 该标准指定任务,且提出要求。 预测者、设计师、买手,以及任何在趋势预测中有工作任务的人,都会发一份每季的工作简报以指导工作。 根据接收的简报，研究工作就可以开始了。 特别是对于初学者，简报应该从评估当前和过去的趋势信息开始。 初学者应该使自己了解当前和未来的趋势预测信息，较理想的状态是了解 4～6 个季节的信息。 这是预测者通过记忆（如果他们在该领域工作的时间足够长）和收集以前的趋势预测包中的数据所必须掌握的知识。 预测者认为经验至关重要，但是这对于初学者而言有一定困难。 如果尚未开始在预测领域工作，一份趋势信息的研究报告也可以成为你正在提高基本技能的极好证明。

（2） 创作主题故事

流行预测流程是用主题故事来捕捉流行趋势的季节性挑战。 预测人员的任务是为指定季节创作出令人信服，并反映消费者需求的流行故事。 预测者为信息使用者提出的流行故事，可能大部分是视觉形式的，例如，预测包加口头陈述。关键因素是，作为一个预测工具，流行故事如何为行业提供令人心悦诚服的流行趋势预测，又怎样准确地评估消费者需求，然后有良好的商业回报。

流行预测者的有效工作都来自相似的信息资源，例如，当前的和以往的趋势预测包、目前的时尚杂志、街头的流行趋势、工作时采用的相同简报和标准。然而，我们发现，他们在工作、思考和解决问题的方式上存在明显的不同，由此也带来差异性结果。 这些差别主要在思考、推理和决策过程中反映出来，这些都是编辑色彩故事时潜在的影响因素。

通常，各公司有自己的评判标准，规定流行趋势范围中的服装类别和需要制定的流行主题。 一个较为完整的主题系列确定之后，公司首先受到他们提供给市场的产品的限制，例如女装、男装、童装、针织衫、衬衫、内衣等。 从为气氛板和趋势预测包设计用于最终展示的有创意的想法开始，一个专业领域的设计始终是趋势预测简报的一部分。 预测工作者还需要考虑目标市场、消费者的生活方式和公司形象。 对预测者而言，这些因素在他们心中早已有适当的位置，但他们有时还需要重温标准，特别在他们将目标转移或扩大到其他客户群市场的时候。

（3） 编辑、展示和确定

服装流行预测流程的最后阶段包括对流行故事的最终编辑和对资料的展示，还包括向客户证明流行预测的有效性。 事实上，编辑的过程也许就是创作阶段的一个主要部分；而展示的内容可以是视觉方面的，也可以是向客户传递最终预测包中的信息，当然也可以二者兼而有之；信息的传递也是确定过程中的一部分，这其中需要应用到市场营销的手法。

（4）思考、推理和决策过程

在服装流行预测的各个阶段，预测者一直在使用感性工具，包括直觉、思考、推理和决策。理论上，在流行预测中，可以通过对流行纯粹的直觉或者完全随机的选择来制作预测用趋势版。这种选择是否成功，我们可以通过市场研究或者观察商场的销售情况来检验。当然，此方法要求我们进行反复的试验。这在实践中往往会花费太长的时间，在经济上往往也是不可行的。

知识，不管是先天获得的还是后天造就的，对于思考、推理和决策的过程都有着相当大的影响；同时，对各种资料的记忆和视觉感受也是一笔重要的财富。还有一点，在流行预测中被公认为具有很高的重要性，那就是知觉。所谓知觉，是指对那些通过各种观察和感觉方式所获得的信息的理解。经验也会影响一个人观念上的知觉反应，这种反应对于最初始的观点可能是支持的，也可能是反对的。如果先前的经验对一个人对于信息的发掘和理解是主要影响因素，我们将这种知觉称为特质知觉。当大多数观测者或者预测者得出相近的结论时，这种一般性的知觉被称为普遍知觉。普遍知觉的达成一般是在一个最初的趋势讨论会议上，当一些相似的信息被确认时，也被称为共识。

当一个流行故事的指令下达时，就可以确认一系列的步骤了。每经过一个步骤，预测者的流行预测知识积累就提升一个层次。附加的知识取决于指令，比如某一个公司的特殊需求。在其后的步骤中，经过信息的收集和思考、推理和决策的过程，原始的资料慢慢形成一个流行故事。预测者会一直使用模型中的方法和步骤，直到得出一个满意的流行故事。这种满意的结果，可以是最初的预测者提供的一个趋势预测包，也可以是为行业设计师和买手提供的一个服装产品流行范围。

还有一点非常重要，而且必须记住，那就是，除了流行预测者运用决策方法以外，信息使用者也需要做出决策，比如某一公司的设计师。由于最终提供给消费者的产品是由设计师决定的，所以设计师在预测过程中的地位是非常重要的。

更深刻地认识和了解流行预测中使用的各种感性工具，对于行业的发展是有益的。它一方面能够增加流行预测的可信度，另一方面能够使过去高深神秘的流行预测更加大众化。这将有利于提升流行预测在行业中的地位，也有助于消除以往的一些负面看法。

尽管我们可以辨别出流行预测流程中特定的步骤，但我们必须注意，由于流行预测流程的性质是复杂的，所以这些步骤有可能出现交叠，而且在每一个步骤中都包含实验的方法，这些都将增加预测者对于流行趋势知识的积累。值得注意的是，我们自始至终在应用直觉、思考、推理和决策等感性工具，这些工具无论对于整个预测过程还是对于独立的一个步骤，都是至关重要的。

思考练习题

1. 运用服装流行的一般技能进行初步的流行趋势预测。
2. 欧美的流行趋势预测系统与中国有何异同？
3. 预测工作者如何有效地运用工具进行服装流行趋势预测？
4. 收集流行资讯，以 3～5 人为一个小组，进行趋势预测，创作主题故事，并制作展板。

第6章 服装流行趋势预测的实施

本章知识要点

1. 流行趋势预测工作者的主要职责
2. 服装流行趋势的发布条件
3. 物化流行的技术手段
4. 流行趋势预测过程中的调查报告

6.1 流行趋势预测的工作者

流行预测不像天气预报，预测工作者需要辨别出各种风格趋势，持续不断地接受来自产业界与消费者双方面的信息，并要设法找到新的着眼点，以及流行趋势与其他产业的相互关系。 由于现代产业的复杂与精细，在趋势预测工作中需要各方面人员的配合，包括流行总监、设计师、时尚记者、采购人员等。

参与流行预测的人员很多，从企业总裁、流行行销顾问到流行总监、设计师、采购人员等，每个人都有自己的职责。 随着服装产业的改变，出现了许多新的工种，如宣传和制造部门的发展人员、营销部门人员、发展部门经理、零售部的制造人员等。 这些富有创意的工作者结合消费市场，共同营造了未来的流行方向。

6.1.1 流行总监

流行总监是一个非常时髦的职业，是业界时尚精英的代表。 他们能够把握市场流行趋势，对时尚流行十分敏感，能够通盘考虑设计风格、最新趋势、利润、往季产品的优缺点、畅销产品与滞销产品等，对于处理滞销产品，还能想出一些新点子。 他们通常是零售业的高级主管、时尚杂志的策划者、企业产品组合的策划者。

他们的主要职责在于研究流行趋势，制定新季节的商品企划，将其预想及时传递给采购、销售人员和消费者。 例如，一个布料公司的流行总监，在每一季新产品开始销售之前的 12～18 个月，便会做出流行色彩、印花图案、面料和剪裁的企划案。 面料公司不可能直接将成品交到消费者手中，他们必须提供正确的纱线样式，才能经由面料、成衣、零售，最后到达消费者手中。 因此，面料公司的流行总监必须综合欧洲、亚洲和本国的流行趋势，将其编辑成每季的流行企划，并用不同的形式将这些企划转换成符合工厂、成衣制造商、零售业、采购商和连锁店的需求。 在丽塔所著的《流行趋势》一书中，列举了《女装日报》（《Women's Wear Daily》）的征人启事条件，由此可以对这类专家级的流行职业有所了解。

① 有概念技巧

② 熟悉商品展示

③ 与设计人员相处融洽

④ 熟悉面料市场

⑤ 了解生产的全部过程（从布料到配饰）

⑥ 摘取欧洲趋势的构思

⑦ 分析颜色和流行趋势

⑧ 经常旅行

⑨ 评估流行导向

⑩ 安排宣传行程

⑪ 外语能力强

⑫ 有活力

⑬ 制造流行信息

⑭ 为进口服饰企划样式和颜色

⑮ 有创造流行的本能

⑯ 能在强压力下工作

⑰ 整合新构想

⑱ 协助市场研究

⑲ 有强烈的动机

⑳ 将一个概念详细说明

㉑ 协助采购人员

㉒ 为产品定位

㉓ 与上层取得良好的协调

㉔ 抓准时机

㉕ 与宣传小组共事

㉖ 实用性创意

㉗ 鼓励别人有绝佳的表现

㉘ 做事积极

6.1.2 设计师

现代设计师再也不可能像 20 世纪 20 年代的加布里埃勒·香奈儿和 50 年代的克里斯汀·迪奥那样创造流行神话,但他们仍然是流行浪潮中的灵魂人物。虽然现代的服装市场是买方市场,街头青年是流行的演绎者,但是这些风格与流行细节仍然需要被设计师采用,然后推广到消费者身上。 媒体对于设计师同样关注,追捧或批评他们的新作品。 因此,各方就像在跳舞,设计师依据当前情况创造流行,然后媒体大肆传播,消费者共同选择,最终形成规模流行。

设计师经常会到博物馆、画廊或某个特色区域旅行,以获得灵感;设计师也需要经常出入健身房,以保持创作时需要的充沛体力;设计师需要有好奇心,以保持对新鲜事物的热情。 设计师创造着时尚,其表现的好坏取决于他们是否能正确地把握流行趋势,并创造出良好的销售业绩,所以更需要把握消费市场。 设计师特别是成衣设计师,必须仔细观察其目标消费者的生活习惯、生活方式、活动范围、兴趣爱好等,因为消费者自身常常可以提供新的设计线索。 设计师需要具有商业眼光,并有能力将时尚设计变成商业提案。

从明星设计师到初出道的设计助理,设计师群体有不同层次的工作划分。

自 1995 年汤姆·福特(Tom Ford)加入 Gucci 公司带给高级服装新活力以后,奢侈品牌与年轻设计师共同成就了 20 世纪 90 年代后期的时尚特征。 而现代媒体的强大功能,更使设计师成为备受追捧的明星人物。 Dior 公司与约翰·加里亚诺、LV 品牌与马克·雅克布(Marc Jacobs)等,这些明星设计师在任期间

189

不断创造着品牌的流行风尚，同时也带来可观的商业利润。 他们成为品牌的核心人物，每一季的作品要经受媒体的评价。 明星设计师的后面有更多的设计师团队，他们共同打造着新趋势的商业操作。

品牌通常有首席设计师，他们同样需要具有前瞻的设计理念、敏锐的时尚触觉，对国内流行趋势有卓越的洞察力，并熟悉国际的文化差异；能够准确地把握产品风格，很好地整合全盘产品；有一定的策划能力和统筹实施能力，准确地把握市场需求。 而设计助理需要具有更多的执行能力，如具有基本的服装专业知识，能熟练操作一些绘图软件（如 Photoshop，Coraldraw，Illustrator）等。

6.1.3　时尚记者与时尚编辑

对于 21 世纪充分发达的媒体工作，时尚记者与时尚编辑是流行链条中非常重要的一环——将流行趋势进行传播。 他们出现在每一季的发布会上，追踪橱窗陈列、时装名店、设计师、时装品牌、流行趋势和商业创新等行业动向，将这些流行趋势加以总结并加以推广。 设计师、明星、名流等，每个人都是时尚记者与时尚编辑的观察对象，他们就像影视评论家，评价各种时装作品的优缺点，对明星们的装扮评头论足，借此引起消费者的关注。

时尚记者、时尚编辑与设计师的关系十分密切。 历史上也证明时尚媒体为许多设计师创造了历史性的地位，如 1947 年将迪奥先生的设计描述为"New Look"的是《Vogue》杂志的编辑卡莫尔·史诺（Carmel Snow），对加布里埃勒·香奈儿 1954 年的卷土重来起到关键作用的是《Elle》杂志的创办人海伦娜·拉莎芙（Hélène Lazareff）的支持。

各大时尚品牌将产品目录送给编辑，借此呈现出各季服饰的外貌。 但《Vogue》杂志的编辑卡琳·洛特菲（Karin LuoTefei）说年轻的设计师可以积极争取："在我看来，美国的设计师比欧洲同行更有自信、更有野心。 在纽约，人们会直接跟我联系，跟我介绍他们的作品，但这种情形在欧洲就非常少见。"

为了在复杂、琐碎、零散的资讯中找到新的趋势，精炼出简单而明确的画面呈现给消费者，时尚记者与时尚编辑需要有敏感的时尚判断力，有新锐的时尚思维，有良好的与时尚相关的产业基础知识，有沟通能力、应变能力、交际能力、执行能力，当然也需要有打扮模特、打扮明星的能力，同时要有打扮自己的能力。

6.1.4 采购人员

在极度商业化的现代社会,营销方式与设计产品本身同等重要。 采购人员时下最时髦的称谓是"时尚买手"。 一个时尚买手是连接产品、销售商和消费者的桥梁,因此所需要的能力更加全面:了解产品风格、个性的演变,以及对形形色色的消费者需求的想象力,将选择的产品定位于对目标人群是最时尚、最实际的。

买手作为一种职业,起源于 20 世纪 60 年代的欧洲。 他们是日益拥挤的时尚工业中杀出血路的自由职业者,因无法挤进天才设计师的行列,转向英国 Next 等大零售商,兜售眼光与销售技能。 目前,买手在欧洲已是成熟职业,类似于买手的圣经《时装买手》(《Fashion Buying》)一书中,这样定义它在时尚产业链中的角色:为一个特定的目标顾客群体服务,其工作性质在于平衡产品价格,预测时尚趋势。

职业买手大致分两类:一类是品牌买手,为某个品牌服务,Burberry、 H&M 等大公司都有买手团队,负责在世界各地采购附加设计、原料、配饰等,之后融入设计师的设计框架中;另一类是店铺买手,负责为百货零售商购买不同品牌的货品,如英国的 Mark & Spencer 的买手。

在中国,品牌买手与店铺买手均存在,但更多的是从属于国际品牌的买手,由于其经营方式分直营店和代理商两类,买手被进一步细分:直营店买手大多由品牌经理或店长兼任,代理商买手则多由买下该品牌代理权的老板兼任。 他们的采购权限都在某一品牌的框架内。

时尚买手是一个兼备创造性和理性的"双面人",是承接设计与销售的纽带。 买手的感性审美与商人逻辑贯穿始终,因此把握趋势和敏锐眼光成为买手必备的素质,这些能力将指导时尚买手挑选到最新款式的服饰,并展示给顾客。同时,买手必须是一个组织者,是一个知道如何平衡收支、量化统计、选择购买时间的商家。 伦敦时装学院的买手课程教授詹姆斯·克拉克(James Clark)这样归纳买手与设计师的关系:"十分紧密。 设计师可能很懒散和随性,为了一项出色的设计不惜使用昂贵的材料和工艺,而买手需要更有逻辑性,可能更多的会在精神上控制设计师。 买手与设计师一起工作,会决定这一季的流行趋势。"如果说设计师创造着时尚,那么,买手就是在操纵时尚。

191

6.2　服装流行趋势预测的实施

6.2.1　服装流行趋势的发布条件

服装流行趋势的发布是服装流行研究的核心和最终目标,是满足社会需要、繁荣经济的重要手段。 作为一种商业行为的前期预报,它直接服务于服装的生产、流行、流通和消费。 由于地域环境、经济水平、文化背景、生产和科技能力等方面的差异,服装流行信息的发布往往只代表一种主导倾向,而不是一成不变的,更不具有严格的约束性。 为了追求商业利益和经济效益的一致性,各个国家和地区在流行发布中尽管存在很多不同,但在研究方法和发布手段上基本一致。 这种共同目标表现在两个方面:

① 对服装流行性的研究与发布是对社会、经济、消费心理、价值观念等因素调查研究的评价;

② 服装流行信息的研究与发布旨在指导企业、设计师和消费者维护共同利益,使需求与供给得到最佳的结合。

以下对流行趋势发布的步骤逐一进行分析。

（1）综合调查分析

综合调查分析是对构成服装流行各要素的系统性了解和科学性分析,其所包含的要素很多,概括起来,主要有以下几种:

① 自然条件的分析

地理位置、地形特征:区域、环境、地貌结构、高山、平原、盆地等。

气候条件:季节特点、常年温湿度、气流速度、大气压力、粉尘密度等。

交通状况:道路、河流、铁路、航空。

② 社会状况调查

人员结构:人口构成、阶层构造、服装消费类型等。

消费条件:市场环境、文化环境、市场容量、消费行为意向、价值观念等。

科技发展状况:服装行业的生产技术、工业发展的历史、现状和未来,相关行业的现状和发展的可能性,以及新技术的特点和工艺倾向等。

③ 经济状况的调查

市场情况:产品价格的历史水平、适宜价格水平、附加值的确定、消费承受程度、竞争的可能性等。

销售方法:销售分布范围、销售结算方式、销售服务态度、卖场橱窗布置、产品使用效果、产品配套条件等。

经济倾向:国民收入情况、消费水平的变化、市场商品的供求状况等。

④ 文化方面的调查

审美倾向:艺术、道德、法律、宗教、心理需求、受教育程度等。

生活方式:民族传统、风俗、服饰习惯、交通方式、居住形式、饮食等。

⑤ 不同地域的流行因素的调查

国内流行因素:历史流行的分析、上层流行的追踪、销售情况、服装消费与收入的比例、外来文化的影响等。

国外流行因素:不同国情的文化传统习惯、各种贸易法规、条例制度、自然环境、社会条件等。

(2) 流行趋势的发布分析

流行趋势的发布,不是由个别消费者的主观愿望决定的,而是根据综合调查的材料,采用科学的方法,经过系统的分析研究而发布的服装流行信息,对指导服装生产的超前性和流通的合理性都具有深远的战略意义。它要求预测具有相当的精确度,所以流行预测者必须具有以下能力:

① 非凡的洞察力

非凡的洞察力是指能贯穿表面直达问题核心的理解能力。"洞察力"不同于直觉,它能清楚划分各种模糊的界限,进而带来一些跨越年龄、时代、季节、尺寸、价格、阶层或性别的商品。

② 良好的诠释力

良好的诠释力是指能通过一些渠道和方法解决发生的问题,并且具有对看似模糊的关系和效果加以解释的能力。预测工作者要从各种信息来源推测未来趋势,并指明其中的共同要素。

③ 客观的态度

预测工作者必须具备感知各种人、事、物的能力,并能不受个人的预测结果影响。由于流行对所有人而言都关系着自己的个人特色与魅力，因此评判的能力必须超越自我与个人观察。客观的态度是预测工作者的必备条件。

（3）系统反馈分析

在流行趋势预测中，如果不能确定流行发布会的效果如何，则需要通过进一步的调查和比较，并假定一种流行趋势发布的效果，把可能出现的各种利弊因素进行反复比较，充分发挥系统反馈的作用，使流行趋势发布在复杂的环境中做出最优的选择。在流行趋势预测发布之后，还要及时收集发布后的各种社会反应，以便通过信息反馈，迅速做出调查，为进一步的流行趋势预测研究并积累重要的经验和论证的依据。

6.2.2 物化流行的技术手段

当新一季的流行初露端倪，设计师、时尚总监、时尚买手等上层工作者便紧紧跟进并不断留意其变化。随着流行风气的逐渐明朗，商家们需要更为强劲的报道，对消费者不断鼓吹新的趋势。接下来就是直接跟消费者的接触，各种促销手段可以切实地推进新的风格、款式、色彩，促使消费者对某种风格款式的选购。

新一季的服装风格在推广过程中，为了将流行贯穿于实际操作中，有许多具体的事务与方式、方法，如流行风格的促进、推销和普及。在这个逐渐引导的过程中，时尚品牌运用了许多技巧，说服消费者用辛苦赚来的钱换取"穿上潮流服饰"的短暂快感和自我满足感。

当各大时装周在 T 台上展示新的作品时，媒体已经蠢蠢欲动了。在即将到来的季节之前，新信息通过各种方式被传递给消费者，并不断强化，以便当消费者决定在新季节购买具有硬派女郎风格的服饰时，刚好可以在百货商场、专卖店或者流行小店找到，这个过程被称为物化流行的过程。在这个过程中，预测者、设计师、生产商与消费者处于一种互动的关系。而商家与媒体所采用的各种方式，被称为物化流行的技术手段。这些手段包括媒体的引导、流行时间的确立，以及各种促销手段。

（1）媒体引导

传播媒体是由一些专业化的群体，通过一定的技术手段，向为数众多、各不相同又分布广泛的公众传播服饰流行信息,从宏观面促使服饰的流行信息波及相关的企业和个人,并迅速地渗透到人们的日常生活中。 在众多媒体的报道面前,即使是不关心服饰的人,也会感受到流行的浪潮。

在现代社会,时装发布会是服饰流行传播最主要的途径。 这些发布会拥有既定的主题,设计师充分展示自己的个性和风格,着力强调作品的艺术效果和视觉欣赏性,舞台装置、灯光效果、音乐设计均别出心裁,形式感极强,通常以令人惊叹的创意性和独特的艺术效果让观众叹服。 尽管时装发布会只是流淌着涓涓细水的小小源头,却预示着潮流所向。

在每年的高级时装发布会上,来自世界各地的成衣制造商、销售商、时尚编辑、服饰评论家、服饰记者、高级顾客都能获得自己所需要的东西,同时,时尚新闻界通过电视、报纸和杂志等媒体将最新的流行信息向世界传播。 法国高级时装协会名誉主席雅克·穆克里埃(Jacques Mouclier)曾经在世纪之交对时装展示会的宣传状况做过统计,他说:"在近 120 场的时装展示会中,45%的品牌来自法国之外,55%源于法国本土。 每一次时装发布会都吸引了大量的宣传媒体,据不完全统计,媒体名单注册约 2 400 位各国记者。 发布会期间,巴黎时尚被全球约 150 家电台媒体争相报道,各国的报纸、杂志宣传文章达 2 500 页之多。"强势的媒体宣传巩固了巴黎在时装界的地位,同时也对各大品牌做足了宣传。

(2)流行时间表

所有与服饰流行有关的产业都基本遵循表 6-1 所示的流行时间表,它是服饰流行的传播与实现的时刻指导。

通常,服装品牌公司或服装零售公司对新一季的产品开发提前 6~12 个月。市场周期前已进行了深入的流行研究,在新产品开发过程中会有不断地调整,为了将最初的趋势预测贯穿到最后,需要一定的工作安排,各方人员都需要按照产品的时间周期安排,完成每一步工作。

通常的模式是设计师预测时尚趋势,并着手为来年设计一系列新的款式。支持他们创作的信息和灵感,来自预测机构、时装行业的展示会和媒体的各种报道。 在 3~5 个月的时间里,他们将自己的创意构思变成实物样品,然后基于上季度某些款式的销售情况,制定销售预算和库存计划。 在这个过程中,不断进行会议决策,讨论哪些款式应该被接受,哪些应被拒绝,以及哪些地方应该修改,相关利润决策,估计最终有多少订单。 为了使更多的因素被考虑到,企业还会召开

表 6-1 流行时间表

时间	1月	2月	3月	4月	5月	6月	7月	8月	9月	10月	11月	12月
预测	提前 12~18 个月完成预测工作											
材料准备				准备下一年春夏面料						准备下一年秋冬面料		
设计阶段	巴黎高级女装展（春夏）						巴黎高级女装展（秋冬）					
		纽约、伦敦、米兰、巴黎时装周（秋冬成衣发布）							纽约、伦敦、米兰、巴黎时装周（春夏成衣发布）			
	成衣趋势发布一般提前 6~8 个月											
生产阶段			准备与生产秋冬装（按阶段分 第 3、第 4 季度款式季订货）						准备与生产春夏装（按阶段分 第 1、第 2 季度款式季订货）			
促销与零售阶段	冬（第 4 季）		春（第 1 季）			夏（第 2 季）			秋（第 3 季）			冬（第 4 季）

多次有经销商、设计师、技术专家、信息专家和其他相关人士参与的会议。 为了使这些方面均进展顺利，许多日程和行程安排必须步调一致。 然后是基于一系列的因素，向全球的一个或多个国家的供应商下订单。 开发流程可以归纳为：收集时尚资讯→设计师预测设计提案→样衣制作→召开订货会或举行发布会→进行批量生产→按要求发货→接收市场反馈信息，并进行小批量的补款补货→总结，并为下一季预测提供参考。 整个开发过程的典型情况如下：首先，供应商用几个星期到两个月的时间采购布料，并使它们得到零售商的批准，接着，生产一些样品，等到这些样品获得认可，再按部就班地进行这些款式的生产。 因此，对于一个典型的服装零售商来讲，从一个服装的概念出现到服装挂在零售店里，整个过程差不多需要花 9~12 个月的时间。

被称为"时尚怪物"的大众流行时装品牌，如瑞典的时装巨头 H&M、西班牙的时装巨头 Zara，将流行趋势信息更充分地利用，他们的流行时刻表也更加紧凑。 以 Zara 为例，围绕"快速时尚"这一精确的定位，Zara 有效地确立运营系统的各个纬度，使之服务于品牌的战略定位，打破了传统的由设计到采购，再到生产、销售、服务的直线价格链的运作模式。 Zara 的设计师、采购专家、市场专家联合形成一个"商务团队"，其开发流程可以归纳为：消费者的即时需求→商店经理、设计师对需求信息的捕捉→总部对信息的分析和匹配→产品开发→批量生产和运输→上架销售→终端反馈→调整。

Zara 旗下拥有 200 余位专业设计师,每年推出的商品超过 12 000 款,可说是同业的 5 倍之多,而且设计师的平均年龄只有 25 岁,他们随时穿梭在米兰、东京、纽约、巴黎等时尚重地,观看服装秀,以撷取设计理念与最新的潮流趋势。为了获得源源不断的时尚灵感,Zara 在世界很多大城市安排了"酷猎手"(Cool Hunter),专门捕捉当下最流行的时尚元素,加上精心设计摆放的店内布局,使得顾客无论什么时候进入 Zara 专卖店,都有焕然一新的感觉。他们是潮流的发现者,他们在世界各地不停地旅行,从而发现新的流行趋势。这些潜在的设计理念信息被送往公司总部——位于西班牙西北部的拉科鲁尼亚(La Coruna)。在那里,400 多名设计师和生产经理每天在一起讨论,决定哪些款式特别吸引消费者。综合所有来自高级品牌与消费者的信息,Zara 仿真仿效地推出高时髦感的热销时尚单品,而且速度之快令人十分震惊。每周两次的补货上架,每隔三周全面性地汰旧换新,全球各店在两周内就可同步更新完毕,极高的商品淘汰率也加快了顾客上门的回店率,因为消费者已于无形中建立起 Zara 随时有新产品的重要形象。

通常,服装品牌公司采用顺序式的生产方式,只能提前几个月进行预测,到了销售季节就不能根据市场的反馈情况进行调节和生产。而 Zara 这种具有快速反应销售系统的品牌,其 35% 的产品设计和原材料采购、40% ～50% 的外包生产(与时尚关系不大的部分)和 85% 的内包生产(对时尚敏感的绝大部分),都是在销售季节开始之后进行的,见表 6-2。

(3) 促销手段

传统营销是以"需求"为基础的,但是现代时尚的基础是"创造需求",这可以理解为需求其实并不存在,而时尚就是一个专门制造"欲望"的工厂。

LVMH 集团的时尚顾问让·雅各·皮考特(Jean Jacques Picart)这样描述自己的工作:"时尚职业的目标只有一个,就是要让品牌足够吸引人。我们所做的每一件工作,都是要设法使人们与我们的品牌谈恋爱。在这一行里,所有的配料——时装秀、广告、名人代言、媒体曝光等汇总起来,如果得当,将驱使人们推开服装店的门。"

表 6-2　传统时装品牌与快速时装品牌生产过程的比较

生产过程	第一阶段			第二阶段	第三阶段	第四阶段	第一阶段（下一年）
传统时装品牌的生产过程	资讯收集	产品设计	产品订货会	面料的采购与生产	成衣生产	销售季节配送和销售（根据市场适当补货）	打折促销
快速时装品牌的生产过程	资讯收集与市场反馈						
	设计与原材料采购（65%） 外包生产（50%～60%） 内包生产（15%）					销售季节 设计与原材料采购（35%） 外包生产（40%～50%） 内包生产（85%）	打折促销

为了使消费者产生"需求"，并具有强烈的"欲望"，时尚行业需要动用现代社会的各种媒体进行传播，如时装秀、广告招贴、名人代言、媒体曝光等。

① 视觉促销

A. 时装秀

这是一种在特定的环境下，通过模特的形体姿态和表演来体现服装整体效果的展示形式。　时装秀并不单纯由设计师设计，重要的人物还包括活动策划组织者、舞台设计师、灯光设计师等专业人员，他们可以协助时尚品牌创造出绚丽的表演。　进入 21 世纪，时装秀已不仅仅是一种艺术，更成为一种行销的元素。　投资一场秀，可能会产生相当于十倍甚至百倍的广告效应，包括报纸、杂志上的照片、电视媒体的报道等。

a. 高级时装秀。　每年两次的高级时装秀是维持品牌高知名度的重要手段，也是服装时尚界的重要盛事。　为了产生强烈的媒体效果，高级时装秀需要夸张的艺术氛围，让人印象深刻。　例如约翰·加里亚诺的每一次时装秀，也包括他自己最后的亮相。　从设计师对展示场所的选择上，也可以看出每个人的独具匠心：这些展示或是在装饰华丽的百年老店内举行，或是在博物馆、歌剧院，甚至在跑马场（如 Dior2004 年春夏高级时装秀）和巴黎股票交易所（如 Givenchy）。　而每次展示必须有 50 款以上的各式高级女装，以 Dior 为例，大概是 5 万～20 万美元一套，也可以根据客户的不同要求，从 2 万美元到 100 万美元以上都有。　目前举行高级时装秀的品牌有：Dior，Chanel，Givenchy，Jean-Paul Gaulier，Armani，Pierre Balmail，Jean-Louis Scherrer，Dominique Sirop，Emanuel Ungaro，

Torrente。 所有投资,仅从高级定制服那里是无法收回其成本的,集团品牌下的香水、化妆品、成衣才是真正的利润来源。 同时,品牌的设计师必须维持明星级别的地位。

高级时装秀除了作为品牌行销手段外,还具有将时尚不断推向极限的功能。高级成衣越来越商业化,而时尚为了制造更多的梦想,仍然需要维持"作为一种艺术形式"的声望。 高级定制服便是一个好的实验,对潮流的考虑可以为零,对市场完全忽略不计,"美"是评价它的唯一标准。 某天可能对人们的穿着方式产生革命性的改变。 LVMH 集团主席贝纳德·阿诺(Bernard Arnault)说:"在这个领域,设计师可以将创意发挥到极限,在品质加创意上进行最终极的呈现。 当消费者购买成衣时,脑海里将会出现这样的连接。"这也许是 Armani 在 2005 年决定涉足高级定制服的原因所在。

b. 品牌成衣时装秀。 高级品牌成衣展通常在时装周集中举行,以便促进各品牌之间的信息交流。 通常,高级成衣发布会上展示的服装因其可穿性而更具流行特点。 纽约、伦敦、巴黎和米兰四大时装周上的发布会,是各个时装媒体捕捉潮流的主要参照,当年的时装流行趋势预测给时装生产商提供了重要方向。

设计师几个月的辛勤工作成果,花大量金钱转化为十几分钟在台上的展出,是昂贵而浪费的,而且提前的公开展出导致抄袭和模仿,但对于品牌的宣传十分有效。 每隔 6 个月,设计师就要接受大家的评估,看看自己是否还热门,关注自己所传达的概念、注释自己的舞台布置、能够请到哪些模特,以及前排观众有哪些名人。 当然,产品地位高于一切,产品是"对"的,这是一个基本条件:如果让产品四周的一切都"对",就可以把一个"好产品"变成一个"热门产品"。 设计师的名字会一再出现在报纸、杂志上,买主会不断地光顾设计师的产品,在下一次时装展上也会同样热门。

因此有许多为时装秀专门服务的公司,他们提供许多服务,包括:选择模特,安排衣服修改,规划出场顺序,协调配件,联系造型设计师、发型设计师和化妆师,处理音效、灯光、安全、餐饮,以及座位安排等。 Portfolio 网站采访品牌 Bill Blass 的总裁和设计总监之后,获悉纽约 2007/2008 秋冬时装周的时装发布会,其花费光服装制作就达到 280 700 美元,巴黎时装周则更贵。

中国时装周始于 1997 年,2003 年开始改为一年两次。 从 1997 年到 2001 年,中国时装周在连续推出"设计与产业结合""时尚与产业升级""品牌与设计

199

师""时装技术与艺术表现""民族文化与国际时尚"的系列主题引导之后，于2002 年明确提出了"品牌、时尚、创新"的战略定位："创新"是时装周的内涵，"时尚"是时装周的表现，"品牌"是时装周的主体。 10 年来，时装周的活动内容不断延伸和补充、调整和完善，现在已经基本形成体现战略定位的六大系列活动：

时装艺术——设计师作品发布会；

流行趋势——时尚新款发布会；

新人新秀——冠名专业大赛；

权威话语——中外媒体招待会；

行家论道——北京国际时尚论坛；

时尚盛典——中国时尚大奖。

这六大系列活动正推动着中国时装周，使其成为融产品与信息、经济与文化、生产与消费、国际与国内的综合性公共服务平台。

c. 商业促销时装秀。 商业性促销表演通常在成衣博览会、零售商订货会或者大型百货公司推销服装新产品时进行，展示的地点多在产品的销售现场或租用的有关场所。 这些展示主要把服装的造型特点、穿着对象、服用功能与价格等信息明确、清晰地展示给订货商或消费者。

B. 广告

广告的基本职能是通过媒体，向现实和潜在的消费者传递商品、品牌观念等信息，以促进商品销售或提升企业形象。 广告的应用可以追溯到古埃及，那时商人把将要出售的商品信息刻在石碑上，并放在交通要道上。 时装业则在 19 世纪末才把广告作为联系顾客的手段。

时装广告传递给消费者流行信息，激发他们的兴趣和情绪，这正是服装业者所需要的：吸引你的视线→提起关注→萌生愿望→博得认同→焕发热切的需求→决定购买。 根据法国化妆品制造业联合会的统计数据，一个高档化妆品品牌每年在广告上的投入高达 2.2 亿欧元。 基本上，香水产品的成本不到其售价的一半，大致为：制造成本为总投入的 10%，包装成本为总成本的 30%，广告成本为总成本的 60%。 就像"香奈儿五号"（No.5），消费者以成本价的 10 倍的价格所购买的香水，不仅仅是几十毫升的有香味的液体，而是这种香味所形成的氛围，使消费者仿佛置身于精美绝伦的广告大片所呈现的场景之中。

时装广告对于品牌形象的建立起着相当重要的作用,与服装流行的推广则更加密不可分。 时尚杂志的"时装大片"通常是重头戏,服装精美当然是必不可少的,关键在于营造一种心情、精神与情感,从心理上引导消费者,使其产生共鸣。

设计总监或趋势分析师对当季流行元素的背景内涵进行解析、阐释的用语和独特的表达方式,以及其中所传递的气氛和感觉,常被运用到广告和电视的场景里。 广告的形式、撰文的灵感和策划,必须与对手的广告处在对应和竞争的位置,其目的是让两者的差异性使人的记忆深刻。 优秀的广告宣传活动可以从买主的选择中挖掘出商品的优点。

对于时装广告,是否吸引人至关重要。"性"常常在广告中出现,其表达的目的与意义很单纯——吸引。 卡尔文·克莱恩在 20 世纪 70 年代末启用当时的青春玉女明星波姬·小丝(Brooke Christa Shields)作为牛仔服装的广告女郎,这是CK 品牌众多受世人争议的广告的开始:年轻的波姬·小丝甩动着飘逸的秀发,一只手轻轻地搭在臀部,用磁性的嗓音说出了那句闻名全球的广告语"There's nothing between Calvin and me"(我和 Calvin 亲密无间)。 汤姆·福特为 Gucci 打造"性感"形象,推出了一系列引发争议的广告,其最有名的巅峰之作是 2003 年的广告:一名男性蹲身凝视由女性体毛修剪而成的 Gucci 标志,引起媒体的广泛关注——当然,画面拍摄得非常美。

在品牌广告中,对生活方式的反应同样重要。 创建于 1978 年的意大利品牌Diesel,自 1991 年起,在每季的产品广告上都打出"For Successful Living"的标语,并且以故事的形式来包装其服装系列,每季讲述一个故事。 1999 年推出的一系列国际性广告,将艳俗与魅力、扭曲与高贵混合在一起。 例如,在某个广告中,一名腿长得不切实际的模特坐在一根巨型香烟上,旁边注释文字"如何能在一天抽 145 根烟",但这个形象下面的骷髅说明另一种信息——"反抽烟"(No Smoke)。 2007 年春夏,Diesel 顺应全球变暖的趋势,推出新一季的广告主题——全球变暖(Global Warning Ready),并邀请摄影师特里·理查森(Terry Richardson)操刀拍摄。 广告的创意是:就算全球变暖导致冰川融化,海平面上升,城市被海水淹没或者被沙漠覆盖,我们依旧需要享受 Diesel 带来的自由主义。 国内知名男装品牌七匹狼,在其双面夹克的电视广告中,通过男人在温情、谈判、工作、危险等场景中的表现,塑造了成功、精英的形象。

C. 橱窗展示

橱窗是商店外观的重要组成部分，它的直接用途是展示、宣传商品，向消费者传递信息，因此，橱窗也是广告媒体的一种重要表现形式。 一个构思新颖、主题鲜明、风格独特、造型美观、色彩和谐、富于艺术感染力的橱窗设计，可以形象、直观地向消费者介绍、展示商品，起到指导和示范作用。

橱窗陈列同时也透露出流行趋势，引起并提升消费者的购买愿望，建立品牌形象。 对于大多数消费者而言，逛商场是了解流行趋势最快捷、最有效的方式，因为当季最流行的服饰一定展示在各大商场的橱窗中。 尽管这种传播途径没有大众传媒那样权威，也没有时装发布会那样光彩夺目，但有其自身的独特优势。首先，商品展示的覆盖面大，涉及人群广，比权威机构的发布信息、少数人参加的时装发布会更有群众优势性；其次，商品在展示过程中往往涉及销售的问题，可使买卖双方加强沟通，与其他传播途径相比，有更强的互动性，更有利于品牌的发展。

橱窗布置和广告一样，都需事先策划，展示部分要规划好当季的主题，以配合促销主题，同时合理地利用道具、商品、配件、模特、合适的标语和灯光。

a. 有简单明确的主题，如圣诞节、新年、春节、秋季疯狂大减价等。

b. 定期替换，具体创造性，不重复，以建立商品的特有形象。

c. 适当的品位，过分花哨反而弄巧成拙，个人趣味性的摆设可能会吓走客人。

d. 清洁、整齐。

e. 配合适当的海报推广，为消费者提供足够的商品资讯。

f. 注意安全，不容易被消费者弄坏或弄伤消费者。

g. 橱窗模特的数目视橱窗大小而定，一般为 2~4 个。

h. 模特所穿着的衣服应是当时热烈推广的服装类型。

i. 色调配合方面以橱窗背景为依据，协调搭配。

j. 以流行色调为主，参考现今流行服装类书籍而做出决定。

k. 以一款多色或一色多款为组合准则。

l. 橱窗模特儿姿势视气氛而定，可动感，可欢快，可休闲。

D. 商品陈列

陈列设计作为一项重要的专业技术，起源于欧洲商业和百货业，发展至今已有 100 多年的历史。 陈列是服装设计的外延设计，其目的在于以视觉的手段推行某种"生活方式"，由此来引起消费者的共鸣，最终在心理上打动消费者，促进其消费。 具体而言是以商品为主题，利用不同商品的品种、款式、颜色、面料、特性等，综合运用艺术手法进行展示，突出货品的特色和卖点，以吸引消费者的注意，提高和加强消费者对商品的进一步了解、记忆和信赖的程度，从而最大限度地引起购买欲望。

新产品从概念产生直到最终产品到达消费者手中，前期大量工作的价值体现在终端销售上。 终端陈列是向消费者展示产品的方式，商品的销售是非常重要的，对新品而言，增加被注意的机会需要通过陈列来实现。 利用楼面的安排、空间的划分、标语、模特和灯光布置等有创意的展示效果，可以替设计师表达出他们的想法和理念：商品的排列、堆放或堆叠，每种方式都是不同程度的流行语言，其作用是将宣传策略转换成信息并传递给消费者，同时可以反映出消费者对宣传企划的接受程度。 陈列展示从模特的姿势透露出流行的信息，让人非常直观地解读某个品牌需要传达的流行风格，而配合饰品的模特，不但示范了穿戴方式与搭配的整体感觉，形成的焦点与戏剧性效果更加强了促销的目的。

陈列展示工作者需要具有相当高的综合能力，不但要求对品牌了如指掌，更要求对产品的定位清晰，对时尚变换的把握，以及对环境造型的理解深入到位。

商品是陈列演出的重点，展示必须夸大衣服的风格，在陈列商品时应该注意以下几点：

a. 借助陈列辅助物。 长衬衫需用衣架挂起来，才能显示出它的特点。 不同风格的服装，需要的衣架也不同：单层衣架能够表现休闲装的闲散与职业装的端正；双层衣架将上衣和下装一起吊挂，可以显出搭配的特点。 陈列辅助物也要和衣服一样经常变换，利用每季独特的辅助物，可以加强视觉效果，更好地塑造出当季的流行风格。

b. 新异性。 陈列是烘托卖场气氛的手段，创新是陈列成功的关键。 今天的消费者大多不喜欢长久地呆在某个购物环境里，要在第一时间俘虏消费者的注意力，需要个性化、生动性的产品陈列，引导消费者亲近和购买，但要注意适度性与针对性。

c. 区域的划分要富有弹性。 空间设计是表演的舞台，流行是不断改变的，因此展示区域必须能够随时更改。 例如店铺墙面，从地板到天花板之间，可以自由陈列或装饰，具有收存的功能，并可进行立体陈列，以增加其丰富感。

d. 适当的灯光。 利用照明使店铺更醒目，使得路人驻足于店铺前，并且能更清楚地展示商品的功能。 对于流行款和主打款产品，重点照明显得十分重要。 重点照明不仅可以使产品形成一种立体效果，同时光影的强烈对比也有利于突出产品的特色。 当然，重点照明还可以运用于橱窗、Logo、品牌代言人和店内的模特身上。 灯光还是营造空间、渲染气氛、追求完美视觉形象的保障。 利用适当的灯光，可以突出店内的色彩层次，渲染五彩斑斓的气氛与视觉效果，增强产品吸引力与感染力。

② **销售促销**

销售促销是指通过一些促销手段，引导人们对流行的判断，从而产生消费需求的促销活动。 促销策略的范围十分广泛，它可以是以长期效应为目标，将某一种概念渐渐渗透到消费者心里；也可以为了加速新产品进入市场的过程，鼓励消费者重复购买，以增加消费量、提高销售额，带动相关产品的销售；也可以锁定特定对象。 大型百货商场、大中型购物超市、服装批发市场、专卖店、专业服装商城是目前我国主流的服装销售终端。 销售促销的方式通常有以下几种：

A. 店面促销

a. 全店提供一个主题；

b. 在概念橱窗中陈列类似的商品；

c. 借用相关企业的形象；

d. 经常举办商品的展示活动。

B. 主题促销（女装、男装、童装）

a. 将所有服装综合为一个主题——休闲、运动；

b. 主题可以是一种颜色、一种形象、某个节日或某个活动主题；

c. 配合服装的饰品配件。

C. 单一产品促销（女装）

a. 把焦点放在有实质潜力的单一产品上，如青少年商品等；

b. 相对容易控制；

c. 投资的回报可能较快；

d. 通常主导女装的流行趋势。

D. 项目促销

a. 把注意力集中于当前最活跃的领域；

b. 介绍新的类型——超大轮廓、娇小尺寸、金属装饰；

c. 强调新兴设计师或路线；

d. 公布热门的流行趋势，如漆皮面料等。

E. 价格促销

a. 折扣券，采用邮寄、附于商品或广告中等方式，向潜在的消费者放送；

b. 折扣优惠，如新季服装 9 折优惠等；

c. 附送礼品，如新款裙子送装饰腰带、周年庆送礼品等。

F. 形象促销

a. 长期投资公司的形象，如赞助某项赛事；

b. 塑造商店、品牌的观点或哲学；

c. 不以眼前的利益来衡量。

G. 联合促销

a. 通常受外在因素的煽动和资助，如促销某厂商的品牌路线；

b. 开发或引入新的品牌；

c. 与电视媒体、电影或名人合作，如某个活动或节目的指定服装。

6.2.3 流行事实的确认

（1）预测的检验

在服饰的生产与售卖过程中，最重要的在于如何以敏锐的判断力来确保更高的收益。 能否超过往季的业绩，最终的检验标准就是能否提供消费者最需要的产品。 在这个过程中，预测显得尤为重要。 若能敏锐地觉察消费者的心理欲望，预测的服装风格将在市场上得到认同。 这样，无论是创意上还是财政上，都将大有收获。

流行预测是以消费者需求为前提的活动，消费需求是流行预测的推动力，在新需求的时刻推动下，预测活动永不停止。 通过预测，可以确保生产的商品是大众所需要的。 在预测的过程中，了解消费者的需求非常重要，它是研究、报告和执行推荐的依据所在。 在当下，随着消费者整体素质的提高，他们对流行市场的敏感度随之提升。 现代消费者的需要是：在合理价格内，能够使其看起来更漂亮，使其着装风格保持在时尚框架中，能够方便、放心地购买到需要的产品，穿着舒适而且能够满足其所希望表达的形象。

（2）预测是一项共同的活动

流行是在少数人的"有意"指导下和多数人的"无意"推动中不断循环发展的，是由设计师、出版商、零售商、消费者共同创造的。 流行预测同样是一项由众多人物参与而完成的活动，包括色彩研究者、纤维制造商、设计师、服饰生产商、媒体人员、促销团体、营销专家、公关人员等。 大家的共同参与和计划促使预测成果得以展现，流行预测人员在其中起非常重要的协调作用。 而这些预测知识和成果可以运用于每一个环节——生产商、设计师、零售商，甚至消费者对自己衣橱的规划（图6-1）。

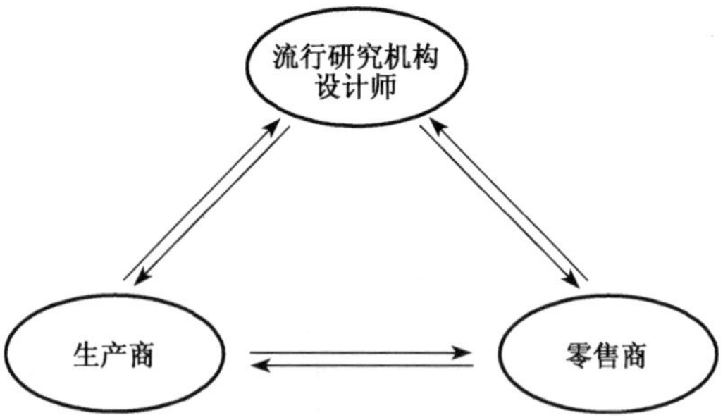

美国流行杂志《Glamour》所

图 6-1 流行市场的组成

策划的"流行心理学"研究，不仅涉及女性对于服装的基本态度，还涉及影响人们穿着的流行变化因素、消费习惯的改变、逛街动机、读者对他人的影响、影响服装选择的普通因素、群体的自我认知，甚至包括对读者如何表现自我的建议。

现在，我们清楚地意识到：流行预测不仅仅是猜测，而是需要相当多的物化资料；不仅仅靠直觉，而是需要专业化的行销知识；不仅仅是天才，而是需要细敏的心思与聪慧的头脑。

6.3 流行趋势预测实施的调查报告

在三个阶段需要做流行报告。

第一阶段——市场预览（Market Preview）

在市场周期之前的深度流行报告（例如：在1月讨论3月成行的秋装采购之旅），其内容涵盖产业的现状，以及即将在设计师系列服装中展示的风格趋势之预览。 此时的预测师扮演着撷取市场智慧的先遣侦察兵角色。 这个报告应该运用口头、书面和视觉辅助工具，清楚说明。

第二阶段——一对一会议(One-on-one Meetings)

在市场周期期间,与市场强劲或疲软时有问题的各方采购人员,个别召开的非正式会议。 在许多情况下,这些会议需要高级主管的关心与参与。

第三阶段——促销焦点期(Promotional Focus Session)

这是长久努力、终于开花结果的阶段,它紧跟在密集的市场报道之后。 此时,所有发现已重新评估,商品的主题已确定,即将付诸执行的促销卖点也已详细规划好。 这种对市场的投入,来自流行、商品和促销人员三方合力评估的结果,使他们充分理解并支持市场的主流趋势。

6.3.1 第一阶段——市场预览

主要的流行预测活动一年两次——春/夏和秋/冬。 此外,还有应付假日、度假、返校等特殊时期而进行的季中流行报告。 流行报告通常在销售期的前3个月制作。 每周快讯、新闻看板和相关流行动作的报道,随后将一一出现。 流行预测会议(Fashion Forecasting Meeting)每半年提出一份流行报告,在商品销售期之前6~9个月举行。 这种会议的名称众多——流行诊所(Fashion Clinic)、趋势会议、流行工作坊、流行座谈会、流行实验室、流行提案等。

准备完善的流行会议,往往耗费时日,尤其在最后一刻,常常因为很多人同时抢相同的样品而弄得焦头烂额。 而这个经过许多时日的辛勤工作,以及无以数计的挑灯夜战,只求简报完善无缺的伟大会议,其举行时间却不到一个小时。

以下的“检查表”(Checklist)可帮助你规划一次完善的流行会议。 事前的规划与准备越充分,你的简报就越专业,点子越容易被接纳。

流行趋势会议＿＿＿＿＿＿＿＿＿＿＿＿＿＿＿＿＿＿＿＿＿

你的姓名＿＿＿＿＿＿＿＿

职　　称＿＿＿＿＿＿＿＿

公司名称＿＿＿＿＿＿＿＿　　　　业务形态＿＿＿＿＿＿＿＿

目的:采购之准备＿＿＿＿＿＿＿＿＿＿＿＿＿＿＿

这个部分的目的在于明确将售点集中在顾客身上,陈述内容必须与对方的商品理念吻合。 它是采购人员决策时的参考;同时,由于它能明确反映对方企业的目标,并有助于对方制定一套鲜明标志该企业商品目标的整合计划,因此有助于强化对方公司的企业目标。

207

为什么：流行讯息之传播_____

- 市场发展？

- 季节指导原则？

- 新的流行理念？

- 新的流行影响？

- 新的流行预测机构？

观　　众_____

谁应该出席？为了不虚度开会时间，请留意：

- 观众的需要；

- 他们的职位层级；

- 他们的职位功能；

- 他们的经验与知识。

必须考虑之因素_____

- 所提供的讯息，应该符合观众的职责，可供其运用发挥；

- 对方商店之经营原则——各公司的总裁、生产总经理、产品部经理和幕僚代表们，莫不对有益其业务的长期计划、方向、新市场和策略深感兴趣；

- 采购人员对当季的流行趋势，最有反应；

- 分支门市的流行总监，或许没有经常定期访查纽约的市场，也没有机会到世界各国走走，要的是深思熟虑之后的意见，以及一个供他们创意演出的空间；

- 视觉商品人员（Visual Merchandizer）和促销部门的员工，需要的是标示当季重要主题的浓缩精简的报告；

- 公关部门应该能提出值得媒体报道的单品和点子，使其获得适当的宣传；

- 应该将供应商视为达成你的采购目的之伙伴。流行会议能让他们清楚你的企业目标，以及他们即将参与执行的机密计划。不论采购者、销售者和预测者，都在这次最后会议中扮演重要角色，流行会诊则营造出三者间密不可分的合作气氛。

流行会议的进行模式_____

1. 开场白

- 提出指导理念；

- 对照企业目标，提出市场状况之预览；

- 摘要说明内容；

- 用语务求煽动、有力；

- 流行总监务必设法激发大家的兴趣，以推销其点子，并获得必要的支援。

2. 在市场采取购买行动之前概要检视市场趋势

- 以实际市场讯息，支持你的分析内容。

3. 阐明你的目的

- 指出追求预期成果的时机——领导者的角色或需求高峰时的巨大销售量；

- 风险和报酬。

4. 概述——介绍流行主题

- 在当前的流行架构下，说明主题的意义；

- 引用正确的流行用语，及必须知道的行话。

5. 精确指出需求的范围

- 确认能找到商品的市场层级。

6. 以分类、价格带和实际来解读理念

- 权威来自适当的引用文件资讯；

- 添加必要的商品讯息、新产品的开发、技术的进步、最终用途等。

7. 具体提出潜在获利之建议

- 尽可能引用销售数据；

- 提供支援部门相关的促销建议。

8. 指定参与方案的成员

- 强调参与者的职责，因为他们与你的报告和介绍相关。

简　　　报＿＿＿＿＿＿＿＿＿＿＿＿＿＿＿＿＿＿＿＿＿＿

如何做？运用什么方法、媒体等？

1. 时间安排与掌握：30～45 分钟，依内容深浅而定，包括提问与回答的阶段

- 过长的会议反而弄巧成拙。

2. 书面报告：目的在于传达精确的讯息内容

- 必须提供文件，以资证明。

3. 口头报告：总论和趋势评估，清楚的说明——强调之用

- 务必请求专业。

4. 视觉辅助工具

（1）剪报，取材自各种报告和杂志的款式素描图

· 塑造冲击效果。

（2）挂图、展示、展览品

· 百闻不如一见。

（3）幻灯片、电影、国内外设计师作品的录像带

· 使用方便。

（4）当前的街景

· 明显可见。

（5）样品：购买自国内外市场

· 创意取向。

（6）工厂的先行生产线之预览

5. 考虑外国参与者：先行检视工厂的生产线或先与纺织品市场的代表、设计师或杂志编辑会面

· 邀请关键或有潜力的卖方与会；

· 增加讯息的权威度；

· 辅助采购人员和主管，增添简报内容的深度。

其他细节＿＿＿＿＿＿＿＿＿＿＿＿＿＿＿＿＿＿＿

1. 通知/邀请函

· 事前通知，以确保出席人数与预期一致；

· 在市场周期的 3 个星期前宣布开会时间；

· 根据与会者的所在地、距离、市场活动等，决定通知方式；

· 至少在会议时间的 6 个星期前，申请欲使用的场地与设备；

· 视情况发布新闻，或在同业工会发布通知。

2. 场地

· 选择具备下列条件的最方便的地方：

会议室；

采购办公室；

工厂展示间；

商店——教室、会议室、礼堂；

饭店——教室、餐厅、阶梯式讲堂；

其他。

3. 日期与时间

- 时间安排——需符合观众需要和开会目的

　　　　　　　　——早餐、午餐、下午茶

季节前？

过渡时期？

淡季？

销售周？

4. 预算

- 报告本身——美术设计、版面编排、样布、生产、数量；

- 视听简报——所有生产成本和复制；

- 食物——预算是否允许，会议长度是否有提供的正当理由。

5. 设备

- 银幕、放映机、麦克风、录音机、录像带；

- 插座、延长线、灯泡；

- 架子、黑板架；

- 置放书面资料的桌子、样品；

- 模特儿；

- 负责设备的全体人员；

- 空调；

- 外套挂架；

- 烟灰缸；

- 类似用品；

- 事前排演一次，检查设备、时间控制和工作的分派是否有误。

6. 身为流行总监或预测师的你

- 你是个不折不扣的专业人士！

　　穿着、外套、举止、言语……

- 请记住——

你不是模特儿；

你在与观众对话，而不是在演讲，多用眼神接触，以掌握大家的反应；

将观众带入报告情境中；

尽量引用成功案例。

· 引用过去事实，预测未来——

尽量提到人名；

参考大纲重点，不要照本宣科；

事前充分准备。

6.3.2　第二阶段—— 一对一会议

当季流行预测会议的第一阶段虽然是市场趋势的深度检视，但也不失宏观层面。 例如，目前大的流行指标趋势可能是设计师使用丝绒、织锦、绸缎等布料，且首先用在高级服装上。

现在，所有被告知这个热门流行的采购人员，又将这个趋势带入各自的市场，并在每个价格带的服装上加以反映。

当会场大力兜售女装之际，高级女用休闲服的采购人员可能已经找到某个丝绒两件式的绝佳设计师系列服饰，鞋类和配件采购人员已经看到织锦在鞋子、手提袋和皮带上的应用，少女装的采购人员发现绸缎可以用得年轻鲜嫩，女晚礼服的采购已发觉豪华织锦的正式晚礼服非常有卖点。 凡此种种系列服饰，都源自同一流行指标趋势，但都依其不同的解读，各有风情。

流行总监和商品部经理（OMM）或许各自从不同的渠道看到这个趋势，或者与采购人员一起看服装表演。 这些人在服装表演开始之前、表演过程中和结束后，都会聚在一起交换心得，表达他们对趋势之解读内容的信心或失望。 甚至，部分采购人员和流行总监，已经与数一数二的流行杂志编辑交换过意见。

他们发现，《哈泼》（《Harpers》）的确会在其假日版中报道织锦；《魅力》（《Glamour》）喜爱女性上班族服装上的丝绒；《时尚》（《Vogue》）则全数报道饰花织锦，包括女帽上的应用。 所有这些市场精英，都将其在流行预览会议中获知的趋势讯息，在自己的专业领域中，强化其信服的想法。

在集结了种种事实、印象和个人的反应后，采购人员现在已准备就绪，可以参加促销焦点阶段了。

6.3.3 第三阶段——促销焦点期

（1）预测的再评估

① 全盘或部分接受

② 不必做完整的商品管理

③ 自由交换意见的机会

④ 不要因小失大

⑤ 必要的调整

（2）最后决定

① 针对已经同意的变更或修改之处，加以沟通

② 保持弹性，并且适度妥协

（3）责任分派备忘录

① 分派责任给商品人员和支援部门，并充分沟通

② 以书面公报，清楚说明策略

③ 设定达成期限

④ 确认负责支援和后续

（4）实际效能的评估

① 预测资讯是否清楚说明

② 简报成效如何

③ 有哪些资料应该加以补充

④ 有哪些资料可能被省略了

⑤ 决定的正确程度如何

⑥ 最后的评估必定会依据该组织所设定的利润目标而定

最后定案的行销计划将是 DMM 的销售与获利的部门分析，以及由采购人员与流行总监、预测师等一致同意的促销主题，如"奢华的秋季"，种种因素调和而成的产物。

6.4　服装流行趋势预测的实施案例

6.4.1　针织服装流行趋势预测案例

（1）针织服装流行趋势预测流程

有效的针织服装流行预测，是针织企业品牌提升、针织服装设计师创新设计、推动针织服装产业变革的重要因素。目前，国内的针织流行预测成果，主要以趋势册的形式展示。整个过程包括前期国内外市场分析、主题名称确定、主题色彩确定、收集灵感图修改确定、款式图绘制、效果图绘制、确定针型组织类型、织片信息汇总、主题版面设计、纱线选择、样衣制作、样衣修改、样衣拍照、趋势册印刷和装订等，其主要部分如下：

①主题名称确定。根据收集的资料，将每一季分为四个主题，每个主题风格迥异。主题名称确定了主题的基调，给观众第一印象，也确定了毛衫产品的风格。

②主题色彩确定。根据国际羊毛局等国际机构发布的流行色彩，提取每个主题需要的色彩，但要与上一季的色彩有连贯、有过渡，形成系列性。色彩确定了毛衫产品的整体基调，让观众对主题有进一步的感受。

③灵感图确定。所谓灵感是经过长时间的实践与思考，思想处于高度集中化，对所考虑的问题已基本成熟，但未最后成熟，一旦受到某种启发而融会贯通时所产生的新思想、新方法。所有艺术创作都离不开灵感，而这些灵感来源于生活、自然、艺术、民族文化、流行资讯，以及人们对它们的感悟。针织毛衫面料与机织面料不同，针织组织图案可以直接构成面料，花型可以在服装表面形成立体效果。

④纱线选择。纱线的种类很多：按照原料分有纯纺纱、混纺纱；按纱线粗细分有粗特纱、中特纱、细特纱、特细特纱；按纺纱系统分有精纺纱、粗纺纱、废纺纱、花式纱；等等。这些纱各有特点。在一件毛衫中，若用到不同成分、不同细度的纱线，会浪费很多时间，甚至没有可实现性。所以，在归纳出不同的主题风格、季节、花型后，要进行精心选纱，由此制成的样衣才统一且品质好。

⑤款式确定。款式设计要遵循每个主题的风格基调。例如秋冬季的主题名称之一是"芷水梵花梦"，舒适自然、女性化风格，所以款式不需要太夸

张，但在色彩运用、配饰搭配、组织图案运用上，要体现女性的柔美和冬日的
保暖。

⑥ 织片小样和样衣制作。 根据每个主题的灵感图和风格制作织片小样，与
设计师反复确认后开始制作样衣。 工艺师在织制样衣时难免会与设计师的想法
有所差异，因此在这个阶段，设计师应该与工艺师保持密切沟通，以免成衣效果出
现较大偏离。

⑦ 趋势册设计。 趋势册的作用是为了将整个趋势预测的思想传达给观众
和消费者，虽然主要是平面设计的工作，但需要对整个趋势预测的理解和准确的
表达，视觉设计美观大方，排版简洁明了，所有的版式设计应能为体现主题思想和
成衣效果服务。

具体流程见图 6-2 所示。

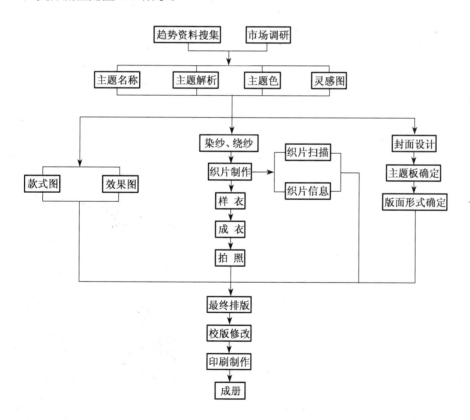

图 6-2 针织服装流行趋势预测流程图

（2）针织服装流行趋势表现案例

图 6-3 至图 6-18 是 2012/2013 秋冬的针织服装流行趋势表现。

图 6-3　主题一：芷水梵花梦

图 6-4　主题一内页 1（含灵感图、织片小样、款式图、效果图）

图 6-5　主题一内页 2（含灵感图、织片小样、款式图、效果图）

图 6-6　主题一成衣照片版

图 6-7　主题二：几何异世界

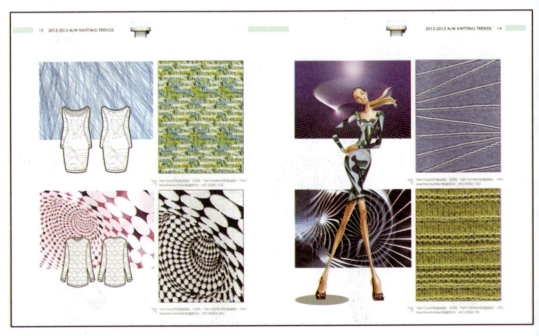

图 6-8　主题二内页 1（含灵感图、织片小样、款式图、效果图）

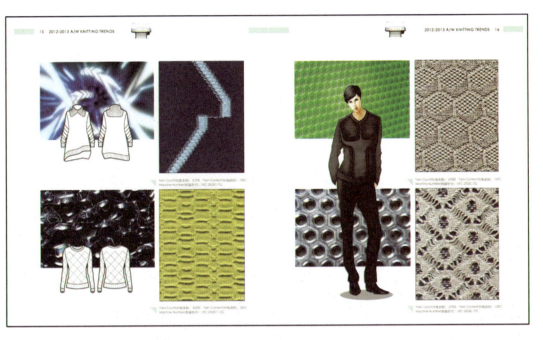

图 6-9　主题二内页 2（含灵感图、织片小样、款式图、效果图）

图 6-10　主题二成衣照片版

图 6-11　主题三：玛雅文明路

图 6-12　主题三内页 1（含灵感图、织片小样、款式图、效果图）

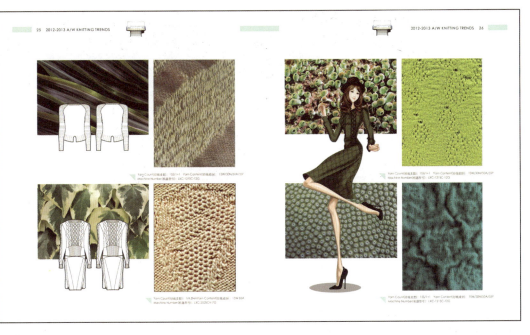

图 6-13　主题三内页 2（含灵感图、织片小样、款式图、效果图）

图 6-14　主题三成衣照片版

图 6-15　主题四：魅惑风暴曲

图 6-16　主题四内页 1（含灵感图、织片小样、款式图、效果图）

图 6-17　主题四内页 2（含灵感图、织片小样、款式图、效果图）

图 6-18　主题四成衣照片版

6.4.2 机织服装流行趋势预测案例

（1）机织服装流行趋势预测流程

机织服装流行趋势预测与针织服装类似，同样包括前期国内外市场分析、主题名称确定、主题色彩确定、收集灵感图修改确定、款式图绘制、效果图绘制、面料选定、样衣制版、样衣制作、样衣修改、样衣拍照、趋势册设计、印刷和装订等。 区别在于机织服装的面料一般在面料展会上预订或由特定的面料生产商供应，色彩和图案则根据主题趋势印制。

具体流程见图 6-19 所示。

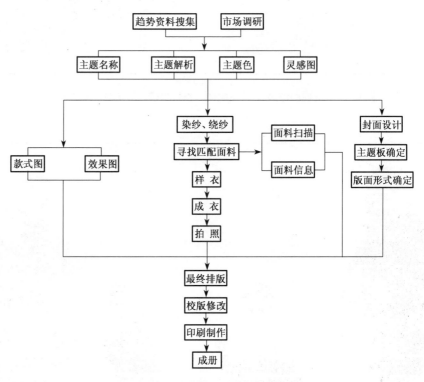

图 6-19　机织服装流行趋势预测流程图

（2）机织服装流行趋势表现案例

图 6-20 至图 6-35 是 2013 春夏男式衬衫趋势表现。

图 6-20 主题一：都市解码

图 6-21 主题一内页 1(含灵感图、面料小样、款式图、效果图)

图 6-22　主题一内页 2（含灵感图、面料小样、款式图、效果图）

图 6-23　主题一成衣照片版

图 6-24　主题二：时光逆转

图 6-25　主题二内页 1（含灵感图、面料小样、款式图、效果图）

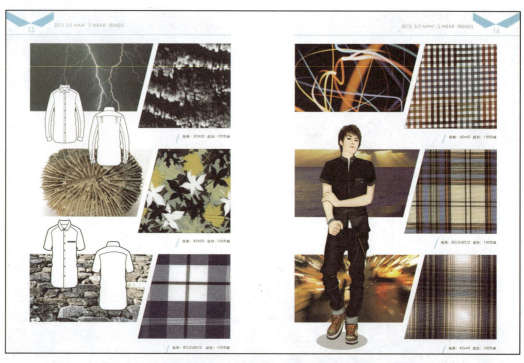

图6-26　主题二内页2（含灵感图、面料小样、款式图、效果图）

图6-27　主题二成衣照片版

图 6-28　主题三：恋人絮语

图 6-29　主题三内页 1（含灵感图、面料小样、款式图、效果图）

图 6-30　主题三内页 2（含灵感图、面料小样、款式图、效果图）

图 6-31　主题三成衣照片版

图 6-32　主题四：不羁绽放

图 6-33　主题四内页 1（含灵感图、面料小样、款式图、效果图）

图6-34　主题四内页2(含灵感图、面料小样、款式图、效果图)

图6-35　主题四成衣照片版

思考练习题

1. 设计师在流行预测过程中扮演什么样的角色,主要职责有哪些?

2. 快速时尚品牌是如何利用流行趋势为产品设计服务的?

3. 以 3~5 人为一个小组,对某知名服装品牌进行市场调查或自创虚拟服装品牌,根据品牌产品定位,进行全方位的流行趋势预测,并根据预测信息进行下一季度的产品开发,设计不少于 40 款的成衣。

彩图附页

主题：朦胧

| CNCS® 040 80 12 | CNCS® 072 55 02 | CNCS® 048 50 12 | CNCS® 152 55 12 | CNCS® 040 60 02 | CNCS® 072 35 07 | CNCS® 160 25 12 | CNCS® 040 60 17 | CNCS® 151 40 22 |

主题：简洁

| CNCS® 010 35 22 | CNCS® 152 25 12 | CNCS® 007 35 27 | CNCS® 024 35 17 | CNCS® 024 25 02 | CNCS® 088 25 12 | CNCS® 066 45 22 | CNCS® 040 20 02 | CNCS® 034 70 27 |

主题：粗犷

| CNCS® 016 25 12 | CNCS® 040 80 02 | CNCS® 122 35 22 | CNCS® 128 25 12 | CNCS® 112 55 07 | CNCS® 120 25 02 | CNCS® 008 25 00 | CNCS® 048 80 00 | CNCS® 120 25 02 |

主题：珍贵

| CNCS® 026 55 32 | CNCS® 000 20 00 | CNCS® 000 40 00 | CNCS® 127 40 32 | CNCS® 010 45 32 | CNCS® 032 35 12 | CNCS® 032 45 12 | CNCS® 096 35 12 | CNCS® 002 40 37 |

图 3-15　意大利米兰纺织展（Milano Unica）趋势发布 2012/2013 秋冬
四个流行主题：朦胧、简洁、粗犷和珍贵

234

表3-4 某休闲品牌的色彩方案

产品类别	款式	材料	颜色						图案花色
毛衫及针织衫	38	含毛类 腈纶55% 黏胶35% 蚕丝10%	11-4202	13-0908	11-0607	12-4305	14-4809	14-2808	单色
		腈纶55% 棉45%	16-1640	17-3919	14-3904	17-1462	17-1562	11-0607	
		小羊毛77% 锦纶19% 安哥拉兔毛4%	14-1188	12-0605	16-1324	16-1334	15-1315	19-1431	
		安哥拉兔毛5% 锦纶20% 美丽诺羊毛40% 黏胶纤维35%	19-0810	19-0814	18-1444	18-1550	19-1540	19-1934	
			19-000	14-4502	18-4105	18-0503			
	12	纯棉类	11-4202	13-0908	11-0607	12-4305	14-4809	14-2808	单色
			16-1640	17-3919	14-3904	17-1462	17-1562	11-0607	
			14-1188	12-0605	16-1324	16-1334	15-1315	19-1431	
			19-0810	19-0814	18-1444	18-1550	19-1540	19-1934	
			19-000	14-4502	18-4105	18-0503			

表3-5 某休闲品牌的色彩构成

16-1640　18-1444　18550　19-1540　19-1934

11-4202　13-0908　11-0607　14-1118　17-1462　17-1562

13-000　12-0605　15-1315　16-1324　16-1334　18-1425　19-1431　19-0810

12-4305　14-4809　14-3904　17-3919　14-2808

14-4502　18-4105　16-0000　18-0503　19-0000

> 这套服装色彩组合分析是这一季的主要用色归总分析，它用的橙色系列依然没有改变以往的用色基调，深紫红和深咖啡还有黑色一直是做搭配系列的主要色源，亮色系在运动系列的纯棉针织物中运用较多，如粉紫、粉蓝和含有中间灰的各种粉色系列，在中间色中运用了很多含蓄的色调，有不同色度的赭石、赫色、土黄系列

235

参考文献

［1］［美］Riata Perna.流行预测.李宏伟，王倩梅，洪瑞麟，译.北京：中国纺织出版社，2000

［2］吴晓菁.服装流行趋势调查与预测.北京：中国纺织出版社，2009

［3］张星.服装流行学.北京：中国纺织出版社，2006

［4］沈雷，张小刚，张春明，等.针织服装品牌企划手册.上海：东华大学出版社，2009

［5］沈雷.针织服装设计与工艺.北京：中国纺织出版社，2005

［6］［英］特雷西·黛安，汤姆·卡斯迪.色彩预测与服装流行.李莉婷，译.北京：中国纺织出版社，2007

［7］徐斌，张灏.服装设计策略.北京：中国纺织出版社，2006

［8］［英］海伦·戈沃瑞克.时尚买手.甘治昕，弓卫平，译.北京：中国纺织出版社，2009

［9］［英］西蒙·希弗瑞特.时装设计元素：调研与设计.袁燕，肖红，译.北京：中国纺织出版社，2009

［10］刘晓刚，何智明，李峻，等.品牌服装设计.上海：东华大学出版社，2007

［11］［韩］李好定.服装设计实务.刘国联，赵莉，王亚，等，译.北京：中国纺织出版社，2007

［12］沈雷，吴艳，唐颖，等.针织毛衫造型与色彩设计.上海：东华大学出版社，2009

［13］高宣扬.流行文化社会学.北京：中国人民大学出版社，2006

［14］王受之.世界时装史.北京：中国青年出版社，2002

［15］［英］普兰温·科斯格拉芙.时装生活史.龙靖遥，张莹，郑晓利，译.上海：东方出版中心，2004

［16］吕光.流行色配色万用宝典.北京：电子工业出版社，2011

［17］孙伟.服饰图案教程.北京：人民美术出版社，2011

［18］王巍，杨柳.服饰搭配.北京：中国纺织出版社，2011

［19］王燕珍.服装结构设计.上海：东华大学出版社，2010

［20］尚丽，张朝阳.服装结构设计.北京：化学工业出版社，2009

［21］周少华.实现设计——服装造型工艺.北京：中国纺织出版社，2009

［22］谢秀红.服饰图案设计与应用.北京：北京师范大学出版社，2011

［23］邓沁兰.纺织面料.北京：中国纺织出版社，2008

［24］朱远胜.面料与服装设计.北京：中国纺织出版社，2008

［25］中国服装辅料大全.第2版.北京：中国纺织出版社，2007

［26］王翀.服装色彩与应用.沈阳：辽宁科学技术出版社，2006

［27］燕平.服装款式设计.重庆：西南师范大学出版社，2011